FRANZ BRANDL
WHISKY

*Meinem Sohn Franz,
einem Liebhaber guter Tropfen*

FRANZ BRANDL

WHISKY

*Über 300 Whiskys,
Single Malts, Blends
und Bourbons*

Bassermann

Schottischer Single Malt ist die Sorte mit der größten Auswahl überhaupt

Inhalt

7 Scotch Malt Whisky

Solo für das Malz Nichts als gemälzte Gerste, Wasser und Hefe darf zu dem Whisky werden, der als erster Whisk(e)y der Welt nachgewiesen ist. Aus nur drei Zutaten entsteht in einem festgelegten Verfahren mit Hilfe von Natur, Holzfässern und Zeit eine verblüffende Markenvielfalt.

111 Scotch Blended Whisky

Schottlands Gold Wäre nicht das kontinuierliche Destillieren erfunden worden, gäbe es keinen Grain Whisky. Hätten die Schotten den Grain nicht ab dem 19. Jahrhundert mit ihren traditionellen Malts zum gefälligeren Blended Whisky gemischt, wären sie heute um eine wichtige Einnahmequelle ärmer.

151 Irish Whiskey

Der Auferstandene Als die Iren damit anfingen, aus ungemälzter Gerste und wenig Malz Whiskey zu machen, hatten sie ihren eigenen Stil gefunden. Dennoch rutschte der Irish Whiskey bis fast in die Bedeutungslosigkeit ab. Aber jetzt ist er wieder da – in vier Sorten und zahlreichen Marken.

181 American Whiskey

Mehrheit für Mais Bourbon kann theoretisch in jedem Bundesstaat der USA hergestellt werden. Die heute populärste war aber nicht die erste Sorte Whiskey in den Vereinigten Staaten, und sie ist auch nicht die einzige. Der Urwhiskey war aus Roggen. In Tennessee wird der Whiskey so behandelt, dass er als eigenständige Sorte anerkannt wurde.

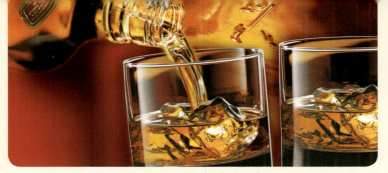

Johnnie Walker Red Label, die führende Blended Scotch Marke

227 Canadian Whisky

Leichte Mischungen Roggen ist das wichtigste, aber nicht das einzige Getreide, das in Kanada zu Straight Whisky wird. Vielerlei Straights sind Basis des Canadian Whiskys, der meistens mit leichtem Grain zum Blended vollendet wird.

241 Whisky aus aller Welt

Der Internationale Zwar gelten nur vier Staaten als klassische Whisk(e)yländer, aber die berühmteste aller Getreidespirituosen wird längst auf allen fünf Kontinenten gebrannt. Unter den Whiskys der Welt ist so mancher probierenswerte Tropfen.

255 Whiskyliköre

Süße Allianzen Heidekräuter, Honig und allerlei Gewürze wurden schon früher mit »uisge beatha« versetzt, um dieses für empfindliche Gaumen erträglicher zu machen. Die heutigen Whiskey- und Whiskyliköre sind flüssige Delikatessen.

265 Whiskycocktails

Starke Mischungen Es muss ja nicht immer purer Whisky oder Whiskey sein: Ein gut gemixter Cocktail ist die beste Möglichkeit, sich von der Vielseitigkeit dieser Spirituosen ein süffiges Bild zu machen.

278 Glossar
282 Markenregister
282 Sachregister
288 Impressum

Preisangaben
€ bis 20 €
€€ 20 bis 40 €
€€€ 40 bis 75 €
€€€€ 75 bis 100 €
€€€€€ über 100 €

Scotch Malt Whisky

Solo für das Malz

Der Malzwhisky der Schotten ist das erste »Wasser des Lebens«, das schriftlich nachgewiesen ist. Bis zur Einführung des Blended Whiskys hatte der Malt eine Alleinstellung; seither ist er vor allem Zutat. Erst Ende der 1980er wurde der Malt als Solist zu einem Kultgetränk.

Die dokumentierte Geschichte aller Whiskys und Whiskeys beginnt mit einem Lieferschein. Nach diesem in Latein verfassten Dokument aus dem Jahr 1494 erhielt Bruder John Cor in der Lindores *Abbey* acht Maß Malz, um daraus *aqua vitae* für den König zu machen. Dieses lateinische *aqua vitae* (deutsch: Lebenswasser), hieß auf Gälisch *uisge beatha*. Das Wort wurde von den englischen Besatzern zu *uiskie* verkürzt, woraus in der ersten Hälfte des 18. Jahrhunderts schließlich die jetzige Schreibweise »Whisky« wurde. Da sich keinerlei Hinweise darauf finden lassen, dass in Schottland bis zur Mitte des 19. Jahrhunderts auch anderes Getreide als Gerstenmalz zu »Lebenswasser« verarbeitet wurde, kann man davon ausgehen, dass der Malt – von *malt*, engl. für Malz – nicht nur der erste, sondern über vier Jahrhunderte auch der einzige schottische Whisky war. Als Schottlands Unabhängigkeit im Jahr 1707 endete, fing die Zeit des Schwarzbrennens und Schmuggelns an. In diese bewegte Ära, genau ins Jahr 1784, fällt auch die Definition der Highland Line, die zum Schutz der (damals) qualitativ schlechteren Lowland Malts Schottland in High- und Lowlands trennte. Aus gleichem Grund wurden 1814 Brennblasen mit einem Fassungsvermögen von weniger als 200 Gallonen für das Hochland verboten. Aber weder die zwei Jahre später erfolgte Senkung der Mindestkapazität auf nur noch 40 Gallonen für Gesamtschottland noch das Gesetz von 1822 gegen das Schwarzbrennen änderten etwas an der illegalen Arbeit einer Mehrheit unter den Brennern im Lande. Erst als mit dem Excise Act von 1823 die Steuern drastisch gesenkt wurden, entschlossen sich viele Brenner zum Erwerb einer Lizenz und damit für die Legalität. In den Folgejahren wurden zwar viele Malt-Brennereien gegründet, aber der relativ wuchtige und hoch aromatische Whisky aus dem Hochland und von den Inseln ließ sich außerhalb seiner Heimat so gut wie nicht verkaufen, auch nicht, wenn er mit dem leichteren Malt Whisky aus dem Tiefland gemischt wurde, wie das schottische Wirte und Händler zu tun pflegten, damit sie einen »Hauswhisky« anbieten konnten. Der schottische Urschnaps wurde erst in

Verbindung mit dem im Körper leichteren und an Aroma ärmeren Grain Whisky als Blended Whisky zu einem weltweit gefragten Produkt. Damit war allerdings der ursprüngliche Whisky der Schotten vom Solisten zur Zutat geworden, wenn auch zu einer prägenden.

Dass wir heute aus einer kaum noch überschaubaren Vielfalt an Scotch Single Malts wählen können, ist vor allem dem Hause William Grant & Sons zu verdanken. Die in Dufftown ansässige Firma begann 1963 mit der internationalen Vermarktung ihres Glenfiddich als nicht mit Grain Whisky verschnittenem Single Malt. Was anfangs noch von der Branche belächelt wurde, erwies sich binnen weniger Jahre als Erfolg. Ab 1980 zogen mehr und mehr Brennereien nach und füllten zumindest einen kleinen Teil ihrer Produktion als **Single Malt Whisky** ab, statt alles an die Blending-Firmen zu liefern oder selbst mit Grain zu verschneiden. Seit den 1980er Jahren ist der Single Malt nicht nur in deutschsprachigen Ländern ein echtes Kultgetränk: Das Interesse an diesem Whisky führte dazu, dass aus den derzeit knapp 90 aktiven Brennereien wie auch aus den Beständen von vorübergehend oder für immer stillgelegten in den letzten Jahren eine wahre Flut von Abfüllungen auf den Markt kam. Es gibt kaum noch eine Malt Distillery, die keinen Single Malt abfüllt, und jene Destillerien, die von diesem Trend bereits seit längerem profitieren, bringen immer neue Varianten heraus.

Auf den ersten Blick lässt die 1990 erneut festgeschriebene Verordnung den Herstellern kaum Spielraum. Nach dieser »Scotch Whisky Order« dürfen zur Herstellung eines Scotch Malt Whiskys nur gemälzte Gerste, Hefe und Wasser verwendet werden. Einziger erlaubter Zusatzstoff ist Zuckercouleur zur Anpassung der Farbe des fertigen Erzeugnisses an den Standard der Marke. Eigentlich ist ein Malt Whisky nichts anderes als destilliertes Bier, das nach dem deutschen Reinheitsgebot gebraut wurde, allerdings ohne Hopfen. Die Herstellung läuft in vier Phasen ab:

Mälzen Diese Arbeit lassen heute fast alle Brennereien von externen Mälzereien erledigen. Mälzen heißt, dass die Gerstenkörner zum Keimen gebracht werden. Dabei entwickeln sie jene Enzyme, die Getreidestärke freisetzen und in Zucker umwandeln können. Zur Keimbildung muss die Gerste eingeweicht werden. Hat sie den optimalen Feuchtigkeits-

Ein Arbeiter bei der Befeuerung der Pot Stills mit Torf bei Highland Park

SOLO FÜR DAS MALZ

gehalt erreicht, wird sie entweder auf einer Malztenne *(floor malting)* oder aber in einer Betonwanne *(saladin box)* ausgebreitet und in regelmäßigen Abständen gewendet. Das Grünmalz muss getrocknet (gedarrt) werden, damit die Keime nicht die gesamte Stärke verbrauchen: Von der Hitze beim Darren werden jene Enzyme deaktiviert, die für den Keim die Zellwände des Korns aufbrechen und ihm damit den Weg zu seiner Nahrung Stärke freimachen. Je nach Rezept des Auftraggebers wird das Grünmalz mehr oder weniger intensiv gedarrt, kann kräftige oder weniger stark ausgeprägte Rösttöne haben. In dieser Phase kommt auch der Torf ins Spiel, der den meisten der schottischen Whiskys das für sie typische Raucharoma gibt: Der Torf kommt in vorgegebener Dosierung zu einem bestimmten Zeitpunkt in das Feuer unter dem perforierten Metallboden, auf dem das Grünmalz getrocknet wird. In Großmälzereien läuft das gesamte Mälzverfahren – Einweichen, Keimen, Trocknen – in riesigen Trommeln ab, die bis zu 50 Tonnen fassen können. In diesem Fall wird der Rauch des Torffeuers in die Trommel geleitet.

Brauen Diese und alle folgenden Phasen müssen in der Brennerei stattfinden. Das Malz wird zunächst geschrotet und dann mehrfach mit heißem Wasser vermischt, damit die beim Darren deaktivierten Enzyme wieder aktiviert werden und Stärke in Malzzucker umwandeln können. Dieser erste Teil des Brauens wird als **Maischen** bezeichnet. Am Ende hat der Brauer eine stark zuckerige Flüssigkeit, die durch die Spelzen auf dem Boden des Maischebottichs gefiltert wurde. Diese süße Brühe wird als Würze bezeichnet. Bei der nachfolgenden **Gärung** wandelt die speziell dafür gezüchtete Hefe den in der Würze gelösten Malzzucker in Alkohol, Kohlensäure und einige Nebenbestandteile um, die mit zum Aroma des späteren Malt Whiskys beitragen. Das Ergebnis der Gärung und damit auch des Brauens ist eine Art von Bier, die in Schottland *wash* genannt wird, gelegentlich aber auch *weakbeer* oder, noch treffender, *ale*. Dieser Ausgangsstoff fürs Brennen hat 7 bis 9 % Alkoholgehalt, ist also stärker als herkömmliches Bier.

Destillieren Das Destillieren von Spirituosen basiert darauf, dass der Alkohol bereits bei 78,3 °C, Wasser hingegen erst bei 100 °C verdampft.

So trinken Sie Ihren Whisk(e)y richtig

Hochwertige Whisk(e)ys wie etwa Single Malts kommen am besten zur Geltung, wenn sie in einem tulpenförmigen *Nosing glass* serviert werden; als Ersatz bietet sich das typische Sherryglas (Copita) an. Wenn Whisk(e)y verkostet werden soll, ist das ohnehin die optimale Glasform. Vier Zentimeter (cl), das entspricht einem »Doppelten«, sollten auf jeden Fall eingeschenkt werde. Das kleine *Becherglas*, in der Fachsprache *Tumbler* genannt, ist das richtige Glas, wenn die Ansprüche nicht zu hoch sind und der Whisk(e)y nicht »analysiert« werden soll.
Wasser kann Duftstoffe im Whisk(e)y freisetzen und so den Genuss verstärken. Es muss allerdings frei von Mineralien und von Kohlensäure sein. Ein nicht zu stark gechlortes Leitungswasser genügt.
Eis im Whisk(e)y ist reine Geschmackssache.
Generell soll jeder seinen Whisky oder Whiskey so trinken, wie er ihm eben am besten schmeckt: Dogmen sind die Feinde des Genießens!

Arbeiter in der Mälzerei bei Balvenie in Dufftown

Um aus einem leicht alkoholischen Getränk, wie in diesem Fall »Bier«, ein hochprozentiges (hier: Whisky) zu gewinnen, muss der Brenner den zuerst aufsteigenden Alkoholdampf auffangen und durch Kühlen wieder verflüssigen. Scotch Malt Whisky wird üblicherweise zweifach in der traditionellen Brennblase *(pot still)* destilliert. Die Brennereien in den Lowlands brannten früher meistens dreifach; heute aber wird das *triple distilling* nur noch von der in den Lowlands gelegenen Auchentoshan Distillery praktiziert. Bei der ersten Destillation in der *wash still* wird der Alkoholgehalt des »Biers« auf etwa 21 % erhöht. Durch Zugeben von Vorlauf und Nachlauf aus der vorangegangenen Destillation wird dieser im ersten Durchlauf erzeugte Rohbrand *(low wines)* auf etwa 28 % Alkoholgehalt verstärkt. Die zweite Destillation, die in der sogenannten *spirit-* oder *low wines still* abläuft, dient der weiteren Konzentration und der Reinigung des Destillates. In dieser Phase werden Vorlauf und Nachlauf vom Mittellauf abgetrennt und beim nächsten Destillieren zum Rohbrand gegeben. Nur der saubere, von nicht erwünschten Bestandteilen befreite Mittellauf wird zu Whisky ausgebaut. Die Kunst des Brenners besteht darin, den Mittellauf so kurz wie möglich und so lang wie nötig zu halten, um einerseits ein sauberes Destillat zu bekommen, andererseits aber auch Inhaltsstoffe zu erhalten, die mit zum Duft und Geschmack des späteren Whiskys beitragen. Der Mittellauf hat etwa 70 % Alkohol; er wird mit Wasser auf ungefähr 63 % verdünnt, bevor er zum Reifen in die Fässer gefüllt wird. »Whisky« darf dieses Destillat noch nicht genannt werden – diese Bezeichnung steht ihm erst nach der vorgeschriebenen Mindestreifezeit im Holzfass zu.

Reifung Für jeden Scotch Whisky ist eine Reifezeit von mindestens drei Jahren in Eichenholzfässern mit einem Fassungsvermögen von unter 700 Litern vorgeschrieben. Schotten wie Iren profitieren davon, dass jeder Straight Whiskey aus den USA nur in neuen Fässern aus amerikanischer Weißeiche reifen darf: Die Erzeuger von Whisky in Schottland und von Whiskey in Irland kaufen die nur ein Mal benutzten Fässer aus den USA und lassen darin ihre Whiskys oder Whiskeys altern.

Schottland mit seinen Wäldern, Bergen und Seen, eine Landschaft wie aus dem Bilderbuch

Schätzungsweise 70 Prozent der Fässer in Schottland enthielten zuvor Bourbon- oder auch Tennessee Whiskey; die restlichen sind mehrheitlich Fässer, die zuvor Sherry enthielten, daneben sind aber auch solche in Gebrauch, in denen Portwein, Madeira, herkömmliche Weine oder auch eine Spirituose wie beispielsweise Rum lagerte.

Fachleute gehen davon aus, dass ein Whisky ungefähr 70 Prozent seines Geschmacks und Charakters in der Zeit des Reifens im Fass entwickelt. Während dieser Alterung, die in der Regel weit länger als die verlangten drei Jahre dauert, verändert sich das anfänglich noch sehr raue, beißende Destillat: Es wird zum Genussmittel. Die wichtigste Rolle in diesem bis heute nicht vollständig erforschten Prozess spielt sicher die **Oxidation**, die Reaktion mit Sauerstoff. Sie sei für die angenehmen Aromen und für die Vielschichtigkeit eines Whiskys verantwortlich, stellte der Forscher Dr. Jim Swan fest. Allerdings wird das reifende Destillat noch von einer Vielzahl weiterer Faktoren geprägt. Eine tragende Rolle spielt natürlich das **Fass**: amerikanische Eiche oder europäische, sein vorheriger Inhalt, zum ersten, zum zweiten oder sogar zum dritten Mal mit Malt-Destillat befüllt? All das wirkt sich auf den späteren Whisky ebenso aus wie die Fassgröße. Als Faustregel gilt, dass der Inhalt umso schneller reift, je kleiner das Fass ist. Die Bauweise des **Lagerhauses** (engl. *warehouse*) spielt im Reifeprozess ebenso eine Rolle wie dessen **Mikroklima**, wie die Temperaturschwankungen und, nicht zu vergessen, das **Klima** in der Region, in der das Lagerhaus steht: Ein im Hochland zwischen Blüten heranreifendes Destillat nimmt bei seiner Alterung andere Aromen auf als eines, das auf einer der Inseln altert und von den Aromen der See (Jod, Salz, Tang) geprägt wird.

Berechenbar ist die Reifung nie. Es hat sich gezeigt, dass ein Destillat, verteilt auf mehrere Fässer gleicher Art und Größe, sich im Laufe vieler Jahre zu unterschiedlichen Whiskys entwickelt. Regelmäßige Kontrolle der reifenden Bestände ist folglich das A und O in diesem Gewerbe – die Aufgabe des Masterblenders, der nicht nur dort tätig ist, wo Malts und Grains zu einem Blended Whisky gemischt (engl. *blended*) werden.

Was von diesem Hüter gewaltiger Bestände für reif genug befunden wird, um aus dem Fass abgezogen zu werden, ist theoretisch ein Malt Whisky. Es kann, und es wird auch in Einzelfällen, in Fassstärke und ungefiltert abgefüllt werden. Wenn dieser Whisky aus einem einzigen Fass in Flaschen gefüllt wird, ist er ein Single Malt, der mit dem Zusatz »Single Cask« versehen werden darf. Doch solche Abfüllungen sind die Ausnahme. Das oberste Ziel jedes Masterblenders ist es, muss es sein, den Markencharakter zu wahren. Das bedeutet, dass zumindest die Standardqualität einer Malt-Marke über Jahre Flasche für Flasche in Aussehen, Duft und Geschmack immer gleich sein muss. Weil sich aber jedes Destillat ganz individuell entwickelt, muss so ausgewählt und gemischt werden, dass die aktuelle Charge so ausfällt wie die vorherige und alle vorangegangenen. In dem Fall wird das Mischen aber nicht als *blending* bezeichnet, sondern *vatting* (von *vat*, engl. für Fass) genannt. Es geht beim *vatting* nicht nur um den Inhalt von Fässern im Allgemeinen, der Masterblender muss in einzelnen Fällen auch das Verhältnis Bourbon- zu Sherryfässern neu festlegen, um den »Hausgeschmack« wieder genau zu treffen. Von allen Aufgaben beim Herstellen eines Malts ist das *vatting* zweifellos die schwierigste.

Single Malt heißt ein Malt Whisky, dessen Einzelwhiskys durchweg aus einer einzigen Brennerei stammen. Um ein Beispiel zu nennen: Wenn das Haus William Grant & Sons, das drei Malt-Brennereien besitzt, ihrem Glenfiddich auch nur einen Schuss ihres Balvenie oder ihres Kininvie zugeben würde, dürfte dieser Malt nicht mehr als Single Malt auf den Markt gebracht werden.

Blended Malt heißt ein schottischer Malt Whisky, wenn die teilweise bis zu 30 Single Malts, aus denen dieser Whisky – aber, im Gegensatz zum Blended Whisky, ohne Zusatz von Grain Whisky – zusammengestellt wurde, aus verschiedenen, aber in jedem Fall schottischen Brennereien stammen. Der Scotch Blended Malt Whisky (früher: Vatted Malt), wie er offiziell heißt, spielt im Markt zwar keine wichtige Rolle mehr, aber er knüpft an die Tradition der Händler und Wirte an und ist gut geeignet als »Zwischenstufe« für Einsteiger, die vom Scotch Blended Whisky zum Single Malt wechseln wollen.

Die Vielfalt der Single Malts

Die Single Malts werden nach ihrer Herkunft einer von vier klassischen Regionen zugeteilt: **Highlands** mit allen Inseln außer Islay und ihrer Subregion Speyside, die nicht allein deswegen eine Sonderstellung hat, weil dort die meisten Destillerieren stehen, sondern auch, weil von dort die meisten der höchstbewerteten Malzwhiskys stammen; **Lowlands,** die Region südlich einer gedachten Linie zwischen Greenock (Westen) und Dundee (Osten); **Islay,** einzige von sechs schottischen Malt-Inseln, die als eigenständige Region gilt; **Campbeltown,** das Städtchen auf der Halbinsel Kintyre. Jeder dieser vier Regionen wird ein bestimmter

Stil nachgesagt, doch Angaben dieser Art sind zu allgemein, um in jedem Fall als Orientierungshilfe dienen zu können. Zwar sind die Malts aus den Lowlands leichter im Körper und im Geschmack als die anderen, und die Malts von Islay sind im Allgemeinen die wuchtigsten, »härtesten« unter allen Single Malt Whiskys – aber es trifft eben nicht jede Beschreibung auf jede Marke der Region zu.

Dass kein Malt dem anderen gleicht, dass selbst benachbarte Brennereien zwar vielleicht im Stil ähnliche, aber im Duft wie im Geschmack dennoch verschiedene Malts produzieren, hat zahllose Gründe: die Gerstensorte, Intensität der Darrens beim Mälzen, Menge des Torfs wie auch dessen Beschaffenheit, Zusammensetzung der Maische aus unterschiedlichen Malzen (getorft oder nicht getorft, stark oder weniger stark geröstet), die Hefe zum Vergären, Dauer der Gärung, die Form und die Größe der Brennblasen und schließlich noch die Länge des Mittellaufes, der zum Whisky ausgebaut wird. Das Wasser für den Produktionsprozess prägt den künftigen Malt mit, aber mehr noch das Klima, in dem dieser reift. Und nicht zuletzt wirken sich Art und Dauer der Reifung wesentlich auf einen Malt Whisky aus.

In der Regel trägt ein Single Malt den Namen seiner Brennerei als Markennamen. Es gibt allerdings auch ein paar Destillerien, die zwei verschiedene Malts herstellen und einem der beiden einen anderen Namen geben. Hinzu kommt der eine oder andere Phantasiename, den unabhängige Abfüller ihrem jung von der Brennerei gekauften, selbst gelagerten und abgefüllten Malt geben, oder der Name eines Malts, der z. B. exklusiv für eine Handelskette abgefüllt wurde. Auf diese Weise kommen vielleicht 200 Marken zusammen, von denen aber allenfalls um die 120 wirklich von Bedeutung sind. Die Zahl der Abfüllungen hingegen ist Legion – damit sind die einzelnen Alters- und Qualitätsstufen der verschiedenen Marken gemeint. Die »einfachsten« der möglichen Varianten sind noch die **Altersstufen:** 12, 15, 18, 21, 25 *years old* oder mehr – auf jeden Fall richtet sich eine Altersangabe immer nach dem jüngsten im betreffenden Malt enthaltenen Einzelwhisky. Ein als 12 *years old* etikettierter Single Malt wird also im Durchschnitt um einige, vielleicht sogar um viele Jahre älter sein. Wenn ein Whisky oder auch ein Whiskey erst einmal in die

Großbehälter für die wash in der Bowmore Distillery auf Islay

Flasche abgefüllt wurde, hat er sein endgültiges Alter erreicht: Ein im Jahr 1997 als Zehnjähriger abgefüllter Malt Whisky ist 2007 immer noch zehn Jahre alt. Er wird auch 2017 ein *10 years old* Single Malt sein und 2027 ebenso.

Ein **Vintage**, ein Jahrgangswhisky, kann vom Hausstil abweichen, da der Masterblender in diesem Fall nicht die ganze Palette der Bestände zur Verfügung hat, sondern nur die ausgereiften Malts des betreffenden Destillationsjahres. Die Differenz zwischen diesem und dem Jahr der Abfüllung ergibt das Alter.

Unberührte Landschaft auf der Isle of Jura

Ein Hersteller hat die Möglichkeit, eine Variante seines Malt Whiskys nur aus stark getorftem Malz oder, im anderen Fall, aus gänzlich ohne Torfrauch gedarrtem Gerstenmalz herzustellen. Er kann einmal eine bestimmte Menge Whisky nur aus Sherryfässern abfüllen, statt, wie es allgemein üblich ist, den Malt nach Hausrezept in einem bestimmten Verhältnis aus seinen Bourbon- und seinen Sherryfässern zu mischen. Er kann den besonders gut geratenen Inhalt einzelner Fässer jeweils als **Single Cask** auf den Markt bringen. Er kann Whisky in **Cask Strength**, in Fassstärke, abfüllen, er kann auf das Kaltfiltern verzichten, auf das Korrigieren der Farbe oder auf beides. Er hat Möglichkeiten zuhauf für immer neue Abfüllungen.

Das zunehmend in Mode kommende **Finishing** hat den Markt der Single Malts bereichert wie nichts anderes zuvor. Unter diesem Begriff – auch *wood finishing* genannt – ist eine Nachreifung in einem anderen als in dem üblicherweise für die Alterung verwendeten Fasstyp zu verstehen. Der »Double Wood« von Balvenie war der erste Single Malt Whisky, der in »zwei Hölzern« reifte: zunächst für zehn Jahre im Bourbonfass, danach noch zwei Jahre im Sherryfass. Mit dieser zusätzlichen Reifung, quasi einem Parfümieren des Malts, wurde eine Lawine losgetreten: Heute sind Fässer in Gebrauch, die zuvor jeden nur denkbaren Alkohol enthielten: Südweine wie Sherry verschiedener Art, Portwein, Madeira und Malaga, Rot- und Weißwein, Spirituosen wie Rum, Cognac und Calvados, Bier… Die Meinungen über das Finishing sind geteilt. Über eines jedoch sind sich die Freunde des Scotch Single Malt Whiskys einig: Es gibt keine Spirituose, die es an Vielfalt mit dieser aufnehmen könnte.

Aberfeldy

Aberfeldy liegt in den Highlands, etwas nordwestlich von Perth, und unweit davon wurde 1806 ihr Erbauer, John Dewar, geboren. Bis heute ist die 1896 errichtete Destillerie das Herzstück der Firma und auch der berühmten Dewar's Blended Whiskys.

Aberfeldy ist die einzige Destillerie, die von der Familie Dewar erbaut wurde, und ihr Whisky war immer des Herzstück des berühmten Dewar's White Label Blends. Das um die damalige Jahrhundertwende kräftig expandierende Unternehmen erwarb bis 1923 acht weitere Brennereien, darunter Benrinnes, Glen Ord, Lochnagar und Pulteney. Dewar's war zu Beginn des 19. Jahrhunderts eines der großen Unternehmen und spielte bereits bei der Gründung der DCL (Distillers Company Ltd.) im Jahre 1925 eine entscheidende Rolle. Aus diesem Zusammenschluss entstanden die United Distillers und letztendlich der britische Spirituosengigant Diageo. Seit 1998 ist Dewar's und auch Aberfeldy im Besitz des Rum-Multis Bacardi, da sich die Diageo aus kartellrechtlichen Gründen von Dewar's trennen musste. Die Aberfeldy Single Malts, die es lange nur von unabhängigen Abfüllern gab, werden seit 2006, wie alle Dewar's Whiskys in einer neuen Aufmachung und als 12- und 21-jähriger angeboten.

Es sind aber auch noch 15 und 17-jährige Abfüllungen aus der »Flora & Fauna«-Reihe zu finden. Aberfeldy ist vom Stil her sehr kräftig, ölig und fruchtig und eignet sich gut als Digestif.

12 Years
Alter 12 Jahre
Alkoholgehalt 40 % vol
Duft zart rauchig, nach Heidehonig, mit Noten von Ananas, Röstaromen und Getreide
Geschmack voll und reich, nach Gewürzen und Bitterorangen, sanft-trocken
Preis €€

21 Years
Alter 21 Jahre
Alkoholgehalt 40 % vol
Duft nach Heide und Honig, weiche Süße mit Anklängen von Vanille
Geschmack voll und reich, mit Orangennote, wunderbar trockenes Finish
Preis €€€€

Aberlour

Aberlour (gesprochen: aber-lauer) liegt im Zentrum der Speyside-Region und war 1974 nach der benachbarten Glenallachie und der Highland-Destillerie Edradour die dritte schottische Brennerei, die von Pernod Ricard übernommen wurde.

Aberlour im gleichnamigen Ort wurde 1826 erbaut und 1879 neu gegründet. 1898 wurde sie durch ein Großfeuer völlig vernichtet, und noch im selben Jahr entstand die heutige Anlage. Der auf dem Gelände gefundene Brunnen »St. Drostan's Well« stammt aus der Zeit einer druidischen Gemeinschaft und wird auch mit einer Abfüllung gewürdigt.

Aberlour Single Malts zählen schon seit etwa 20 Jahren zu den international bekanntesten Marken und werden in vielen Altersstufen und Spezialabfüllungen angeboten. Auch reine Sherryfass- und Wood-Finish-Whiskys sind erhältlich. Nach Deutschland werden nur der 10 Years und der a'bunadh offiziell importiert, weitere sind bei den spezialisierten Händlern zu erhalten. Der erst vor einigen Jahren vorgestellte a'bunadh (gesprochen: a-buun-ach), was auf Gälisch der Ursprung bedeutet, wird im Stil der Whiskys des 19. Jahrhunderts hergestellt. Er wird aus ausgewählten Fässern in Fassstärke in Flaschen gefüllt, die von schottischen Apothekern zu dieser Zeit benutzt wurden. Versiegelt werden sie mit geschmolzenem Wachs.

a'bunadh
Alter ohne Altersangabe
Alkoholgehalt ca. 60 % vol
Duft trockene und fruchtige Aromen von Äpfeln und Birnen, mit süßen Noten von Vanille und Minz-Toffee
Geschmack außergewöhnlich weich, würzige Anklänge von Muskatnuss, mit leichter Honigsüße
Preis €€€

10 Years
Alter 10 Jahre
Alkoholgehalt 40 % vol
Duft voll, fruchtig und würzig
Geschmack ausgewogen und nicht allzu schwer, würzig mit süßlichen Anklängen
Preis €€

An Cnoc

Die Knockdhu Distillery in Banffshire, Speyside, zählt, obwohl sie fast immer produzierte, zu den weniger bekannten Brennereien. Sie lieferte vornehmlich an die Blended-Firmen, und erst seit 1990 werden Destillerieabfüllungen angeboten.

Knockdhu wurde 1893/94 von der DCL (Distillers Company Ltd.) aufgrund einer damals neu entdeckten Wasserquelle an der Südseite des Hügels Knockdhu (schwarzer Hügel) erbaut. 1988 wurde sie von Inver House übernommen, zu der auch die Brennereien Speyburn, Old Pulteney, Balblair und Balmenach gehören. Inver House wiederum ist im Besitz der thailändischen International Beverage Holdings (InterBev), agiert aber weitgehend als selbständiges Unternehmen. Knockdhu war als Flaschenabfüllung nur von den »Unabhängigen Abfüllern« zu haben, und als Destillerieabfüllung wurde Knockdhu nur von 1990 bis 1993 abgefüllt. Um Verwechslungen mit dem Knockando von J & B auszuschließen, wird er seit 1993 als An Cnoc (gesprochen: a-nock) angeboten. Es gibt aber auch weiterhin einige unter dem Destillerienamen. An Cnoc/Knockdhu Single Malts sind blassgold, weich und mittelschwer und für Einsteiger geeignet. In Deutschland werden sie nur von spezialisierten Händlern angeboten, und außer den beiden abgebildeten gibt es einige Jahrgangsabfüllungen von den »Unabhängigen Abfüllern«.

12 Years
Alter 12 Jahre
Alkoholgehalt 40 % vol
Duft zart und leicht malzig süß, mit einer Spur Vanille und Rauch
Geschmack sauber, mit vollen Fruchttönen und weichem Nachklang
Preis €€

1991/2005
Alter 14 Jahre
Alkoholgehalt 46 % vol
Duft mit leichten Holznoten in Verbindung mit Karamell und Vanille
Geschmack mit vielen Fruchtnoten, leicht torfig, mit angenehmem, sanftem Nachklang
Preis €€

Ardmore

Ardmore (gesprochen: ard-mór) bedeutet: große Anhöhe. Sie wurde 1898/99 von Wm Teacher & Sons erbaut um den Nachschub für den Teacher's Highland Cream zu sichern. Ardmore ist nicht so bekannt wie die Schwesterbrennerei Glendronach, aber bezaubernd traditionell.

Zum 100. Jubiläum der Brennerei wurde 1998 eine Eigentümerabfüllung herausgegeben, ansonsten sind die Single Malts von Ardmore nur von den »Unabhängigen« und in immer wieder neuen Jahrgängen zu bekommen. Die Destillerie liegt südöstlich von Huntley in der Nähe des Flüsschens Bogie und zählt gerade noch zur Speyside-Region. Sie ist eine der größten Malt-Brennereien des Landes, und bis heute wird der größte Teil der Produktion für den Teacher's verbraucht. Den ursprünglichen zwei Brennblasen wurden 1955 zwei weitere zugefügt, und 1974 wurde auf acht verdoppelt. Trotz der Vergrößerungen hat sich Ardmore den ursprünglichen Charme einer Anlage des 19. Jahrhunderts bewahrt. Sie ist nicht nur hübsch anzusehen, sondern wird auch noch traditionell betrieben. Eines der Charakteristika der alten Zeit ist die bis heute angewandte Kohlenbefeuerung. Eine alte Dampfmaschine zur Stromerzeugung wurde 1950 ausgemustert, steht aber gepflegt und einsatzbereit auf dem Gelände. Ardmore stand nie im Fokus wie andere Brennereien und hatte eine vergleichsweise ruhige Geschichte. Im Jahr 1976 wurde sie von Allied Distillers gekauft, und über deren Nachfolger Allied Domecq kam sie bei der Auflösung der gesamten Gruppe im Jahr 2005 zum US-amerikanischen Multi Beam Global Spirits & Wine (Jim Beam). Da Beam auch Teacher's Highland Cream übernommen hat, sind bei Ardmore keine Veränderungen zu erwarten. Sehr erfreulich ist, dass er nun auch als Eigentümerabfüllung angeboten wird.

Ardmore
Alter ohne Altersangabe
Alkoholgehalt 46 % vol
Duft leichte Gewürznoten mit Anklängen von Kokosnuss
Geschmack weiche Torftöne, nach Vanille. Langer, tiefer Nachklang
Preis €€

Ardbeg

Kommt man mit der Fähre von der Halbinsel Kintyre nach Islay, sieht man östlich der »Hauptstadt« Port Ellen drei weltberühmte Brennereien am Ufer aufgereiht. Links, nahe Port Ellen, Laphroaig, in der Mitte Lagavulin und rechts Ardbeg.

Auf der berühmten Whiskyinsel Islay (gesprochen: ei-la) wurde vielfach schwarz gebrannt, und auch dort, wo heute Ardbeg steht, waren die Bedingungen günstig. Doch bereits 1815 begann die legalisierte Herstellung bei Ardbeg und den benachbarten Destillerien. Ardbeg (die kleine Anhöhe) kam 1817 in den Besitz der Familie McDougall und verblieb bei ihr bis 1959. Anschließend wurde sie als Ardbeg Distillery geführt und 1977 von Hiram Walker gekauft. Hiram Walker war Teil des sich daraus entwickelnden Spirituosenmultis Allied Domecq. Dieser wurde 2005 aufgelöst und für schlappe £ 7 Milliarden an Pernod Ricard und Beam Global Spirits & Wine verkauft. Zu Allied Domecq gehörte auch Laphroaig, und daraus lässt sich der Schluss ziehen, dass man deswegen Ardbeg sträflich vernachlässigte.

Rettung und Neuzeit

1981 bis 1988 war Ardbeg geschlossen, und nach ihrer Wiederinbetriebnahme 1989 arbeitete man nur im kleinen Umfang bis 1996. Die Rettung kam 1997 durch Glenmorangie, und seither ist Ardbeg wieder zu alter Größe auferstanden. Die Glenmorangie plc, zu der auch die Malt-Brennerei Glen Moray sowie zahlreiche Blendedmarken und Beteiligungen gehören, wurde 2004 für rund £ 300 Millionen von Moët Hennessy gekauft. Dieser wiederum ist ein gemeinsames Tochterunternehmen des französischen Luxusgüterkonzerns LVMH (61 %) und

10 Years

Alter 10 Jahre
Alkoholgehalt 46 % vol
Duft außergewöhnliche Balance und Tiefe, viele Aromanoten, sowie medizinische Phenole
Geschmack der Süße folgen tiefe Torfnoten, Tabakrauch und Espresso, langer und rauchiger Nachklang
Preis €€

Scotch Malt Whisky

Airigh nam Beist
Alter aus 1990/2006 abgefüllt
Alkoholgehalt 46 % vol
Duft große Aromenfülle, nach süßen Früchten und Torf
Geschmack typisch für Ardbeg, nach Torf, Seetang und Feuer, mit süßen und fruchtigen Noten, langer Nachklang mit viel Torf
Preis €€€€

Uigeadail
Alter ohne Altersangabe
Alkoholgehalt 54,2 % vol
Duft voll, süß und rauchig, intensiv, nach Kakao und Lakritz
Geschmack vollmundig, süß, ausgewogen, langer rauchiger Nachklang mit einer Spur Anis
Preis €€€

Lord of the Isles
Alter 25 Jahre
Alkoholgehalt 46 % vol
Duft ausgesprochen tief, vollmundig und süß, nach Holzrauch, Teer und Leder
Geschmack kraftvoll, torfig, zuerst süßlich, dann nach Kakao und Torf, langer, torfiger Nachklang
Preis €€€€€

des britischen Spirituosenmultis Diageo (39 %). Doch wen interessieren die Hintergrundgeräusche, wenn vorne ein mächtiges Orchester spielt. Ardbeg ist wieder da, und die Fangemeinde wieder gut versorgt. Gründe für die Beliebtheit bei seinen Fans und auch die Ablehnung bei seinen Verächtern waren die starken Phenoltöne und der eindeutig medizinische Einschlag. Diese kamen durch die starke Torfigkeit des Malts zustande, die so kein Malt Whisky Schottlands aufweist. Außer den Ardbegs der »Unabhängigen Abfüller« gibt es die bereits neuen »Very Young« (1998/2004) und »Still Young« (1998/2006) und die aktuellen, oben vorgestellten.

Der Klassiker TEN ist der Inbegriff von Islay und Ardbeg, jedoch klagen Ardbeg-Veteranen darüber, dass er nicht mehr die frühere, elementare Wucht besitzt. Der Airigh nam Beist (gesprochen: arry nam baysht) ist benannt nach der zweiten, unterhalb der Quelle von Loch Uigeadail liegenden Quelle. Der Name bedeutet etwa »Unterschlupf des Biestes«, und die Herstellung erfolgt komplett aus dem 1990er Whiskybestand. Der dritte, Uigeadail, ist benannt nach der hoch in den Hügeln liegenden Quelle, aus der Ardbeg sein Wasser bezieht. Er ist ein Blend aus zehn Jahre altem, in Sherryfässern gereiftem Ardbeg. Zuletzt noch der Lord of the Isles. Dieser ist eine Rarität aus mindestens 25 Jahre alten Whiskys, also noch aus Beständen vor der Schließung 1981, und nur limitiert verfügbar.

Auchentoshan

Auchentoshan (gesprochen: ochen-toschen) ist die größte der drei verbliebenen Lowland-Malt-Destillerien. Sie ist außerdem die einzige der schottischen Brennereien, die noch nach der Methode der Dreifachdestillation arbeitet.

Auchentoshan, was übersetzt etwa »Feldecke« bedeutet, soll um 1800 den Betrieb aufgenommen haben. Als offizielles Gründungsdatum wird jedoch 1823 oder 1825 angegeben. Dies ist aber nicht so wichtig, denn das Gründungsdatum sagt nichts über die heutige Qualität aus. Es ist sowieso fast ein Wunder, dass es Auchentoshan überhaupt noch gibt. Die Brennerei ging durch unzählige Hände, erlebte Zerstörung und mehrere Schließungen und war wie ein Stehaufmännchen immer wieder da. Stabilisiert und auf sichere Beine gestellt wurde die Destillerie mit der Übernahme durch Morrison Bowmore im Jahr 1984. Zu Morrison Bowmore gehörte schon seit 1963 die Islay-Destillerie Bowmore, und seit 1970 die Eastern Highland Destillerie Glen Garioch.

Am Rande der Highlands

An Morrison Bowmore hielt der japanische Spirituosenkonzern Suntory einen 35-%-Anteil, und 1994 wurden die drei Destillerien komplett übernommen. Die Befürchtungen, das damit große Veränderungen einsetzen würden, erwiesen sich als haltlos, und außer der neuen finanziellen Sicherheit blieb alles, wie es war. Man arbeitete weiterhin unbeeinflusst, denn die Japaner sind konservativ und schätzen das Althergebrachte. Auch dass die wirklich sehenswerte Brennerei so gut in Schuss ist, ist zweifellos das Verdienst der neuen Inhaber.

Die Destillerie liegt nördlich von Glasgow, aber südlich der Trennlinie zwischen Highland und Lowland und gilt – obwohl das Wasser aus den Kilpatrick Hills in den Highlands stammt – als Lowland Whisky.

12 Years
Alter 12 Jahre
Alkoholgehalt 40 % vol
Duft Crème brûlée, getragen von sanften Zitrusfrüchten
Geschmack glatt im Gaumen, süß mit einem Hauch von Mandarinen und Lime, mit angenehm nachhaltigem Nussgeschmack
Preis €€

Auchentoshan hat, außer dass er einer der drei letzten Lowland Malt Whiskys ist und sein Wasser aus den Highlands bezieht, noch eine weitere, außergewöhnliche Besonderheit aufzuweisen. Für ihn wird das früher für diese Region typische und allgemein übliche Verfahren der Dreifachdestillation angewandt, das so nur noch in Irland praktiziert wird. Damit hat man bei Auchentoshan als letzte Brennerei an dem Verfahren festgehalten, das ursächlich für den leichten Stil der Lowland Whiskys ist.

Ein Auchentoshan-Brennmeister bei der Kontrolle während der Destillation

Auchentoshan gibt es als Classic und Three Wood – ohne Jahrgang und in mehreren Altersstufen. Der Three Wood ist ein einzigartiger Whisky, der in drei verschiedenen Holzfässern ausgebaut wurde. Eingesetzt wurden amerikanische Bourbonfässer, spanische Oloroso-Sherryfässer und schließlich Pedro-Ximenez-Sherryfässer. Diese Kombination lässt einen komplexen Whisky mit unglaublichen Karamell- und Sherrynoten entstehen.

Classic
Alter ohne Altersangabe, ca. 7-8 Jahre
Alkoholgehalt 40 % vol
Duft Kokos und Vanille mit einem Hauch grünem Apfel
Geschmack süße Vanille, frische grüne Äpfel und ein wenig Menthe
Preis €€

18 Years
Alter 18 Jahre
Alkoholgehalt 43 % vol
Duft nach frischen Tabakblättern, mit einem Hauch karamellisiertem Zucker, nach grünem Tee und gerösteten Mandeln
Geschmack mit Mandarinennote, lang anhaltend, ausgeglichen und kräftig
Preis €€€

Three Wood
Alter ohne Altersangabe, ca. 12,5 Jahre
Alkoholgehalt 43 % vol
Duft Aromen von schwarzen Johannisbeeren, braunem Zucker, Orangen, Pflaumen und Rosinen
Geschmack Haselnussnoten mit Anklängen von Zimt und Zitrone, großartige Aromen
Preis €€€

Arran

Die Insel Arran, an der Westküste neben der Halbinsel Kintyre, im Firth of Clyde gelegen, ist eine der schönsten Schottlands. Sie wird oft als Schottland im Kleinformat bezeichnet, da sie die unterschiedlichsten Landschaften auf sich vereint.

Seit 1995 hat sie nun – auch standesgemäß – wieder eine Destillerie. Die einst rege – und zumeist illegale – Whiskyproduktion endete auf Arran 1835. Im Jahr 1994 begann die neu gegründete Isle of Arran Distillers in Lochranza im Norden der Insel mit dem Bau einer neuen Destillerie – und 1995 floss der erste zukünftige Whisky. Früher als erwartet wurde bereits im Herbst 1999 eine begrenzte Menge der »First Production 1995« angeboten.

Initiator und treibende Kraft war Harold Currie, ehemaliger Geschäftsführer von Chivas Brothers und des House of Campbell, der die Isle of Arran Distillers Ltd. gründete. Ausschlaggebend für die Wahl des Standorts waren die idealen klimatischen Bedingungen der Insel und die Absicht, an die alten Traditionen der Insel wieder anzuknüpfen.

Arran wird zu Recht Schottland in Miniatur genannt. Sie ist topografisch und topologisch gesehen ein Mikrokosmos des gesamten Landes. Es gibt hier genauso Highlands, Lowlands, Farmland und Weidegrund wie unberührte Wildnis, Berge, Täler, Seen und Flüsse. Im Winter sind die Bergspitzen schneebedeckt, während die Dörfer an der Küste auf Grund des Golfstroms für diese Breitengrade erstaunlich milde Winter genießen. Im Jahr 2007, zwölf Jahre nach dem Start, stehen schon mehrere zur Verfügung, darunter zahlreiche Wood Finish (u.a. Champagne, Cream Sherry, Cognac, Marsala) in relativ kleinen Auflagen.

Arran 10 Years
Alter 10 Jahre
Alkoholgehalt 46 % vol
Duft ein Anflug von Vanille, mit Spuren von exotischen Früchten, wie Kiwi, Banane und Melone, und einer Kakaonote.
Geschmack komplex und harmonisch, ein Hauch Zimt in Kombination mit Gewürzen und sanfter Süße. Die klassische Arran-Zitrusnote verstärkt den Charakter des süßen Eichentons.
Preis €€

Ballantine's Pure Malt

Die in Dumbarton bei Glasgow ansässige Firma George Ballantine & Son zählt zu den größten Whiskyproduzenten Schottlands. Die Geschichte der Nummer drei unter den Blended Scotch Whiskys begann 1827 mit einem Lebensmittelgeschäft in Edinburgh.

Wie bei vielen schottischen Whiskymarken lag auch beim Ballantine's der Ursprung im Handel mit Lebensmitteln, Wein und Spirituosen. Aus diesen kleinen Anfängen entwickelte sich eine der größten Spirituosenmarken der Welt. George Ballantine handelte mit Weinen und Whisky, und seine drei Söhne bauten dann mit dem Blended Whisky in Glasgow die Firma auf. Nachdem sich ihre Nachkommen zurückgezogen hatten, wurde sie 1936 von Hiram Walker übernommen. Ballantine's war in den USA immer eine gefragte Marke, und um unabhängig zu sein, ließ Hiram Walker in Dumbarton bei Glasgow die damals größte und modernste Grain-Destillerie erbauen. Im Jahr 1988 wurde Ballantine's Teil der Allied Lyons, die zur Allied Domecq wurde, und bei deren Auflösung im Jahr 2005 fiel diese Whiskyperle an Pernod Ricard. Von den berühmten rechteckigen, braunen Flaschen werden jährlich über 70 Millionen (2005) Flaschen verkauft. Der »Finest« ist in Europa die führende Scotch-Marke, ihm zur Seite gestellt wurde der »Special Reserve 12 Years Old«. Mitte des Jahres 2000 brachte man wieder einen Blended Malt auf den Markt. Es ist anzunehmen, dass für ihn auch die in den Blends führenden Malts Baldair, Glenburgie, Glencadam, Miltonduff und Old Pulteney eingesetzt werden.

Ballantine's Pure Malt
Alter 12 Jahre
Alkoholgehalt 40 % vol
Duft frisch, nach Frühlingsblumen, mit Birnen-, Orangen- und Mandelnote
Geschmack reif, sanft und ausgewogen, zart-süß, nussig und trocken
Preis €€

Balblair

Hoch im Norden Schottlands, zwischen mildem Golfstrom und rauen Stürmen, liegt an der Ostküste des Dornoch Firth die Balblair-Brennerei. Diese Region von außerordentlicher natürlicher Schönheit wurde schon vor Jahrhunderten von den Schwarzbrennern geschätzt.

Balblair (gesprochen: bal-blär) liegt etwas landeinwärts, nicht weit entfernt von Glenmorangie, auf der Ostseite der Northern Highlands. Nördlicher liegen nur noch Scapa und Highland Park auf den Orkney-Inseln, sowie Pulteney und Clynelish. Alte Aufzeichnungen nennen das Jahr 1790 als Gründungsdatum, die Brennerei selbst hatte aber auch schon die Jahreszahl 1749 auf den Flaschen stehen. Zu dieser Zeit soll auf dem Gelände in einer Farm schon destilliert worden sein. Die abgelegene Gegend wurde damals von vielen illegalen Brennern genutzt, da reichlich Wasser, Torf und Gerste vorhanden war. Die heutige Anlage wurde 1871/72 errichtet, und einige der alten Gebäude stehen noch. Das Gesamtbild hat sich bis heute kaum verändert, und Balblair vermittelt immer noch den Eindruck einer gediegenen traditionellen Destillerie.

Balblair im 20. Jahrhundert

In den Jahren 1915 bis 1947 war Balblair geschlossen, produzierte dann aber durchgehend bis 1996 unter wechselnden Eigentümern. 1970 wurde Balblair vom kanadischen Konzern Hiram Walker (Canadian Club) übernommen. Diesem gehörte auch Ballantine's, und der Großteil des Balblair Malts wurde für diesen Blend verwendet. Es wurde aber auch ein fünfjähriger Pure Malt angeboten, auf dessen Etikett »From the House of Ballantine's« stand. Hiram Walker, inzwischen Teil der Allied Distillers, ließ Balblair 1996 schließen und verkaufte an Inver House Distillers, die sie kurz darauf wieder in Betrieb nah-

> **Elements**
> **Alter** ohne Altersangabe
> **Alkoholgehalt** 40 % vol
> **Duft** frisch, weich, leicht süß, mit Heide- und Honignote
> **Geschmack** voll und ausgewogen, malzig, mit Torfrauch im Nachklang
> **Preis** €€

men. Inver House selbst wurde 2001 von der thailändischen International Beverage Holdings (InterBev) übernommen, agiert aber weitgehend unbeeinflusst als selbstständiges Unternehmen. Zur InterBev gehören zahlreiche Blended-Scotch-Marken und neben Balblair noch die Brennereien Knockdhu, Speyburn, Old Pulteney und Balmenach. Von Balblair wurden bis 1998 nur einige Single Malts durch die »Unabhängigen Abfüller« angeboten, seit 1998 gibt es Balblair auch als Eigentümerabfüllungen. Die Single Malts von Balblair gelten als leicht und trocken und stehen in einem guten Preis-Leistungs-Verhältnis. Balblair bietet mit seiner neuen Reihe die ganze Vielfalt der Northern Highlands. In seiner Heimat gibt es angeblich auch die reinste Luft der Britischen Inseln und ein besonders weiches Wasser, welches den Whisky von Balblair prägt.

Wild und zerklüftet, aber immer grün sind die schottischen Berge

10 Years
Alter 10 Jahre
Alkoholgehalt 40 % vol
Duft komplex, nach süßen Früchten, mit Vanille- und Karamellnote
Geschmack mittelschwer, mit weichem, leicht rauchigem Nachklang
Preis €€

16 Years
Alter 16 Jahre
Alkoholgehalt 40 % vol
Duft elegant würzig, mit feinem, nussigem Aroma
Geschmack voller Körper, leicht süßliche Fruchtnote, nach Toffee, mit weichem Nachklang
Preis €€€

1989
Alter Vintage 1989
Alkoholgehalt 40 % vol
Duft süßlich mit Mandeltönen, mit dezenter Apfel- und Sultaninennote
Geschmack ausgewogener Körper mit leichter Süße und feiner Fruchtnote
Preis €€€

Balvenie

Die 1892 von William Grant erbaute Balvenie Distillery liegt in Dufftown, Speyside, unweit der fünf Jahre zuvor ebenfalls von ihm erbauten Glenfiddich Distillery. Trotz der Nähe zu Glenfiddich haben beide Whiskys einen völlig eigenständigen Charakter.

William Grant lernte sein Handwerk bei Mortlach, der damals ersten Brennerei in Dufftown. 1886 erwarb er von der alten Cardow Distillery Brenngeräte und erbaute mit seinen sieben Söhnen am Fiddich (Hirsch) Burn die berühmte Glenfiddich Distillery. Die fünf Jahre später erbaute Balvenie-Brennerei wurde nach dem nahe gelegenen Balvenie Castle benannt und war die zweite der heute vier Destillerien von Grant's. 1990 kam in Dufftown als dritte die Kininvie-Destillerie dazu, und bereits 1963 hatte man in Girvan, in den Lowlands, einen Brennereikomplex erbaut, aus dem seither der Grain Whiskey für den Grant's Blended Whisky kommt. In Girvan werden auch die Blends für den Grant's zusammengestellt und der Senkrechtstarter-Gin Hendrick's produziert. Die Firma ist bis heute im Besitz der Nachfahren von William Grant und wird auch von ihnen geleitet.

Die Whiskys von Balvenie

Trotz der gelebten Tradition zeigt man bei Balvenie viel Sinn für den Fortschritt. Balvenie war eine der ersten Destillerien, die das sogenannte Finishing-Verfahren anwandte und zur Perfektion entwickelte. »Finishing« ist die Bezeichnung für einen Ausbauprozess, der seit einigen Jahren in Mode gekommen ist. Gemeint ist damit, den Malt Whisky, nachdem er seine Zeit im Fass gereift ist, in ein zweites Fass umzufüllen, um so die Einflüsse von mehreren Fasssorten bzw. der Spirituose oder des Weines, der vorher in den Fässern war, zu nutzen. Er er-

Double Wood
Alter 12 Jahre
Alkoholgehalt 40 % vol
Duft mittelschwerer und voller Körper, nach Sherry und Orangenschalen
Geschmack nussig, süß, nach Sherry, mit einer wunderbaren Kombination reifer Aromen
Preis €€

Signature
Alter 12 Jahre
Alkoholgehalt 40 % vol
Duft sehr komplex, reiche Frucht- und kräftige Gewürzaromen, mit feinen Eichenholz-, Vanille- und Honignoten
Geschmack voller Honigsüße und fruchtigen Sherry-, Gewürz- und Eichenholznoten
Preis €€

Port Wood
Alter 21 Jahre
Alkoholgehalt 40 % vol
Duft duftig, frisch, nussig trocken, nach Marzipan und Rosinen
Geschmack vollmundig, sehr komplex, nach Portwein,
Preis €€€€

Single Barrel
Alter 15 Jahre
Alkoholgehalt 47,8 % vol
Duft trocken, voller Körper, frische Eichentöne
Geschmack nach Zeder und Orangenschale, mit ananasartiger Süße und trockenem Nachklang
Preis €€€

hält dabei mehr Komplexität, Tiefe und auf jeden Fall weitere Aroma- und Geschmacksnuancen. Balvenie bietet zahlreiche außergewöhnliche Single-Malt-Abfüllungen an, und die bekanntesten sind Double Wood 12 Years, Signature 12 Years, Portwood 21 Years und der Single Barrel 15 Years.

Balvenie Double Wood ist ein außerordentlich komplexer, 12 Jahre gereifter Malt mit ausgesprochen weicher Sherrynote. Er reift zunächst 12 Jahre lang in Fässern aus amerikanischer Eiche und anschließend sechs Monate in ehemaligen Sherryfässern. Der New Wood 17 Years ist eine einmalige Auflage aus nur 79 Fässern. Zuerst reifte dieser 17 Jahre in traditionellen Eichenfässern und wurde dann für vier Monate in neue Eichenfässer umgefüllt. Eine Klasse für sich ist der Port Wood 21 Years. Er lagert zunächst 21 Jahre in ehemaligen Bourbonfässern und erfährt dann eine zweite Reifung in 30 Jahre alten Port Pipes. Ein unverwechselbarer Whisky ist der Single Barrel 15 Years. Dieser reift mindestens 15 Jahre in ein und demselben Fass. Nur Fässer, die den höchsten Ansprüchen genügen, werden als Single Barrel abgefüllt. Jedes Fass ergibt nur 300 Flaschen, und diese tragen handschriftlich das Destillations- und Abfülldatum, die Nummer des Fasses und der Flasche sowie die Signatur des Malt Master David Stewart. Weitere zurzeit erhältliche Abfüllungen sind Port Wood 1991, Islay Cask 17 Years, Rum Wood, Balvenie Thirty, Balvenie Cask 191 und die Vintage Cask 1973, 1972, 1971 und 1970.

Ben Nevis

In den westlichen Highlands, im Städtchen Fort William und zu Füßen von Schottlands höchstem Berg, dem Ben Nevis, liegt die nach ihm benannte Brennerei. Sie wurde von John MacDonald, dem legendären »Long John« 1825 erbaut und erlebte viele Höhen und Tiefen.

John MacDonald, der wegen seiner Körpergröße Long John genannt wurde, war eine der großen Persönlichkeiten der schottischen Whiskygeschichte. Seinen Namen trägt bis heute ein erfolgreicher Blend, der jedoch seit langer Zeit nichts mehr mit seinen Ursprüngen zu tun hat. Die Ben-Nevis-Brennerei wurde nach dem Tod des Gründers im Jahr 1856 von dessen Sohn weitergeführt und erlebte ab den 1920er Jahren mehrere Besitzerwechsel und Stilllegungen.

1955 wurde sie von einem ehemaligen Schnapsschmuggler, der während der US-Prohibition ein Vermögen gemacht hatte, übernommen, und 1981 kam sie zurück zu Long John Distillers. Nach der letzten Schließung im Jahr 1986 kam drei Jahre später durch Nikka die Rettung aus Fernost. Nikka, der mit etwa 20 % nach Suntory zweitgrößte japanische Whiskyproduzent, erweiterte damit sein Destillerieimperium und wurde dadurch auch Besitzer einer »richtigen« Destillerie. Mit Hilfe des frischen Kapitals startete man erneut, und ab 1991 begann die Neuzeit der Brennerei. Ben Nevis Single Malts waren bis zur Übernahme durch Nikka nur von den »Unabhängigen Abfüllern« zu bekommen, und bei spezialisierten Händlern sind noch Ben-Nevis-Jahrgänge bis zurück in das Jahr 1967 zu finden. Seit dem Einstieg von Nikka wird Ben Nevis als 10-jährige Originalabfüllung mit großzügigen 46 % Alkoholgehalt angeboten. Des Weiteren wird unter dem schon zu MacDonald's Zeiten verwendeten Namen »Dew of Ben Nevis« von Nikka auch ein Blended Scotch vermarktet.

10 Years
Alter 10 Jahre
Alkoholgehalt 46 % vol
Duft süß und fruchtig, mit einem Hauch von Kokosnuss, Vanille und Trockenobst
Geschmack reich, schwer und würzig
Preis €€€

BenRiach

Südlich des Speyside-Städtchens Elgin liegt die BenRiach-Destillerie. Sie ist eine von acht Destillerien im Einzugsgebiet der Stadt, die ein bedeutendes Zentrum der Whiskyindustrie ist. BenRiach mit dem großem R wird erst seit 1994 offiziell abgefüllt.

Die Destillerie wurde 1898 von John Duff errichtet und noch im selben Jahr von der benachbarten und einige Jahre vorher erbauten Longmorn-Brennerei übernommen. Während Longmorn immer in Betrieb war, wurde BenRiach bereits zwei Jahre später wieder geschlossen. Erst 1965 wurde die Anlage renoviert und unter der Regie von Glenlivet wieder eröffnet.

Ab 1977 gehörte BenRiach zu Seagram, die sie 2004 an die südafrikanische Intra Trading verkauften. Bis dahin waren die Whiskys nur zum Blenden eingesetzt worden und nur von den »Unabhängigen Abfüllern« in Flaschen erhältlich. Außer der Hauptmarke Heart of Speyside, dem 10-jährigen Curiositas und dem 21-jährigen Authenticus, beide zusätzlich beschriftet mit »Single Peated Malt« als Hinweis darauf, dass es sich um stark getorfte Malts handelt, werden noch ein 12-, 16- und 20-jähriger Single Malt als Destillerieabfüllung angeboten.

Curiositas 10 Years
Alter 10 Jahre
Alkoholgehalt 40 % vol
Duft weich und süß, mit kräftigem Torfrauch
Geschmack voll und würzig, mit viel Torfrauch
Preis €€

Authenticus 21 Years
Alter 21 Jahre
Alkoholgehalt 46 % vol
Duft dominierender Torfrauch, darunter Spuren von Honig und Gewürzen
Geschmack voll und kräftig, spürbar torfig, für Kenner
Preis €€€€

Heart of Speyside
Alter ohne Altersangabe
Alkoholgehalt 40 % vol
Duft frisch und sauber, mit Spuren von Vanille, Honig und Heidekräutern
Geschmack leicht und weich, mit Fruchttönen und spürbarem Torf
Preis €€

Benromach

Unweit der Nordsee, am nördlichen Rand des historischen Städtchens Forres wurde 1998, 100 Jahre nach ihrer Gründung, bei Benromach erstmals seit 1983 wieder destilliert. Damit war die kleinste Speyside-Destillerie wieder zum Leben erweckt.

Dem großen »Unabhängigen Abfüller« Gordon & MacPhail verdanken die Whiskyliebhaber die Rettung der Benromach Distillery. Benromach wurde 1898 während des Whisky-Booms dieser Zeit erbaut und kurze Zeit darauf wieder geschlossen. Bis zur Übernahme von Gordon & MacPhail im Jahre 1993 erlebte Benromach sechs Besitzer und viel Stillstand. Gordon & MacPhail hatte Benromach Whiskys immer im Angebot und da die Destillerie immer mit den Lagerbeständen verkauft wurde sind auch lange gereifte Whiskys vorhanden. Die neuen Besitzer endlich denken langfristig und machten Nägel mit Köpfen. Sie nahmen im Inneren aufwendige Renovierungsarbeiten vor und statteten die Destillerie mit neuen Maisch- und Gärbottichen und einer neuen pot-still aus. Seither erzeugt man unterschiedlich stark getorfte Whiskys, darunter mit dem »Organic« auch einen Bio-Whisky. Mit etwa 500.000 Litern Jahresproduktion ist Benromach die kleinste Destillerie in der Speyside-Region, füllt aber ein großes Sortiment unterschiedlicher Single Malt Whiskys ab. Die Hauptmarke »Traditional«, der »Peat Smoke« und der »Organic« werden ohne Jahrgangsangabe angeboten. Des Weiteren gibt es Benromach als 10, 25 und 30 Years old. Außerdem einen Cask Strength mit etwa 60 % vol und die Reihe »Origins« mit 50 % vol. Bei den »Origins« handelt es sich um Spezialabfüllungen, die aufzeigen, wie nur geringfügige Unterschiede bei der Herstellung den Charakter der ausgereiften Single Malt Whiskys beeinflussen.

10 Years
Alter 10 Jahre
Alkoholgehalt 43 % vol
Duft nach Früchten, Gewürzen und Schokolade
Geschmack mild und ausgewogen, fruchtig, mit reicher Sherrynote und einem Hauch Rauch
Preis €€

Benrinnes

In der Speyside-Region finden sich mehr Brennereien als irgendwo sonst in Schottland. In ihrem Zentrum, etwas südlich des Städtchens Aberlour, liegt an einem Hang der gleichnamigen Bergkette die Benrinnes-Destillerie.

Die ursprünglich nach dem nahe gelegenen Wasserfall Lyne of Ruthie benannte Destillerie wurde um 1825 erbaut und erhielt erst 1838 ihren heutigen Namen. Benrinnes liegt etwa in 250 Meter Höhe an der Nordschulter des Berges, und ein wichtiger Grund für die Ortswahl war das äußerst reine und frische Wasser aus den Quellen am granitenen Berghang. Bis heute wird Benrinnes-Wasser der Quellen The Scurran und Rowantree Burns verwendet. 1922 kam Benrinnes in den Besitz von Dewar's und damit über viele Stationen zum heutigen Besitzer, dem Spirituosenmulti Diageo. Bereits 1966 wurde von drei auf sechs Stills erweitert, mit denen eine spezielle Form von dreifacher Destillation praktiziert wird. Auch dies soll als Hinweis gelten, das Benrinnes ein gefragter Whisky war. Vom Vorläufer der Diageo, den United Distillers, wurde Benrinnes 1991 in der »Flora & Fauna«-Reihe erstmals als Destillerieabfüllung auf den Markt gebracht. Diesem 15-jährigen wurde bisher nur ein 21-jähriger in der Reihe »Rare Malts Selection« zur Seite gestellt. Bis dahin wurde Benrinnes nur für die Blend-Produktion eingesetzt und war als Flaschenabfüllung nur von den »Unabhängigen Abfüllern« erhältlich. Dies erklärt, warum die Benrinnes Single Malts nicht sehr bekannt sind und immer schwer zu finden waren. Außer den zwei Eigentümerabfüllungen mit 15 und 21 Jahren sind bei spezialisierten Händlern 12 bis 30 Jahre alte Abfüllungen der »Unabhängigen«, darunter ein Fino Sherry und ein Manzanilla Finish, zu finden.

15 Years
Alter 15 Jahre
Alkoholgehalt 43 % vol
Duft üppig, mittelsüß, rund und weich, mit Honignote und erstaunlich rauchig
Geschmack vollmundig, ausgewogen, reif und kräftig, würzig und trocken, mit torfiger Note
Preis €€€

Bladnoch

»The most Southerly Distillery in Scotland« ist auf dem Etikett zu erfahren. Die 1817 gegründete Destillerie liegt am River Bladnoch, südlich von Wigtown auf der Halbinsel Machars in Galloway, und damit im äußersten Süden Schottlands.

Bladnoch blickt auf eine bewegte Geschichte zurück und ist heute neben Auchentoshan und Glenkinchie die letzte verbliebene Lowland-Malt-Destillerie. Über 120 Jahre blieb die Destillerie im Besitz der Gründerfamilie, doch dann wurde auch Bladnoch von den Problemen der damaligen Zeit erfasst. Ab dem Jahr 1938 wurde Bladnoch mehrmals geschlossen und verkauft, und während einer ruhigeren Phase im Jahr 1966 erhöhte man die Zahl der Brennblasen von zwei auf vier. 1973 kam Bladnoch in den Besitz der Inver House Distillers, und anstelle einer Belebung erfolgte bald darauf die Schließung. Zehn Jahre später wurde Bladnoch von Arthur Bell & Sons übernommen, die sie ihrem Destillerieimperium als fünfte, neben Blair Athol, Dufftown, Inchgower und Pittyvaich eingliederten. Die Sicherheit unter dem Dach dieser starken Gruppe währte jedoch nicht lange, denn bereits zwei Jahre später wurde Bell's von den United Distillers, dem Vorgänger der heutigen Diageo, übernommen. Nach einer weiteren Schließung übernahm 1993 der heutige Besitzer, ein nordirischer Kaufmann, die Brennerei. Dieser plante zwar ursprünglich die Errichtung von Ferienhäusern, entschloss sich aber 1997 zur Wiederaufnahme der Produktion im kleinen Stil. Der erste neue Single Malt wird wahrscheinlich 2009 auf den Markt kommen. Für diesen wurde – einzigartig für die Lowlands – auch getorftes Malz eingesetzt. Bis dahin stehen Abfüllungen der »Flora & Fauna«- und »Rare Malts«-Reihe des letzten Vorbesitzers Diageo zur Verfügung. Weitere sind von den »Unabhängigen Abfüllern« zu haben.

13 Years
Alter 13 Jahre
Alkoholgehalt 40 % vol
Duft delikat, fruchtig und blumig
Geschmack mittelschwer, sauber und ausgewogen, langer Nachklang mit leichter Torfnote
Preis €€€

Bunnahabhain

Bunnahabhain (gesprochen etwa: Bú-na-ha-venn/Bunnahejwen) bedeutet Flussmündung. Die Brennerei liegt sehr abgeschieden im Nordosten der Whiskyinsel Islay, an der Mündung des Flüsschens Margadale. Dort, gegenüber von Jura, wurde sie 1881 erbaut.

Bereits 1887 vereinigte man sich mit der Speyside-Destillerie Glenrothes zu den Highland Distillers und produzierte dann für über 100 Jahre, von Übernahmen und Schließungen verschont, Malt Whisky für die Blending-Häuser. 1999 erfolgte der Zusammenschluss zu einer neuen Firma, der »The 1887 Group«. Den Namen erhielt sie nach den Gründungsjahren der Highland Distillers und der daran beteiligten Whiskydynastie William Grant & Sons von Glenfiddich. Im Zuge einer Neuordnung übernahm 2003 das Spirituosenunternehmen CL World Brands die Brennerei. Bunnahabhain wurde 1963 auf vier Stills erweitert, und in diesem Jahr wurde er erstmals als Single Malt in Flaschen angeboten. Bunnahabhain Malt ist für Islay sehr untypisch. Er ist weich, fruchtig, leicht und sanft. Die Reifung findet teilweise in Sherryfässern statt und das nahe Meer hinterlässt einen Hauch von Salz.

18 Years
Alter 18 Jahre
Alkoholgehalt 43 % vol
Duft nach Honig, Nüssen und Toffee, Eiche, Salz und Seetang
Geschmack ausgewogen, nach Nüssen und Eiche, mit Sherry und Salz im Nachklang
Preis €€€

25 Years
Alter 25 Jahre
Alkoholgehalt 43 % vol
Duft feines Aroma, süß, nach Karamell, Eiche und Leder
Geschmack ausgewogen und komplex, nach gerösteten Nüssen, Malz und Gewürzen
Preis €€€€€
(etwas unter 200 €)

12 Years
Alter 12 Jahre
Alkoholgehalt 40 % vol
Duft frisch und aromatisch, mit sanftem Rauch
Geschmack fruchtig und malzig-süß, mit vollem Körper
Preis €€

Bowmore

Bowmore (gesprochen: Boumór) ist einer der ganz großen Namen der Malt-Szene. Die Brennerei liegt direkt am Ufer des Loch Indaal (in-dohl) im Zentum der Whiskyinsel Islay (ei-la) und in ihrer »Hauptstadt«, deren Namen sie trägt.

Bowmore, 1779 gegründet, war die erste legale Whiskybrennerei auf der Isle of Islay und ist eine der ältesten Schottlands. Wie viele schottische Brennereien wechselte Bowmore im Laufe der Zeit mehrmals die Besitzer. Während des Zweiten Weltkriegs war die Brennerei geschlossen, und die Gebäude dienten als Stützpunkt für Flugboote. Erst seit 1963, mit der Übernahme durch Morrison, wurde das heutige Bowmore-Image geprägt. Morrison übernahm 1970 auch die Highland-Destillerie Glen Garioch und 1984 die Lowland-Destillerie Auchentoshan. An Morrison war seit 1989 der japanische Spirituosenkonzern Suntory beteiligt, und 1994 übernahm er die Mehrheit. Die japanische Übernahme stieß anfangs auf viel Skepsis, stellte sich im Rückblick als segensreich und zukunftssichernd heraus.

Vielfach ausgezeichnet

Die Befürchtungen, dass damit große Veränderungen einsetzen würden, erwiesen sich als haltlos. Man arbeitete weiterhin unbeeinflusst, denn die Japaner sind konservativ und schätzen das Althergebrachte. Seither grüßt eine japanische Flagge die Besucher von Bowmore, und Whiskyfans aus aller Welt wissen das Engagement von Suntory zu würdigen. Die Lage von Bowmore in der Mitte der Insel spiegelt sich in ihrem Whisky wieder. Er weist alle Charakteristika der Islay-Whiskys auf, ist aber bei weitem nicht so extrem wie die Malts der Brennereien der Südküste, aber andererseits wesentlich rauchiger und torfiger als die Whiskys von Bruichladdich oder Bunnahabhain.

> **Legend**
> **Alter** ohne Altersangabe
> **Alkoholgehalt** 40 % vol
> **Duft** torfiger Rauch mit einem Hauch frischer Seeluft
> **Geschmack** kräftige Zitronenschale mit einer Spur Honig, voller und warmer Nachklang mit torfigem Rauch
> **Preis** €€

12 Years
Alter 12 Jahre
Alkoholgehalt 40 % vol
Duft feine Zitronen- und Honignoten mit unverkennbarer Bowmore-Rauchigkeit
Geschmack warm und köstlich, mit dem feinen Aroma von Schokolade und torfigem Rauch, lang anhaltender, feiner Nachklang
Preis €€

15 Years
Alter 15 Jahre
Alkoholgehalt 43 % vol
Duft nach Rosinen und Schokolade, mit klassischer Bowmore-Rauchigkeit
Geschmack nach Zedernholz und Toffee, starker und wärmender Nachklang mit einem Hauch von Sherry
Preis €€€

25 Years
Alter 25 Jahre
Alkoholgehalt 40 % vol
Duft intensiv nach Sherry und Früchten mit einer Spur typischer Bowmore-Rauchigkeit
Geschmack köstlich nach Toffee und Haselnuss mit kleinem Hauch süß-torfigen Rauchs, lieblicher, sanfter und komplexer Nachklang
Preis €€€€€

Dass die Bowmore Whiskys auch salzige Noten aufweisen, ist auch nicht überraschend, weil die Fässer teilweise im Freien lagern und manche auch in Lagerhäusern, die unter dem Meeresspiegel liegen. Weitere bestimmende Faktoren sind, dass Bowmore als einzige Destillerie der Insel ausgiebig von Sherryfässern Gebrauch macht und darin etwa 30 % der Whiskys lagert. Eine Besonderheit der Brennerei ist auch, dass man noch selbst mälzt und damit rund 50 % des Bedarfs decken kann. Auch eine zum Schwimmbad umgebaute Lagerhalle ist vorhanden, die die bei der Produktion entstehende Wärme zum Heizen nutzt. Bowmore ist eine von internationalen Auszeichnungen überhäufte Spitzenmarke, und es gibt ihn in ungewöhnlich vielen Abfüllungen mit Alters- oder Jahrgangsangabe, dazu Sondereditionen und das Angebot der »Unabhängigen Abfüller«. Um hier den Überblick zu behalten, muss man schon ein wirklicher Spezialist sein. In der 2007 in neuer Ausstattung vorgestellten »Basisreihe« ist außer den hier abgebildeten Qualitäten auch ein 18-jähriger Whisky zu finden. Die wirklich sehenswerte Brennerei verfügt über ein tadelloses Besucherzentrum, in dem alles rund um die Single Malts von Bowmore erhältlich ist.

Gönnen Sie sich eine Miniatur am Ufer des Loch Indaal mit Blick auf Bowmore und die darüber wehende japanische Flagge.

Bruichladdich

Bruichladdich auf Islay (ei-la) war bis 2005 die westlichste Brennerei Schottlands. Diesen Titel verlor sie aber an die 2005 in Betrieb genommene Kilchoman Distillery. Sie liegt am westlichen Ufer von Loch Indaal (in-dohl), direkt gegenüber von Bowmore.

Bruichladdich (gesprochen etwa: bruikladdie), oder nur »Laddie«, wie auf den Flaschenhälsen steht, blickt auf eine bewegte Geschichte zurück. Erbaut wurde sie 1881 von den Brüdern Harvey, und bis 1929 blieb sie in deren Besitz. In den folgenden Jahren wurde sie mehrfach geschlossen und noch öfter verkauft. Letztmalig wurden die Brennkessel im Jahr 1995 eingemottet. Seit Dezember 2000 gibt es neue Besitzer, und seitdem geht es steil bergauf. In diesem Jahr erwarb ein Konsortium unter Führung des »Unabhängigen Abfüllers« Murray McDavid mit Unterstützung der Bank of Scotland das Unternehmen. Im Kaufpreis von £ 7,5 Millionen waren neben der Brennerei und den Gebäuden auch die mit 1,4 Millionen Liter Whisky gefüllten Lagerhäuser enthalten. Die ältesten Whiskys darin reiften bereits seit 1964. Im Jahr 2012 übernahm der französische Spirituosen-Multi Rémy Cointreau für £ 58 Mio. das Unternehmen und engagierte sich damit erstmals im schottischen Whiskygeschäft.

Viel Whisky für wenig Geld

Warum keiner der großen Konzerne, die ja auch mehrfach Besitzer von Bruichladdich waren, dieses große Potenzial erkannte, ist schlichtweg schwer zu verstehen. Teilt man die Summe, kommt man auf einen Literbetrag von unter £ 5 und das lässt sich rechnen. Wie dem auch sei, bei Bruichladdich werden seither Nägel mit Köpfen gemacht. Man gewann und beteiligte Jim McEwan, einen der Großen des Whiskygeschäfts. Er ist ein gebürtiger Ileach (Islay-Bewohner) und war ehemals Brennmeister in der gegenüberliegenden

12 Years
Alter 12 Jahre
Alkoholgehalt 46 % vol
Duft nach Passion Fruit, Stachelbeere, Birne, Apfel und süßem Malz
Geschmack mild, süßlich, fruchtig, mit Sherrynote, perfekt als Aperitif-Malt
Preis €€

Sommerliches Gerstenfeld in den schottischen Highlands.

Bowmore-Brennerei. Unter seiner Leitung überraschte Bruichladdich mit einer ganzen Reihe von Spezialabfüllungen und schrieb auch bald schwarze Zahlen.

Im Jahr 1975, während man im Besitz von Invergordon Distillers war, wurden die Stills von zwei auf vier erweitert, und diese produzieren einen leichten bis mittelschweren Malt. Die Gründe dazu liegen vermutlich in dem weniger torfigen Wasser auf dieser Inselseite und gewiss in der Ursache, dass das Malz mit sehr wenig Torf getrocknet wurde. Wie nun die neuen Whiskys ausfallen werden, ist nicht bekannt. Bekannt ist aber, dass mit dem »Port Charlotte« seit 2001 ein Whisky gebrannt wird, der viermal so viel Torf enthält wie der alte Bruichladdich. Dazu seit 2002 der »Octomore«, der dann der am stärksten getorfte Malt Schottlands sein wird. Bruichladdich gibt es seit seiner Auferstehung in vielen Abfüllungen. Eine davon, der 3D3, ist eine Mischung aus drei verschieden stark getorften Malts, die unterschiedlich lange in drei verschiedenen Fassarten reiften. Der Yellow Submarine erhielt seinen Namen von einem unbemannten Marine-Tauchkörper, der sich an der Küste in ein Fischernetz verirrt hatte.

3D3
Alter ohne Altersangabe
Alkoholgehalt 46 % vol
Duft nach Zitrus, Vanille, Toffee und viel Torfrauch
Geschmack sehr aromatisch, schwer und rauchig
Preis €€€

Yellow Submarine 14 Years
Alter 14 Jahre – 1991/2005
Alkoholgehalt 46 % vol
Duft wundervoll nach Früchten und mit feinen Malznoten
Geschmack mittelschwer, edel, mit süßen Fruchtnoten
Preis €€€

Infinity
Alter ohne Altersangabe
Alkoholgehalt 55,5 % vol
Duft frisch, fruchtig und komplex, mit feiner Sherrynote
Geschmack mittelschwerer, ausgewogener Aperitif-Malt mit starkem Nachklang
Preis €€€

Cardhu

Cardhu (früher Cardow) – gälisch für »schwarzer Felsen« – kommt aus dem Zentrum der Speyside-Region. Er wird aufgrund seiner weichen, malzigen und unkomplizierten Art als idealer Einsteiger-Malt bezeichnet.

Die offizielle Geschichte von Cardow beginnt 1824 mit der Erteilung der Lizenz und mit dem Bau einer kleinen Destillerie, die in der Nähe der heutigen Anlage errichtet wurde. Lange vorher wurde dort allerdings schon schwarz gebrannt. 1884 erbaute man die heutige Destillerie und verkaufte das alte Equipment an William Grant, der damit in Dufftown seine Glenfiddich-Destillerie ausrüstete. Die Nachkommen der Gründerfamilie verkauften 1893 an John Walker, und bis heute stellt Cardhu den größten Teil des Malts in den Johnnie Walker Blends. Cardhu wurde mit John Walker & Sons Teil der DCL und mit dieser Teil des britischen Spirituosenmultis Diageo. Schon früh, noch zu DCL-Zeiten in den 1970er Jahren, wurde Cardhu als Single Malt abgefüllt. Obwohl die Diageo rund die Hälfte der schottischen Malt-Brennereien besitzt, wird keine andere Marke so prominent herausgestellt wie der Cardhu. Die anderen sind zumeist in Serien wie »Classic Malts« oder der »Flora & Fauna«-Reihe eingebunden. Cardhu, als viertgrößte Malt-Whiskymarke, wurde bis 2002 als Single Malt angeboten. Da durch die große Nachfrage der Bestand bedrohlich geschrumpft war, kündigte man an, ihn fortan als Vatted Malt anzubieten. Der daraufhin entstandene gewaltige Ärger führte dazu, dass man zum 12-jährigen Single Malt zurückkehrte, ihn aber in einigen Ländern, so auch in Deutschland, vom Markt nahm. Auf den wichtigen Märkten wie Frankreich, Spanien und Portugal gibt es ihn nach wie vor. Auch eine zweite Sorte wird angeboten: Cardhu Special Cask Reserve Single Malt – Selected from very old Cask – mit Batch Number und 40 % vol.

12 Years
Alter 12 Jahre
Alkoholgehalt 40 % vol
Duft malzig, mit einem Hauch Rauchigkeit
Geschmack weich und mild, mit leicht torfigem Nachklang
Preis €€

Cragganmore

Cragganmore (gesprochen: kràggen-môr) bedeutet große Felsen. Seinen Namen erhielt die Brennerei vom Berg Craggan Mor, und aus dem dort abgebauten harten, granitartigen »Greenstone« wurden die Destilleriegebäude errichtet.

Die erst in den beiden letzten Jahrzehnten bekannt gewordene Brennerei liegt in der Speyside-Region, nahe dem Zusammenfluss von Spey und Avon. Dort, zwischen Grantown-on-Spey und Aberlour, damals verkehrsgünstig an der Eisenbahn gelegen, erbaute John Smith 1869/70 die Cragganmore-Destillerie. Smith hatte in den drei berühmten Speyside-Brennereien Macallan, Glenlivet und Glenfarclas Erfahrungen gesammelt und wählte den Destilleriestandort mit Bedacht aus. Auch der Zeitpunkt war gut gewählt, denn trotz des Whiskybooms dieser Zeit war seit 20 Jahren in der Gegend keine neue Brennerei erbaut worden. Cragganmore wurde später vom Sohn geführt und in den 1920er Jahren verkauft. 1965 kam sie in den Besitz der DCL und damit zur Diageo. Erst 1988/89, mit der Aufnahme in die Reihe der »Classic Malts«, wurde der Cragganmore Single Malt einem größeren Publikum bekannt. Die bekanntesten Abfüllungen sind der 12-jährige und die der Distillers Edition. In dieser reifen die Whiskys zusätzlich in einem Weinfass (hier Portwein). Ältere gibt es in der Reihe »Special Releases« und von den »Unabhängigen Abfüllern«.

Distillers Edition 1991
Alter Distilled 1991/Bottled 2002
Alkoholgehalt 40 % vol
Duft süß, mit Spuren von Portwein und Rauch
Geschmack faszinierend vielschichtig, süß zu Beginn, dann trocken und leicht rauchig
Preis €€€

12 Years
Alter 12 Jahre
Alkoholgehalt 40 % vol
Duft komplex, nach Blumen und Kräutern, mit Honig- und Karamelltönen
Geschmack voll, sehr elegant und ausgewogen, süß, nach Honig, malziger Nachklang mit etwas Rauch
Preis €€

Caol Ila

Der Name der Brennerei Caol Ila (gesprochen: kal-iela) auf der berühmten Whiskyinsel Islay (ei-la) bedeutet »Sund von Islay«. An dieser Meeresenge, direkt gegenüber der Insel Jura, steht am Ufer die größte Brennerei der Insel.

Zu finden ist Caol Ila auf der Karte nördlich von Port Askaig, und erreichbar ist sie nur über eine Abzweigung von der Straße, die zur Bunnahabhain-Brennerei führt. Dazu muss man wissen, dass der Eindruck, den Port Askaig auf den Landkarten vermittelt, etwas trügt. Von dort wird zwar der Fährbetrieb nach Jura und auch zum Festland abgewickelt, aber die ganz Ansiedlung besteht nur aus etwa zwölf Häusern. Auch gegenüber auf Jura, immerhin etwa 40 Kilometer lang und 10 Kilometer breit, leben nur etwa 200 Bewohner und ansonsten nur Hirsche und Schafe. Auf Jura hat man von Port Askaig einen schönen Ausblick und kann die beiden Berge, die »Paps (gälisch für Brüste) of Jura«, bewundern. Wie alle anderen Islay-Brennereien liegt auch Caol Ila direkt an der Küste, wird aber trotz Anlegesteg über die Straße von Port Ellen mit Malz und allem anderen versorgt.

Bis 1989 eine Rarität

In dieser Ruhe und Abgeschiedenheit arbeitet seit 1846 Caol Ila. Die erst in den letzten Jahren einem größeren Kreis bekannt gewordene Destillerie produzierte bis 1989 ausschließlich für Blends, darunter Bell's, Johnnie Walker und White Horse. Flaschenabfüllungen waren nur bei den »Unabhängigen Abfüllern« zu finden und sind heute auch noch in großer Zahl auf dem Markt. Erbaut wurde Caol Ila 1846 von Hector Henderson, und bereits 1863 wurde sie von Bulloch, Lade & Co. übernommen. 1927 kam sie zur DCL und damit zum späteren Whiskymulti Diageo. 1974 wurde sie völlig neu erbaut und die Zahl der Brennblasen von zwei auf sechs erhöht.

12 Years
Alter 12 Jahre
Alkoholgehalt 43 % vol
Duft mittelschwer, süßlich, fruchtig, leicht nach Rauch und Torf,
Geschmack frisch, weich, süß zu Beginn, etwas rauchig, feiner Aperitif-Malt
Preis €€

Die Caol Ila Distillery am Sund von Islay

Richtig bekannt wurde der Caol Ila Single Malt erst vor einigen Jahren. Er wurde zuerst als Destillerieabfüllung in der »Flora & Fauna«-Reihe angeboten und ist seit neuerer Zeit auch in der Reihe der »Classic Malts Selection« vertreten. In dieser bis zum Jahr 2005 sechs Whiskys umfassenden Reihe ist Caol Ila nun neben dem Lagavulin der zweite Malt von Islay. Im Jahr 1997 wurde mit der »Distillers Edition« die »Classic Malts«-Reihe erweitert. In diese wurden die Whiskys der gleichen Brennereien aufgenommen, allerdings in anderer Beschaffenheit. Nur wenige Fässer der jeweiligen Malts erfahren in einem Sherry-, Portwein- oder anderem Weinfass eine zweite, zusätzliche Reifung. Auch der Caol Ila ist nun darin aufgenommen, und er erfährt seine zweite Reifung in einem Muskatellerfass. Weitere außergewöhnliche Whiskys sind in den »Special Releases« zu finden. Diese 2001 eingeführte Serie umfasst wenige, äußerst limitiert verfügbare Spezialabfüllungen.

18 Years
Alter 18 Jahre
Alkoholgehalt 43 % vol
Duft fruchtig, süß, angenehme leicht würzige Rauchigkeit
Geschmack weich, reif, süßer Beginn, dann rauchig, leicht torfiger Nachklang
Preis €€€

Cask Strength
Alter ohne Altersangabe
Alkoholgehalt ca. 56 % vol, cask strength
Duft würzig, rauchig, solide, urtümlich
Geschmack vollmundig, komplex, alle Spuren eines klassischen Islay-Mittelgewichts
Preis €€€

25 Years
Alter 25 Jahre, destilliert 1978
Alkoholgehalt 59,4 % vol cask strength
Duft voll, ausgewogen und komplex, sauber und klassisch
Geschmack süßlich, weich, blumig, nach Honig, sehr maritim
Preis €€€€€

Clynelish/Brora

Weit oben im Norden Schottlands, an der Ostküste auf dem Weg zu den Orkney Inseln, liegt nahe dem Nordseestädtchen Brora die Clynelish (gesprochen: klein-liesch) Distillery. Nur die Pulteney Distillery in Wick wurde noch weiter »oben« erbaut.

Die Geschichte von Clynelish (steiler Berg) verlief wie die vieler anderer Brennereien, doch mit dem Bau einer zweiten Anlage im Jahr 1967 stiftete man etwas Verwirrung. Ihren Ursprung hatte die Destillerie im Jahr 1819. Sie wurde vom Marquess of Stafford, dem späteren Duke of Sutherland erbaut und mehrmals verpachtet. 1896 wurde sie von der Blending-Firma Ainslie & Heilbron übernommen, die sie jedoch 1912 verkaufen musste. In diesem Jahr beteiligte sich die DCL mit 50 % und übernahm 1925 auch die andere Hälfte. Diese übergaben sie 1930 an ihre Tochter Scotish Malt Distillers (SMD), die dann wie die DCL zu United Distillers kam und mit dieser zur heutigen Diageo wurde. Die Brennerei war dann in den Jahren 1931 bis 1938 und 1941 bis 1945 geschlossen.

Zwei Brennereien – ein Name

1967/68 wurde eine neue Destillerie (Clynelish B) von SMD direkt neben der ersten, Clynelish A genannt, erbaut und 1969 eröffnet. Diese zweite Destillerie wurde unglücklicherweise auch Clynelish genannt. Die alte Brennerei (A) wurde im Mai 1968 »eingemottet«, ging aber schon im April 1969 wieder in Produktion. Für kurze Zeit produzierten beide Anlagen, die alte und die neue Clynelish, unter gleichem Namen. Um noch größere Verwirrungen zu vermeiden, wurde Clynelish A im Dezember 1969 in Brora umgetauft und produzierte dann ab 1972 bis zu ihrer Schließung 1983 einen wesentlich stärker getorften Whisky. Brora kann somit nur jener Whisky heißen, der zwischen Ende 1969 und 1983 aus der alten, umbenannten Destillerie stammt. Alles andere muss Clynelish heißen. Die neue

Clynelish 14 Years
Alter 14 Jahre
Alkoholgehalt 46 % vol
Duft nach geröstetem Malz, mit fruchtiger Süße und leichtem Rauch
Geschmack mittelschwer, deutlich süß, fruchtig und würzig
Preis €€

Reifefässer auf dem Gelände der Clynelish Distillerie

Clynelish-Brennerei ist demzufolge mit ihrem Produktionsbeginn im Jahre 1969 eine der jüngsten Destillerien auf der Malt-Karte. Sie ist dreimal größer als die alte, hat aber die traditionellen Versorgungsanlagen beibehalten, um den authentischen Charakter ihrer Malts zu gewährleisten.

Im Jahr 1988/89 wurden von der damaligen UD, heute Diageo, mit dem Konzept der »Classic Malts« sechs Single Malt Whiskys unterschiedlicher Regionen angeboten. Diese Reihe wurde 2002 mit den auch zuvor schon einzeln angebotenen Marken Royal Lochnagar und Knockando, sowie den bis dahin selten als Single Malt angebotenen neuen Marken Glen Elgin, Caol Ila und Clynelish erweitert und in »Classic Malt Selection« umbenannt. Im Jahr 1997 wurde mit der »Distillers Edition« eine zweite »Classic Malts«-Reihe eingeführt. In diese wurden die Whiskys der gleichen Brennereien aufgenommen, allerdings in anderer Beschaffenheit. Nur wenige Fässer der jeweiligen Malts erfahren in einem Sherry-, Portwein- oder anderem Weinfass eine zweite, zusätzliche Reifung. Das Etikett jeder Flasche gibt Auskunft über das Destillations- und Abfülljahr. Der Clynelish dieser Reihe erfuhr seine zweite Reifung in einem Oloroso-Sherryfass und erhielt dadurch einen leicht süßen, blumigen Geschmack. Auch die ursprünglich Hidden Malts genannten Whiskys sowie die jährlichen, limitierten Abfüllungen der zweifach gereiften »Distillers Edition« und die »Special Releases« in Fassstärke sind Teil der »Classic Malts Selection«. Die »Special Releases« bezeichnen eine Serie limitierter, jährlicher Abfüllungen von Single Malts in natürlicher Fassstärke, bekannter oder auch stillgelegter Destillerien. Der 30-jährige Brora ist zur Zeit der seltenste Malt dieser Kollektion. Weltweit kamen nur 3.000 Flaschen in den Handel, und der Preis für ihn beträgt etwa 250 €.

Clynelish Distillers Edition
Alter destilliert 1991/ abgefüllt 2006
Alkoholgehalt 46 % vol
Duft fein duftig, maritim mit robustem Körper
Geschmack voll, leicht süß und blumig, mit trockener, nussiger Tiefe
Preis €€€

Brora 30 Years
Alter 30 Jahre/abgefüllt 2004
Alkoholgehalt 56,6 % vol, cask strength
Duft reich, verführerische Süße, entfernte Meeresnote, salzige Frische, leichter Rauchton
Geschmack offenkundig rauchig, süß, dann trockene Noten, delikatwürzig, kräftig und tief strukturiert
Preis €€€€€ (etwa 250 €)

Dalmore

Dalmore liegt in der Nähe von Alness, sehr abgeschieden in den nördlichen Highlands am Nordufer des Cromarty Firth. Die Brennerei wurde 1839 auf den Ruinen einer Mühle aus dem 18. Jahrhundert erbaut und ist heute das Flaggschiff von Whyte & Mackay.

Im Jahr 1879 wurde Dalmore von der Familie Mackenzie übernommen, und bis heute ziert ihr Clanwappen, der Hirschkopf, die Flaschen. Hauptabnehmer des Dalmore Malt war die Blending Firma Whyte & Mackay, und 1960 schloss man sich mit dieser zusammen. Bis heute stellt Dalmore den Basis-Malt in dieser berühmten Marke. Nachdem das Gründungsjahrhundert relativ ereignislos verlaufen war, führte der Erste Weltkrieg zur Schließung, denn die Royal Navy und die US-Marine nutzten die Brennerei als Stützpunkt und zerstörten sie durch einen Brand fast vollständig. 1922 wurde sie wieder eröffnet, und bis heute ist Dalmore mit Whyte & Mackay verbunden. Zwar endete 1972 die Selbstständigkeit von Whyte & Mackay mit der Übernahme durch American Brands (Jim Beam), doch die während dieser Ägide erfolgten Verkäufe und Schließungen von Brennereien betrafen Dalmore nie. Im Jahr 2001 beendeten die Amerikaner ihr »Schottlandabenteuer«, und seit 2003 hat Whyte & Mackay selbst wieder das Sagen.

Dalmore gibt es in weiteren Abfüllungen und auch von den »Unabhängigen«.

12 Years
Alter 12 Jahre
Alkoholgehalt 40 % vol
Duft nach Orange, Marmelade, würzig, elegant
Geschmack konzentrierte Zitrusnoten, nach Oloroso Sherry. Sehr elegant und ausgewogen, mit langem, sehr angenehmem Nachklang
Preis €€

Gran Reserva
Alter ohne Altersangabe
Alkoholgehalt 40 % vol
Duft nach Trockenfrüchten, mit leichter Sherrynote
Geschmack nach englischem Christmas Cake, Noten von gerösteten Kaffee, Schokolade, geschälten Orangen und Zitrusfrüchten
Preis €€€

Dalwhinnie

In den Central Highlands, nahe der wichtigen Hauptverkehrsader Perth–Inverness und nahe dem Pass of Drumochter, ist Dalwhinnie zu finden. Sie ist mit 326 Meter über dem Meeresspiegel eine der höchstgelegenen Destillerien Schottlands.

Inmitten der öden und windgepeitschten Hochmoore der Grampian Mountains war Dalwhinnie (gälisch für Versammlungsort) schon seit frühen Zeiten ein Treffpunkt der Viehtreiber, Schäfer und Whiskyschmuggler. Dalwhinnie wurde 1898 als Strathspey Distillery eröffnet und erhielt den heutigen Namen erst Jahre später. Nach einigen Besitzerwechseln kam sie 1926 zur DCL und damit zur heutigen Diageo. Deren Vorläufer, die United Distillers, nahmen Dalwhinnie in ihre 1988/89 eingeführte Reihe »Classic Malts« auf und machten damit diesen vorher schwer erhältlichen Whisky bekannt. Seit 1997 wird er in der »Distillers Edition« auch mit Wood Finishing im Oloroso-Sherryfass angeboten. Auf diesen sind immer das Destillations- und das Abfülljahr vermerkt. Der klassische Dalwhinnie reift 15 Jahre, die limitierte »Distillers Edition« je nach Entwicklung bis zu diesem Alter. Außer dem Original und denen der Distillers Edition sind auch ältere Jahrgänge und Abfüllungen der »Unabhängigen Abfüller« zu finden.

Des Weiteren wird er für die Blends Black & White und Dimple eingesetzt.

Distillers Edition 1989
Alter Distilled 1989/ Bottled 2002
Alkoholgehalt 43 % vol
Duft süß, mit Honig- und Heidekrautnote, nach Holz und Sherry
Geschmack süß, vollmundig, ausgeprägte Malz- und Fassholztöne
Preis €€€

15 Years
Alter 15 Jahre
Alkoholgehalt 43 % vol
Duft sanft, frisch und trocken, nach Heide und Torf
Geschmack weich, leicht fruchtig, nach Honig und Vanille, lang anhaltender Nachklang mit Rauch, Torf und Malz
Preis €€

Deanston

Deanston (gesprochen: dienst'n) liegt in den Central/Southern Highlands, nahe dem Städtchen Doune und der größeren Stadt Stirling. Sie befindet sich noch nördlich der imaginären, aber so entscheidenden Trennlinie zu den Lowlands.

Die Destilleriegebäude haben eine lange Geschichte hinter sich, auch wenn die Brennerei erst 1965/66 in ihnen eingebaut wurde. Die imposanten Gebäude, in denen die Destillerie zu finden ist, stammen aus dem Jahr 1785 und wurden von Richard Arkwright als Baumwollmühle erbaut. Dieser besaß zahlreiche Patente im Bereich des Spinnens, und durch seine Erfindungen gilt er als einer der Mitbegründer der industriellen Revolution. Die noch junge Destillerie wurde 1972 vom Whiskyproduzenten Invergordon übernommen und entwickelte sich in den damaligen Boomjahren zu einem respektablen Unternehmen.

Dass Invergordon Jahre später ins Schlingern geriet, führte dazu, dass zum Konzern gehörende Destillerien geschlossen oder verkauft wurden. Deanston erging es dabei nicht anders als den Brennereien Bruichladdich und Tamnavulin und der nicht weit entfernten Tullibardine. Für Deanston kam der Zeitpunkt der Schließung 1982. Sie wurde »eingemottet« und acht Jahre später vom Whiskyhersteller Burn Stewart gekauft. Burn Stewart selbst ist seit 2002 im Besitz der CL World Brands und besitzt außer seinen zahlreichen Blended Marken neben Deanston auch die Destillerien Tobermory und Bunnahabhain sowie den Spitzen-Blend Black Bottle. Seit 1991 wird wieder produziert, und der 12-jährige Single Malt stammt schon aus der Neuzeit. Die auch zu findenden 17- und 25-jährigen stammen noch aus Invergordon-Zeiten. Die Whiskys sind vom Stil her leicht und erinnern eher an einen Lowland als an einen Highland Malt.

12 Years
Alter 12 Jahre
Alkoholgehalt 40 % vol
Duft leicht, fruchtig, etwas nussig, mit leichter Süße und etwas rauchig
Geschmack trocken, leicht und malzig-süß
Preis €€

Dewar's Blended Malt

Die weltberühmte Blended-Scotch-Marke Dewar's präsentierte im Jahr 2006 seine Whiskys in neuer Aufmachung und in neuen Altersstufen. Auch der bisher als 12-jähriger angebotene Blended Malt wurde durch einen 15-jährigen ersetzt.

Das Prunk- und Herzstück von Dewar's ist die Aberfeldy Distillery. Sie wurde 1898 eröffnet und war die einzige Destillerie, die von der Dewar's-Familie erbaut wurde (siehe Dewar's und Aberfeldy). Der Blended Whisky Dewar's White Label ist eine der berühmtesten und meistverkauften Marken. Ihn brachten die Söhne des Firmengründers 1891 auf den Markt, und er ist heute in den USA die Nummer eins und in der Rangfolge der großen Marken mit fast 50 Millionen jährlich verkauften Flaschen die siebtgrößte Scotch-Marke. Dewar's spielte bereits bei der Gründung der DCL (Distillers Company Ltd.) im Jahre 1925 eine entscheidende Rolle. Aus diesem Zusammenschluss der damals größten Produzenten entstanden die United Distillers und letztendlich der britischen Spirituosenmulti Diageo. Als sich diese 1998 aus kartellrechtlichen Gründen von Dewar's trennen musste, übernahm der Rummulti Bacardi für £ 1,15 Milliarden das Unternehmen. In diesem Preis waren unter anderem neben Aberfeldy drei weitere Malt-Destillerien und die Ginmarke Bombay enthalten. Bacardi als neuer Inhaber verstärkt seither die Aktivitäten von Dewar's auch auf dem lange vernachlässigten deutschen Markt. Außer dem Blended Malt werden weitere vier Blended Scotch und mit Aberfeldy zwei Malt Whiskys angeboten.

---

15 Years Blended Malt
Alter 15 Jahre
Alkoholgehalt 40 % vol
Duft fruchtig und blumig, nach süßem Malz, mit zarter Ananasnote
Geschmack mittelschwer, mild und fruchtig, nach frischer Eiche
Preis €€€

Edradour

Edradour (gesprochen: edradauer) ist die kleinste Destillerie Schottlands. Sie liegt inmitten der Grampian Mountains in der Nähe von Pitlochry, nahe der dort durch die Highlands führenden Straße von Perth nach Inverness.

Edradour wurde 1825 erbaut und sieht so aus, wie sich Romantiker eine kleine Highland-Destillerie vorstellen. Sie ist eine der schönsten Brennereien Schottlands und die einzige, die im alten Farmhausstil erhalten ist. Die immer liebevoll gepflegte Brennerei liegt abgeschieden in den Weiten der Grampian Mountains, in der Stille der Bergwelt und fernab vom Tourismus. Ihr Erscheinungsbild blieb über 150 Jahre unverändert, und erst 1982 wurde etwas renoviert. Alles an Edradour ist alt und winzig, und ein Großteil der ursprünglichen Geräte und Maschinen sind noch erhalten und im Einsatz. Nur drei Arbeiter produzieren bis heute mit zwei kleinen Brennblasen etwa 4.000 Liter pro Woche. Das entspricht etwa 200.000 Litern im Jahr, eine Menge, wie sie andere Destillerien in einer Woche erzeugen. Seit Anfang der 1990er Jahre gibt es auch ein Visitor Centre, und dessen Belegschaft ist größer als die der Brennerei.

Begehrt und rar

Ab 1933 gehörte Edradour zu William Whiteley, von dem sie Campbell, eine Tochter des französischen Spirituosenmultis Pernod Ricard im Jahr 1982 übernahm. Ab 1982 wurde Edradour dann auch als Eigentümerabfüllung mit jährlich etwa 24.000 Flaschen angeboten. Die Hauptproduktion ging in die Blends The House of Lords, King Ransom, Clan Campbell und Vatted Malt Glenforres. Der Multi Pernod Ricard, der ja viele große Destillerien in Schottland besitzt, verkaufte dieses Schmuckstück im Sommer 2002 an den »Unabhängigen Abfüller« Signatory. Die Firma Signatory

10 Years
Alter 10 Jahre
Alkoholgehalt 40 % vol
Duft intensiv und elegant, mit feinen Aromen und Sherrynote
Geschmack mittelschwer und rund, sanft und reif, mit etwas Malz und Torf
Preis €€€

Die Highlands – Schottlands authentischste Region

hat in Edinburgh ihren Sitz und wurde 1988 von den Brüdern Symington gegründet. Mittlerweile hat sich das Unternehmen zu einem renommierten Produzenten begehrter und zum Teil äußerst rarer Einzelfassabfüllungen entwickelt. Mit dem Erwerb von Edradour ist Signatory nun auch in die Liga der Destillleriebesitzer aufgestiegen. Edradour wird von keinem offiziellen Importeur angeboten, die Whiskys sind aber bei spezialisierten Händlern zu haben. Die Hauptmarke ist der hier abgebildete 10 Years Old Single Malt. Des Weiteren gibt es mehrere Abfüllungen, die ihr Wood Finishing in unterschiedlichsten Weinfässern erhielten und die zumeist in 0,5-Liter-Flaschen abgefüllt wurden. Hier vorgestellt werden außerdem ein 10 Years (1993/2004) Chardonnay Finish, der mit Fassstärke im Jahr 2004 mit einer Flaschenzahl von 441 Stück abgefüllt wurde. Vom 10 Years Old (1995/2006) Burgundy Finish, ebenfalls in Fassstärke, gab es 446 Flaschen. Der Vintage 1983 Port Finish wurde im März 1983 destilliert und schließlich im August 2006 abgefüllt. Er kam mit 743 Flaschen auf den Markt.

10 Years 1993/04 Chardonnay Finish
Alter 10 Jahre
Alkoholgehalt 55,8 % vol
Duft intensiv und elegant, mit spürbarer Chardonnaynote
Geschmack mittelschwer, rund, sanft und reif, leichte Süße und weiniger Nachklang
Preis €€€ für 0,5 Liter

10 Years 1995/06 Burgundy Finish
Alter 10 Jahre
Alkoholgehalt 57,8 % vol
Duft intensiv und komplex mit gewaltigen Aromen
Geschmack entspricht dem Chardonnay Finish, mit spürbarer Burgundernote
Preis €€€ für 0,5 Liter

Vintage 1983 1983/06 Port Finish
Alter 23 Jahre
Alkoholgehalt 52,1 % vol
Duft komplex, weich und aromatisch, mit Portweinnote
Geschmack mittelschwer, fruchtig, elegant und rund, mit weingeprägtem Finish
Preis €€€€€

The Famous Grouse Malt

Das schottische Moorhuhn (Grouse) ist Name und Erfolgssymbol des Lieblingswhiskys der Schotten. Der Blended Scotch The Famous Grouse ist in Schottland die Nummer eins, und mit rund 40 Millionen jährlich verkauften Flaschen einer der Top-Ten-Scotch-Whiskys.

Auf den Flaschen steht die Jahreszahl 1800. Dieses Gründungsdatum bezieht sich auf ein Kolonialwarengeschäft in der Whiskymetropole Perth, in das Matthew Gloag eingeheiratet hatte und das er 1835 übernahm. Sein Sohn, der ab den 1860er Jahren das Geschäft betrieb, begann mit dem in diesen Jahren salonfähig gewordenen Whisky-Blending, und ab 1896 vermarktete er seinen Whisky unter den Namen »The Grouse Brand«. Seither ziert auch das von seiner Tochter gezeichnete Moorhuhn die Etiketten. Die neue Marke wurde schnell erfolgreich und bekannt und erhielt nach einigen Jahren ihren heutigen Namen. Zur richtig großen Marke wurde »The Famous Grouse« nach der Übernahme durch die Highland Distillers (heute Edrington / The 1887 Group) im Jahr 1970. Außer den Blends werden auch Vatted (heute Blended) Malts angeboten. Es gibt sie in mehreren Altersstufen sowie auch als Wood Finish (Port und Islay Cask).

12 Years
Alter 12 Jahre
Alkoholgehalt 40 % vol
Duft sanft und weich, mit Zitrusnote
Geschmack sanft, weiche Holznote und leicht fruchtig, mit mittlerer Süße
Preis €€

Port Wood
Alter ohne Altersangabe
Alkoholgehalt 40 % vol
Duft leicht, nach Vanille und schwarzen Johannisbeeren
Geschmack leicht, gut ausgereift, nach Holz und Früchten
Preis €€

Fettercairn

Etwa 10 Kilometer landeinwärts von der Nordseeküste, zwischen Aberdeen und Dundee, liegt der kleine Ort Fettercairn. Inmitten von Mooren, im malerischen Tal des Flüsschens North Esk, an den südlichen Ausläufern der Grampian Highlands, liegt diese alte Destillerie.

Sie war 1824 eine der ersten, die sich nach dem Gesetz von 1823 registrieren ließen. Der Familie des späteren Premierministers William Gladstone gehörte das Land, und er war es, der 1860 mit dem »Spirits Act« der aufkommenden Whiskyindustrie einige Erleichterungen verschaffte. Bei Fettercairn verliefen die ersten 100 Jahre ihrer Geschichte unspektakulär, doch 1926 wurde die Brennerei geschlossen. Die National Distillers of America übernahmen Fettercairn im Jahr 1939, eröffneten sie wieder und verkauften sie 1971 an Whyte & Mackay, die heute wieder Besitzer der Destillerie sind. In dieser Zeit wurde 1966 umgebaut und von zwei auf vier Pot Stills erweitert. 1972 endete die Selbstständigkeit von Whyte & Mackay und nach einigen Besitzerwechseln landete man beim US-Konzern American Brands. Das Engagement von American Brands (Jim Beam) endete 2001 und Fettercairn produzierte in all den unruhigen Jahren unauffällig weiter. Nach wie vor ist die Brennerei ein wichtiger Teil der wieder erstarkten Gruppe, zu der heute auch die Destillerien Dalmore, Isle of Jura, Tamnavulin, Bruichladdich, Tullibardine und Deanston gehören. Nur rund vier Prozent der erzeugten Menge des Fettercairn Malts kommt als Flaschenabfüllung in den Handel, der Großteil fließt in die Blends von Whyte & Mackay und stellt für diesen eine wichtige Stütze dar. Bis 2002 wurde Fettercairn als Old Fettercairn etikettiert, seither nur noch unter seinem Namen. Es sind nicht allzu viele dieser Single Malts auf dem Markt, die wichtigsten sind der aktuelle 12-jährige, der alte 10 Years, der 1992/2005 und der 1993/2003 von den »Unabhängigen«.

12 Years
Alter 12 Jahre
Alkoholgehalt 40 % vol
Duft leicht, mit Vanille und Karamell
Geschmack gut ausbalanciert, weich, leicht nussig, mit Karamellnote
Preis €€

Glendronach

Die Speyside-Destillerie Glendronach ist eine der ältesten Schottlands und bis heute sehr traditionell ausgerichtet. Bereits 1826, nur zwei Jahre nach The Glenlivet, erwarb man die Lizenz zum Brennen.

Glendronach liegt nahe Huntley, im östlichen Teil der Speyside-Region, und sie erhielt ihren Namen vom Dronach Burn. Die Destillerie gehörte ab 1920 zu William Grant von Glenfiddich und wurde 1960 an Teacher & Sons verkauft, in deren Blend ihr Whisky seither eine führende Rolle spielt. 1976 wurde Glendronach von Allied Distillers, dem Vorgänger von Allied Domecq, übernommen.

1996 wurde die Destillerie bis 2002 vorübergehend stillgelegt. Mit der Auflösung von »Teacher's«-Eigentümer Allied Domecq im Jahre 2005 ging die Brennerei an den französischen Spirituosenmulti Pernod Ricard, und die Blended-Marke »Teacher's« kam zum amerikanischen Multi Beam Global Spirits (Jim Beam).

Bei Glendronach wird seit jeher sehr traditionell gearbeitet, und bis auf die Abfüllung geschieht alles auf dem Brennereigelände. Es gibt noch eigene Mälzböden, die Pot Stills beheizt man teilweise noch mit Kohle, und die Lagerhäuser haben Erdböden. Die Glendronach Whiskys, die schon verhältnismäßig lange als Single Malts angeboten werden, reifen zum großen Teil in Sherryfässern und weisen meist eine deutliche Sherrynote auf. Die zuletzt angebotene 15-jährige Destillerieabfüllung war z. B. ein reiner Sherryfass-Malt. Die heutige Hauptmarke, der 12-jährige Original, hat auch immer noch eine deutliche Sherrynote. Daneben wird seit kurzem eine außergewöhnliche, im Sherryfass gereifte 33-jährige Eigentümerabfüllung angeboten. Alte Destillerieabfüllungen sind ebenso wie die der »Unabhängigen Abfüller« bei spezialisierten Händlern zu finden.

12 Years
Alter 12 Jahre
Alkoholgehalt 40 % vol
Duft angenehmer voller Körper mit deutlichen Rauch- und Sherrynoten
Geschmack würzig und weich, nach Rosinen, getrockneten Früchten und Anklängen von Orange
Preis €€

Glen Elgin

Die Speyside-Destillerie Glen Elgin liegt im Süden der Stadt Elgin, die ein bedeutendes Zentrum der Whiskyindustrie ist.
2005 wurde Glen Elgin in die »Classic Malt«-Reihe der Diageo aufgenommen und ist seither besser erhältlich.

Etwa 100 Malt-Whisky-Destillerien entstanden in der Speyside-Region in den Boomjahren bis 1900. Glen Elgin, erbaut 1898 bis 1900, war die letzte, und es dauerte dann 60 Jahre, bis mit Tormore wieder eine neue Speyside-Brennerei errichtet wurde. Die Bauarbeiten begannen kurz bevor der Zusammenbruch der Whiskyfirma Pattison den lebhaften Malt-Whisky-Markt in die Rezession trieb. Der Bankrott von Pattison führte zur ersten großen Krise in der bis dahin nur aufstrebenden Whiskyindustrie Schottlands. Der Konkurs ihrer Aktiengesellschaft brachte viele Firmen, Investoren, Banken und vor allem Brennereien in Schwierigkeiten. Die Gründer von Glen Elgin waren gezwungen, weit unter Preis zu verkaufen, und erst 1906 begann mit dem Glasgower Blender John J. Blanche eine stabile Periode. Zu Beginn der 1930er Jahre wurde Glen Elgin Teil der DCL-Tochter Scottish Malt Distillers und die Lizenz White Horse Distillers übertragen. In deren White Horse Blend ist Glen Elgin bis heute der führende Malt. 1964 wurde renoviert und um vier Stills auf sechs erweitert. Erst ab 1977 wurde Glen Elgin auch als Single Malt abgefüllt und hauptsächlich nach Italien und Japan verkauft. 2005 erweiterte die Diageo ihre populäre Reihe »Classic Malts« mit Glen Elgin, Clynelish, Knockando und Royal Lochnagar. Glen Elgin ist vom Stil her honigtönig und süß. Er hat meist ein blumiges Aroma und ist eher trocken. Neben der aktuellen 12-jährigen Abfüllung ist er noch in der alten »Flora & Fauna«-Etikettierung und in Abfüllungen der »Unabhängigen« zu haben. 2003 kam er mit 1.500 Flaschen auch als 32-jähriger auf den Markt.

12 Years
Alter 12 Jahre
Alkoholgehalt 43 % vol
Duft würzig, nach Honig und Heide, mit rauchiger Note
Geschmack angenehm, weich, süß, ausgeglichener Nachklang mit Honig- und Fruchtnoten
Preis €€

Glengoyne

Seit 1833 ist die in einer schönen Landschaft eingebettete Brennerei ununterbrochen in Betrieb. Sie ist die südlichste aller Highland-Malt-Destillerien und liegt genau an der imaginären Tennlinie zwischen Highlands und Lowlands.

Glengoyne (gesprochen: glen goin) liegt etwa 25 Kilometer nördlich von Glasgow im Blane Valley, in der Nähe von Loch Lomond und des Dorfs Killearn. Sie war eine der zahlreichen illegalen Brennereien der südlichen Highlands, die damals eine Lizenz erhielten, und gilt wegen ihrer Lage und Architektur als eine der schönsten des Landes. Mit ursprünglich zwei und heute nur drei Stills ist sie ein Kleinod unter den Brennereien im alten Farmhausstil. Eine ihrer Besonderheiten ist, dass zur Trocknung der gemälzten Gerste kein Torf, sondern Heißluft verwendet wird. Der Grund dafür liegt in dem Umstand, dass es im Tal des Goyne keinen Torf gibt. Weil auch das Destillationswasser aus dem Campsie Fells nie mit Torf in Berührung kam, ist der Malt Whisky von Glengoyne völlig rauchfrei. Die Brennerei, die unter dem Namen Burnfoot gegründet wurde, kam 1876 in Besitz der Lang Brothers, hieß dann Glen Guin, und ab 1905 erhielt sie ihren heutigen Namen. Die Glasgower Blending-Firma Lang Brothers, in deren Blend der Glengoyne die führende Rolle spielt, wurde 1965 an die heutige »Edrington/The 1887«-Group verkauft, die dann die Marke »Lang's« und die dazu gehörende Destillerie Glengoyne im Jahr 2003 an den Blend-Produzenten MacLeod verkauften. Von Glengoyne gibt es eine ganze Reihe von bis zu 21-jährigen Single Malt Destillerieabfüllungen und verschiedene Wood Finish. Auch eine Großflasche 10 Years (43 % vol) mit drei Litern Inhalt ist für unter 100 € erhältlich. Außerdem mehrere Vintage Wood Finish.

10 Years
Alter 10 Jahre
Alkoholgehalt 40 % vol
Duft frisch, mit Sherryton und völlig rauchfrei
Geschmack mittel-schwer, elegant, leicht süß und malzig
Preis €€

Glen Grant

Glen Grant aus dem Whiskyzentrum Rothes in der Speyside-Region ist eine der großen alten Marken. Schon in den 1950er Jahren füllte man Glen Grant als Single Malt für den Export ab, und es gibt wohl keinen anderen Malt Whisky, der in so vielen Abfüllungen erhältlich ist.

Glen Grant ist eine der großen Malt-Destillerien und nach dem Glenfiddich und The Glenlivet die meistverkaufte Malt-Whiskymarke. Mit den Grants von Glenfiddich hat man aber nur den Namen gemeinsam. Glen Grant wurde schon vor dem Zweiten Weltkrieg als Single Malt angeboten, damals aber nur innerhalb Schottlands. Schon 1950 fand er seinen Weg nach Italien, und dort hat die fünfjährige Version einen Marktanteil von etwa 70 %. Das von den Brüdern Grant 1840 in Rothes gegründete Unternehmen fusionierte im Jahr 1953 mit George & J. G. Smith, den Betreibern von Glenlivet zu The Glenlivet & Glen Grant Distillers. 1977 übernahm der kanadische Multi Seagram das Unternehmen, und bei dessen Auflösung im Jahr 2000 kam Pernod Ricard zum Zuge. Aus kartellrechtlichen Gründen wurde 2005 das Unternehmen getrennt, Glenlivet blieb in französischen Händen, und die italienische Gruppo Campari übernahm Glen Grant. Glen Grant Single Malts werden von den »Unabhängigen Abfüllern« in zahlreichen Altersstufen angeboten. Der momentan älteste Glen Grant soll von 1936 sein und dezente 1.700 € kosten. Die derzeitige Version für den deutschen Markt trägt keine Altersangabe und ist etwa acht Jahre alt. Neben dieser ungewöhnlich hellen, strohblonden Abfüllung sind bei spezialisierten Händlern eine große Zahl von Jahrgangsabfüllungen bis zurück in die 1950er Jahre und Abfüllungen mit Altersangabe zu realistischen Preisen zu haben.

Im Sommer 2007 wurde das immer etwas überladene Etikett des »Original« entrümpelt und seit September 2008 gibt es nun auch eine 10-jährige Single Malt Originalabfüllung.

Original
Alter ohne Altersangabe
Alkoholgehalt 40 % vol
Duft frisches, fruchtiges und blumiges Aroma
Geschmack weich, nussig und malzig
Preis €

Glenfarclas

Glenfarclas ist neben Glenfiddich und Springbank eine der drei im Familienbesitz befindlichen Brennereien Schottlands. Sie liegt südlich von Aberlour am Fuße des Berges Benrinnes, im Herzen der Speyside-Region.

Glenfarclas (Tal der grünen Weide), liegt nahe Ballindalloch Castle, eingebettet in eine liebliche Hügellandschaft am Fuße des majestätischen Berges Benrinnes. Glenfarclas wurde 1836 erbaut und befindet sich seit 1865 im Besitz der Familie Grant (nicht verwandt mit den Grants von Glenfiddich), die die Destillerie nun schon in der fünften Generation führen. Der Weg von Glenfarclas kannte nur eine Richtung, und der führte nach oben. Lediglich eine unverschuldete Episode (1895 bis 1900) störte das Unternehmen in ihrer Entwicklung: der Zusammenbruch von Pattison. Um Geld für eine Renovierung zu bekommen, beteiligte man diese damals große Whiskyfirma an Glenfarclas. Ihr Bankrott brachte viele Brennereien in Schwierigkeiten, und bei Glenfarclas brauchte man Jahre, um sich von dieser direkten Beteiligung zu lösen. Spätere Krisen, ausgelöst durch den Ersten Weltkrieg und die Prohibition in den USA, überstand man unbeschadet und man konnte die Eigenständigkeit bewahren.

Der Weg eines Klassikers

Über die Jahrzehnte hinweg wuchs Glenfarclas zu einem respektablen Unternehmen heran. 1960 erweiterte man die Zahl der Stills, die die größten in der ganzen Speyside sind, von zwei auf vier und 1976 auf sechs. Glenfarclas war eine der ersten Destillerien, die ihren Whisky nicht nur an die Blending-Unternehmen verkauften, sondern ihn auch als Single Malt in Flaschen anboten. Von Beginn an wurde dieser in mehreren Altersstufen und, damals nicht üblich, auch als Cask Strength verkauft. Dass man relativ früh diesen Weg

12 Years
Alter 12 Jahre
Alkoholgehalt 43 % vol
Duft frisch und wunderschön leicht, sherrytönig mit einer würzigen Süße und Spuren von Holz
Geschmack voller Körper mit herrlichen Sherryaromen, Spuren von Eichenholz und Torf
Preis

Die Glenfarclas Distillery, einer der großen Namen unter den Speyside Destillerien

gehen konnte, verdankte man der Unabhängigkeit und der damit einhergehenden Entscheidungsfreiheit. Die Single Malts von Glenfarclas werden bis heute in vielen Jahrgängen, Altersstufen und Sonderabfüllungen angeboten, und neben den jeweils aktuellen Abfüllungen stellen sie bei den spezialisierten Händlern in der Regel die größte Sortimentsvielfalt. Das große eigene Angebot, und der Umstand, dass die »Unabhängigen« bei Glenfarclas nicht gerne gesehen sind, führte dazu, dass nur wenige »außer Haus« gefüllte Whiskys auf dem Markt sind. Die fast ausschließlich in ehemaligen Sherryfässern gereiften Whiskys werden mittlerweile nicht mehr in der Destillerie selbst, sondern in einer eigenen Abfüllanlage in Broxburn, nahe des Edinburgher Flughafens abgefüllt. Neben den schon vom offiziellen Importeur angebotenen zahlreichen Glenfarclas Single Malts gibt es viele – bis zu 40 Jahre alte und erst vor kurzem abgefüllte – Glenfarclas Whiskys zu durchwegs vernünftigen Preisen.

21 Years
Alter 21 Jahre
Alkoholgehalt 43 % vol
Duft nach Früchten, Vanille und Holz, rauchiger als die anderen
Geschmack voll und geschmeidig, nach Vanille und Früchten, nach Rauch und etwas Sherry
Preis €€€

30 Years
Alter 30 Jahre
Alkoholgehalt 43 % vol
Duft voller komplexer Aromen, nach Malz, mit Frucht- und Sherrynoten
Geschmack lang anhaltend nach Sherry, Cognac, Früchten, Nüssen und Marzipan, langer, exquisiter Nachklang
Preis €€€€€ (etwa 200 €)

»105« cask strength
Alter ohne Altersangabe
Alkoholgehalt 60 % vol
Duft komplex, eichentönig, mit Apfel- und Birnenaromen
Geschmack trocken, mit Sherryaromen, Gewürznoten und einer Spur Eichenholz, ungewöhnlich mild für diese Alkoholstärke, schön rund und mit feiner Rauchnote
Preis €€€

Glenfiddich

1963 war Grant's das erste Unternehmen, das einen Single Malt Whisky im großen Umfang in Flaschen anbot und den Whisky in seiner ursprünglichen Form abfüllte. Dafür schuf man den Glenfiddich in seinen berühmten grünen, dreieckigen Flaschen.

Dieses Vorhaben und auch die Flasche wurden mitleidig belächelt und der Idee kein großer Erfolg vorausgesagt. Glenfiddich kam damals als 8-jähriger Single Malt auf den Markt, und schon in den 80er Jahren musste man die Altersbezeichnung wegen der großen Nachfrage aufgeben. Seit dem Jahr 2000 wird die Standardversion als 12-jähriger angeboten, und viele weitere Abfüllungen sind nun zu haben. Den heutigen Malt-Whisky-Fans bot Glenfiddich damit die Grundlage, und diese dankten es dem Unternehmen damit, dass etwa ein Drittel des Malt-Whisky-Konsums auf Glenfiddich entfallen. Man schätzt, dass weit über 10 Millionen Flaschen Glenfiddich Single Malt jährlich die Destillerie verlassen.

Die führende Marke

Glenfiddich ist der mit Abstand meistverkaufte Single Malt Whisky und die international bekannteste Marke. Zu der unabhängigen Firma gehört u.a. auch die Balvenie Distillery und die große Blended-Marke Grant's (siehe Balvenie und Grant's). 1887 erbaute William Grant mit seinen sieben Söhnen in Dufftown/Speyside die heute mit 29 Stills größte Destillerie Schottlands. Bei Glenfiddich findet bis heute der gesamte Produktionsprozess vom Mälzen bis zum Ende der Reifung innerhalb des Brennereigeländes statt. Glenfiddich Single Malt gibt es in verschiedenartigen Qualitäten und Alterungsstufen. Die aktuell angebotenen sind: der Klassiker Glenfiddich Special Reserve 12 Years, Caoran Reserve 12 Years. Caoran (sprich: ku-ran) ist die gälische Bezeichnung für Torfasche/-glut, und das Etikett hat

12 Years
Alter 12 Jahre
Alkoholgehalt 40 % vol
Duft leicht, frisch aber süß, fruchtig, nach Birne und Eichenholz
Geschmack trocken, ausgewogen mit leichter Torf- und Pinienote, verhaltener Nachklang
Preis €€

auch diesen Farbton. Mit dieser außergewöhnlichen Qualität führt Glenfiddich einen Geschmack wieder ein, der seit dem Zweiten Weltkrieg in Vergessenheit geraten war. Damals erhöhte man wegen der Kohleknappheit den Anteil des Torfs bei der Kesselbefeuerung. Caoran reift mindestens 12 Jahre in Eichen- und Sherryfässern und zum Finishing in Islay-Malt-Fässern. Solera Reserve 15 Years – für diesen werden verschiedene Whiskys in einem großen Fass miteinander gemischt und dann bei der Abfüllung immer nur zur Hälfte geleert und wieder aufgefüllt. Alle Solera-Whiskys sind 15 Jahre alt, wurden aber in unterschiedlichen Fässern zur Reifung gelagert. Diesem folgt der Ancient Reserve 18 Years und der Gran Reserva 21 Years. Eine Novität war der Cuban Reserve 21 Years. Er hieß bis 2005 Havana Reserve und erhält sein Finishing in kubanischen Rumfässern. Die ältesten unter den regulären Abfüllungen sind der 30 (ca. 250 €) und 40 Years. Letzterer kam im Jahr 2006 mit nur 600 Flaschen auf den Markt und kostet heute ca. 2.200 €. Neu seit 2010 ist der 14 Years Rich Oak. Dieser reiche und komplexe Single Malt erlebte das Finale der Reifung für drei Monate in neuen American und Spanish Oak-Fässern.

15 Years Solera Reserva
Alter 15 Jahre
Alkoholgehalt 40 % vol
Duft nach Eichenholz, Gewürznelken und Honig, voller, fruchtiger und geschmeidiger Körper
Geschmack leichte Honig- und Vanillenote, fruchtig nach Gewürzen, langer Nachklang mit einer sanften Süße
Preis €€

21 Years
Alter 21 Jahre
Alkoholgehalt 40 % vol
Duft nach Toffee, Vanille und neuem Leder
Geschmack leicht rauchig, erinnert an Gewürze, Limone und Ingwer, mit weichem und geschmeidigem Körper, im Nachklang lang, trocken und würzig
Preis €€€€€

30 Years
Alter 30 Jahre
Alkoholgehalt 40 % vol
Duft Sherryaromen, nach Schokolade, getrockneten Feigen und Ingwer
Geschmack Eichenholzaroma mit blumiger Süße, Anklang von Sherry und Rosinen, außergewöhnlich langer Nachklang
Preis €€€€€

Glen Garioch

Glen Garioch (gesprochen: glen gieri) liegt in den Eastern Highlands. Zwischen der Speyside-Region und der Nordsee, etwa 30 Kilometer nordwestlich von Aberdeen, ist die am östlichsten gelegene Destillerie Schottlands zu finden.

Glen Garioch wurde wahrscheinliche 1798 gegründet. Die im Städtchen Old Meldrum, im namengebenden Garioch-Tal, erbaute hübsche und adrette Brennerei kann auf eine der längsten, aber auch wechselvollsten Geschichten verweisen. Sie wurde von vielen Besitzerwechseln und Stilllegungen geprägt, und erst in den letzten Jahrzehnten kehrte Ruhe ein. 1970 wurde Glen Garioch von Morrison Bowmore übernommen. Zu diesem Unternehmen gehörte seit 1963 die Islay-Destillerie Bowmore und dann ab 1984 auch die Lowland-Destillerie Auchentoshan. An Morrison Bowmore hielt der japanische Spirituosenkonzern Suntory einen 35-%-Anteil und 1994 wurden die drei Destillerien komplett übernommen.

Ein Schätzchen von 1958

Die Befürchtungen, dass damit große Veränderungen einsetzen würden, erwiesen sich als haltlos, und außer der neuen finanziellen Sicherheit blieb alles, wie es war. Man arbeitete weiterhin unbeeinflusst, denn die Japaner sind konservativ und schätzen Traditionen. Bis zum Verkauf an Morrison Bowmore war Glen Garioch im Besitz der DCL. Diese hatten die Brennerei auf Grund der unzuverlässigen Wasserversorgung zwei Jahre vorher stillgelegt. Morrison ließ in unmittelbarer Nähe einen Tiefbrunnen bohren, hatte Glück und fand ausreichend geeignetes Wasser. Man vergrößerte die Kapazität von zwei auf vier Stills und nahm die Malzböden wieder in Betrieb. Diese decken aufgrund der Produktionsausweitung aber nur rund 30 Prozent des Bedarfs. 1976 wurde ein bahnbrechendes Energienutzungsprogramm gestartet, das nahezu ein-

8 Years
Alter 8 Jahre
Alkoholgehalt 40 % vol
Duft süß und aromenreich, mit Noten von Vanille, Früchten und frischem Holz
Geschmack mittelschwer und gut ausbalanciert, fruchtig, langer milder Nachklang
Preis €€

15 Years
Alter 15 Jahre
Alkoholgehalt 43 % vol
Duft komplexe Aromen, süß, nach Eiche und Torf, mit einem Hauch Lavendel
Geschmack mittelschwer, geschmeidig, reicher, lang anhaltender Nachklang
Preis €€€

21 Years
Alter 21 Jahre
Alkoholgehalt 43 % vol
Duft leichte Sherry- und Holznoten, blumige Nuancen und süße malzige Aromen
Geschmack vollmundig, rund und komplex, warmer, voller Nachklang
Preis €€€€

46 Years
Alter 46 Jahre/Jahrgang 1958
Alkoholgehalt 43 % vol
Duft köstliche Fruchtnote, fantastisch subtile Nuancen von rauchiger Eiche und Vanille
Geschmack vollmundiger Körper, weich und mild, feinste Holz- und Rauchnoten, lange verbleibender Nachklang mit großer Aromenfülle
Preis €€€€€ (etwa 2.200 €)

malig in der Whiskyindustrie ist. Glen Garioch war die erste Destillerie, die in der Nordsee gefördertes Erdgas nutzte und damit die Stills erhitzte. Mit dem warmen Abwasser werden in der Nachbarschaft stehende Gewächshäuser beheizt. In diesen werden zeitweise bis zu 180 Tonnen Tomaten jährlich erzeugt. Trotz der Erfolge wurde die Brennerei 1995 außer Betrieb genommen und, da sich kein Käufer fand, 1997 wieder eröffnet. Man beschloss zu investieren und putzte die Anlage heraus. Heute werden jährlich etwa 12.000 Hektoliter Alkohol produziert. Glen Garioch erzeugt einen für Highland-Verhältnisse intensiv getorften, Islay-ähnlichen Whisky, jedoch ohne dessen medizinischen Jodcharakter. Stattdessen besitzt er ein blumiges, fruchtiges Bukett, wie es am ausgeprägtesten bei den benachbarten Speyside-Whiskys vorhanden ist. Glen Garioch füllt seine Whiskys, in ihrer Grundreihe, in den Altersstufen 8 bis 21 Jahre ab. Es gibt aber auch ältere Destillerieabfüllungen sowie Einzelfass- und Sonderabfüllungen. Auch spezielle Schätzchen, wie der oben abgebildete von 1958, sind über den Importeur zu haben. Auch die »Unabhängigen Abfüller« bieten diverse Altersstufen an. Darunter einen 21-jährigen in einer Keramikflasche und die zum 200. Geburtstag herausgegebene »Limited Edition«.

Glenkinchie

Glenkinchie (gesprochen: glen-kindschie) ist eine der drei verbliebenen Lowland-Malt-Brennereien. Sie liegt südöstlich von Edinburgh im Örtchen Pencaitland. Durch die Aufnahme in die Reihe »Classic Malts« wurde Glenkinchie einem größeren Publikum bekannt.

Glenkinchie wurde 1825 als Milton Distillery gegründet und erhielt 1837 ihren heutigen Namen. Dieser leitete sich von Quincey, dem Namen der früheren Landbesitzer ab. 1914 wurde Glenkinchie an die SMD (Scottish Malt Distillers) verkauft und später von Haig & Co. geleitet. Ab 1914 wurde dann im größeren Stil und kontinuierlich produziert. Haig war Teil der DCL, dem größten Zusammenschluss schottischer Brennereien. Die DCL schließlich wurde nach mehreren Fusionen zur heutigen Diageo. Der früher relativ unbekannte Glenkinchie vertritt die Lowland Single Malts in der 1988/89 aufgelegten Reihe »Classic Malts«. Ihm zur Seite steht in der »Distillers Edition« eine Abfüllung, die in Amontillado-Sherryfässern eine zusätzliche Reife erhielt. Auf diesen ist das Destillations- und Abfülljahr angegeben. Glenkinchie, der durch seine Nähe zu Edinburgh auch als »The Edinburgh Malt« bezeichnet wird, ist vom Charakter her der rauchigste Lowland Malt. Er besitzt ein leichtes, zartes Bouquet und schmeckt sanft und angenehm.

Der Glenkinchie ist fast nur in Eigentümerabfüllungen zu finden und neben den jährlichen Ausgaben in der »Distillers Edition« gibt es nur wenige von den »Unabhängigen«.

10 Years
Alter 10 Jahre
Alkoholgehalt 43 % vol
Duft leicht und zart, süß, nach Malz, mit leichter Rauchnote
Geschmack malzig süß, fruchtig, trocken, würzig
Preis €€

Distillers Edition 1990
Alter destilliert 1990/ abgefüllt 2002
Alkoholgehalt 43 % vol
Duft sanft und süß, nussig, mit Amontillado-Sherrynote
Geschmack intensiv, gehaltvoll, würzig, trocken
Preis €€€

The Glenlivet

Nicht ohne Stolz weist man bei The Glenlivet gerne darauf hin, dass die von George Smith gegründete Destillerie die erste in der Region Speyside war, die 1823, nach Einführung der neuen Steuergesetze, eine Lizenz zum Brennen erwarb.

Die inmitten der Speyside-Region im Livet-Tal gelegene Destillerie stellte einen der besten Whiskys her und erlangte einen guten Ruf. Dies führte dazu, dass auch andere Brennereien der Region ihren Whisky als Glenlivet verkauften. Durch ein Gerichtsurteil wurde 1880 entschieden, dass diese sich zusätzlich Glenlivet nennen durften, jedoch nur Smith's Whisky war die Bezeichnung »The Glenlivet« vorbehalten. Die damals bestehende Destillerie wurde 1858 an ihren heutigen Standort verlegt und natürlich oft vergrößert, renoviert und ausgebaut.

Das Unternehmen blieb in Familienbesitz, bis man 1953 mit Glen Grant fusionierte und die Aktiengesellschaft The Glenlivet & Glen Grant Distilleries entstand. Diese wurde 1977 von Seagram übernommen, und bei der Auflösung von Seagram im Jahr 2000 fiel dieses Goldstück an Pernod Ricard. Glen Grant allerdings musste 2005 aufgrund kartellrechtlicher Auflagen abgegeben (Gruppo Campari) werden. The Glenlivet ist eine der Single-Malt-Spitzenmarken, die Nummer eins in den USA und die Nummer zwei auf dem Weltmarkt. Angeboten werden 12 und 15 Years French Oak Reserve mit 40 % vol und 18 Years mit 43 % vol. Weitere sind Nàdurra 16 Years mit 58 % vol, Archive 21 Years und The Glenlivet XXV mit 25 Years, beide 43 % vol.

18 Years
Alter 18 Jahre
Alkoholgehalt 43 % vol
Duft elegant und komplex, mit leichten Anklängen von Torf und Eiche
Geschmack blumig süß, leicht nussig und malzig, mit dezenter Eichennote
Preis €€€

12 Years
Alter 12 Jahre
Alkoholgehalt 40 % vol
Duft fruchtige Aromen, mit blumiger Note und zart nach Eichenholz riechend
Geschmack süß und malzig, geschmeidig, mit Anklängen von Vanille
Preis €€

Glen Ord

Glen Ord in den Northern Higlands, etwa 20 Kilometer westlich von Inverness gelegen, ist nach dem Ort Muir of Ord benannt. Sie ist die einzige von einstmals neun legalen Brennereien der Region, die heute noch in Betrieb ist.

Die Whiskys der 1838 lizenzierten Brennerei wurden bis 1991 auch als Glenordie oder nur als Ord angeboten. Seit 1993 kommt Glen Ord regelmäßig als Single Malt auf den Markt, der Großteil der Produktion verschwindet aber seit langer Zeit in den Dewar's Blends. Glen Ord wurde 1924 von Dewar's übernommen und ein Jahr später mit Dewar's Teil der Distillers Company Ltd. (DCL), dem damals größten Zusammenschluss schottischer Brennereien und Blending-Firmen. Glen Ord verblieb immer bei der DCL und kam mit ihr nach zahlreichen Fusionen letztendlich unter das Dach der britischen Diageo, dem heute größten Spirituosenkonzern der Welt. 1966 wurde sie auf sechs Stills erweitert, und 1968 erbaute man die gewaltigen Glen Ord Maltings, die viele Brennereien mit Malz beliefern. Die Whiskys werden als trocken, blumig, würzig und malzig beschrieben, und man sagt ihnen einen ausgeprägten Oloroso-Sherrycharakter nach. Der abgebildete 12-jährige gilt schon als Rarität, er wird seit neuerer Zeit in einer Dekanterflasche angeboten. Als Eigentümerabfüllungen wird der Glen Ord auch mit 25 Jahren (abgefüllt 2004), 28 Jahren (2003) und 30 Jahren (2005) in der Reihe »Special Releases« angeboten.

12 Years
Alter 12 Jahre
Alkoholgehalt 40 % vol
Duft voller würzigen Körper, leicht malzig und verhalten rauchig
Geschmack vielfältig, mit Karamell- und Muskatnote und sanftem Nachklang
Preis €€€

22 Years
Alter 22 Jahre – 1983/2006
Alkoholgehalt 55 % vol
Duft zart, leicht rauchig, süß, fruchtig und würzig
Geschmack komplex, anfänglich süß, dann trocken und rauchig, mit leichter Gewürznote
Preis €€€€

The Glenrothes

Die 1878 im Herzen der Speyside-Region erbaute Glenrothes Distillery produziert einen hoch geschätzten Malt. Für ihn werden nach dem Vintage Concept nur die besten Fässer der besten Jahrgänge ausgewählt und diese nach 10 bis 15 Jahren – je nach Entwicklung – abgefüllt.

Die Glenrothes Distillery war nur wenigen Besitzerwechseln unterworfen. Im Jahr 1887 fusionierte sie mit der Islay Destillerie Bunnahabhain zu Highland Distillers, und seit 1999 ist man Teil der The 1887 Group. Herausgegeben wird Glenrothes von Berry Bros. & Rudd, in deren berühmten Blend Cutty Sark er seit jeher der führende Malt ist. Diese berühmte und uralte, wenn nicht älteste Weinhandlung der Welt besitzt auch die weltweiten Vertriebsrechte an Glenrothes. Mit dem von Berry Bros. & Rudd als Vintage angebotenen Glenrothes wird eine kompromisslose Qualitätsphilosophie verfolgt. Die Whiskys werden nicht nach vorher festgelegten 12 oder 15 Jahren aus dem Fass geholt, sondern genau zu dem Zeitpunkt, an dem der Kellermeister den Höhepunkt ihrer Reife für erreicht hält. Der Tag der Abfüllung sowie das Jahr der Destillation sind auf dem kleinen Etikett vermerkt. Die Auswahlkriterien sind sehr streng. Weder gelangt jedes Fass eines Jahrgangs in einen Vintage Single Malt, noch werden alle Jahrgänge für würdig befunden. Zum Zeitpunkt des Erscheinens dieses Buches (2007) kam der 1994er in den Handel. Vom deutschen Importeur werden außerdem die Jahrgänge 91, 87 und 75 angeboten, bei spezialisierten Händlern sind aber weitere, bis zu 40 Jahre alte Abfüllungen zu finden. Außerhalb der Vintage-Reihe wird der Glenrothes Selected Reserve angeboten. Die Vintage Glenrothes werden in fast kugelrunde Flaschen abgefüllt, die ihr bestes Stehvermögen in der mitgelieferten Metallscheibe haben.

> **Vintage 1994**
> **Alter** Vintage 1994/abgefüllt 2006
> **Alkoholgehalt** 43 % vol
> **Duft** fruchtiges Bouquet, an reife Pflaumen und Süßholz erinnernd
> **Geschmack** weich und rund, Anklänge von Zitrus- und Orangenschale, mit Sherryfassnote und würzigem Finish
> **Preis** €€€

Glenmorangie

Glenmorangie zählt zu den Northern Highlands und liegt an der Nordseeküste. Sie ist eine der nördlichsten Brennereien Schottlands. In Schottland – dem wichtigsten und sensibelsten Markt – ist Glenmorangie seit Jahren Marktführer.

Glenmorangie (gesprochen: glenmóranschi) bedeutet »Tal der tiefen Ruhe«. Die etwas außerhalb des Örtchens Tain liegende Brennerei wurde 1843 von einer Brauerei in eine Destillerie umgewandelt und 1918 vom Whisky-Handelshaus Macdonald & Muir übernommen. Dazu kam 1923 die in Elgin/Speyside beheimatete Glen-Moray-Brennerei. Nach weiteren Firmenübernahmen entstand daraus die Holding Macdonald Martin Distillers, die ab den 1990er Jahren als Glenmorangie plc firmierte. Viele Freunde in der Welt des Malt Whiskys machte sich Glenmorangie 1997 durch den Erwerb, die Sanierung und Wiedereröffnung der maroden Islay Distillery Ardbeg. Ende 2004 wurde die Glenmorangie plc mit allen ihren Unternehmungen für £ 300 Millionen an die französische Moët Hennessy verkauft. Diese wiederum ist ein gemeinsames Tochterunternehmen des französischen Luxusgüterkonzerns LVMH (61 %) und des weltgrößten Spirituosenproduzenten Diageo (39 %).

Schon seit 1920 in der Flasche

Dass durch die neuen Inhaber große Änderungen zu erwarten sind, gilt als nicht wahrscheinlich, höchstens dass diese erfolgreichen Marken durch die nun zur Verfügung stehenden weltweiten Vertriebsnetze noch besser verkauft werden können. Glenmorangie wurde bereits um 1920 als Single Malt abgefüllt und ist seit den 1970er Jahren weltweit im Handel. Ob er komplett als Single abgefüllt wird oder auch in den firmeneigenen Blends eine Rolle spielt, ist nicht bekannt. Fest steht aber, dass man ihn noch nie von den »Unabhängigen« gesehen hat.

Original
Alter 10 Jahre
Alkoholgehalt 40 % vol
Duft mild und komplex, blumige Hauptnoten, Vanille, Mandarine und Honig
Geschmack vollmundig und ausgewogen, fruchtig, nussig und dennoch leicht trocken
Preis €€

Eine herausragende Bedeutung haben bei Glenmorangie die Fässer. Man betreibt ein aufwändiges Wood Management, und entsprechend früh kam man mit den heute so gefragten Wood Finishes auf den Markt. Das bedeutet, dass ein Teil der Produktion nach der regulären Lagerzeit noch ein längeres Finishing in ehemaligen Weinfässern erhält. Da sich der Charakter eines Whiskys hauptsächlich während der Reifung im Holzfass entwickelt, ist die Wahl des Holzes von außerordentlicher Bedeutung. Dies war ja durch die Verwendung der Sherryfässer hinlänglich bekannt. Glenmorangie war 1994 Pionier auf diesem Gebiet und fügte damit seinen Whiskys neue und faszinierende Charakteristiken zu. Im Jahr 2007 positionierte man sich neu und brachte eine völlig neue Range auf den Markt. Angeboten werden neben den abgebildeten Sorten der Quinta Ruban, Nectar d´Òr und der 25 Years old. Die Besonderheit beim Lasanta ist das »Finish« in Oloroso Sherry-Fässern, beim Quint Ruban geschieht dies in Ruby Portwein-Fässern und beim Nectar d´Òr in Sauternes Weinfässern. Außergewöhnlich ist der Astar, er wird mit 100° proof, 57,1 % vol abgefüllt und ist ein Glenmorangie in seiner pursten Form mit dem vollen Spektrum an Aromen.

18 Years
Alter 18 Jahre
Alkoholgehalt 43 % vol
Duft reichhaltig und rund mit blumigen Noten nach Vanille, Walnuss und getrockneten Früchten
Geschmack voll, weich, ausgewogene Noten von Honig, Malz und Oloroso-Sherry
Preis €€€€

Lasanta
Alter ohne Altersangabe
Alkoholgehalt 46 % vol
Duft große Aromenvielfalt, nach Rosinen, Schokolade, Honig, Karamell und süßem Sherry
Geschmack vollmundig, nach Oloroso Sherry, vielfruchtig, mit feiner Haselnuss-, Orangen- und Gewürznote
Preis €€€

Astar
Alter ohne Altersangabe
Alkoholgehalt 57,1 % vol
Duft nach Toffee und Crème Brûlée, mit einem Hauch frischer Minze, Zimt und Anis
Geschmack vollmundig, köstlich und komplex, mit vielschichtigen Nuancen, nach Kokos, Mandeln und Milchschokolade
Preis €€€

Glen Scotia

Die Glen Scotia Distillery (gesprochen etwa: glen scoscha) in Campbeltown ist neben Springbank die einzige noch produzierende Brennerei auf der Halbinsel Kintyre. Diese liegt im Südwesten Schottlands, und die Südspitze ist nur etwa 20 Kilometer von Irland entfernt.

Der exponierten Lage am Atlantik und den damit verbundenen niedrigeren Frachtkosten für den Export in die USA verdankte Campbeltown seit Mitte des 18. Jahrhunderts seinen Aufstieg zur Whiskymetropole. Rund 20 Destillerien produzierten alleine in der Stadt. Die Entwicklung wurde in den 1920er Jahren durch die Rezession in Großbritannien und durch die Prohibition in den USA (1920 bis 1933) jäh gestoppt. Auch die 1835 mit dem Namen Scotia gegründete Destillerie musste 1928 wegen Absatzschwierigkeiten die Produktion einstellen. 1933 wurde sie als Glen Scotia wieder in Betrieb genommen, und 1984 wurde sie für sechs Jahre abermals geschlossen. Die neuen Inhaber gingen nach vier Jahren Pleite, und die Konkursmasse mit der dazugehörenden Lowland-Brennerei Littlemill wurde von Glen Catrine übernommen. Glen Catrine, ein großes Spirituosenunternehmen, das hauptsächlich als Abfüller und Blender tätig ist, übernahm Glen Scotia, ließ die Destillerie aber geschlossen. Erst 1999 nahm man den Betrieb mit Unterstützung des Nachbarn Springbank wieder auf. Wie Glen Catrine, die auch Besitzer von Loch Lomond und der 2005 abgebrannten Destillerie Littlemill sind, weiter verfahren wird, ist zurzeit nicht bekannt. Glen Scotia ist ein typischer, delikater Campbeltown Single Malt mit dezenter Salzigkeit, weichem Geschmack und leichtem Torfaroma. Bis vor kurzem gab es eine 14-jährige Eigentümerabfüllung, die nun durch einen 12-jährigen ersetzt wurde. Zahlreiche Abfüllungen gibt es auch von den »Unabhängigen«, darunter außergewöhnliche, bis zu 30 Jahre alte Rum-Barrel-Finishes.

> **12 Years**
> **Alter** 12 Jahre
> **Alkoholgehalt** 40 % vol
> **Duft** nach See und getorftem Malz, mit Nuancen von Honig und Nüssen
> **Geschmack** typischer Campbeltown, komplex, leicht salzig und zart malzig, mit langem Nachklang
> **Preis** €€

Glen Spey

Die Speyside-Destillerie Glen Spey ist eine von fünf im Whiskyort Rothes. Sie ist sicher die unbekannteste neben Caperdonich, Glen Grant, Glenrothes und Speyburn. Dazu trug auch der Umstand bei, dass Glen Spey fast nie in Eigentümerabfüllung angeboten wurde.

Glen Spey wurde 1880 erbaut und kam bereits sieben Jahre später in den Besitz der Ginfirma Gilbey's. Gilbey's schuf 1962 zusammen mit Justerini & Brooks (J & B) die International Distillers & Vintners (IDV) und wurde nach mehreren Fusionen letztendlich ein Teil der United Distillers, und somit kam auch Glen Spey zum britischen Spirituosenmulti Diageo. Im Jahr 1970 ließ die IDV die Destillerie renovieren und auf vier Stills erweitern. Zu dieser Zeit gab es auch eine acht Jahre alte Abfüllung für heute nicht mehr existente Ladenketten. Seither ist Glen Spey ein gesuchter Malt und nur manchmal von den »Unabhängigen« zu bekommen. Die Diageo, die ja ihr Augenmerk mehr auf die Vermarktung der eingeführten Marken richtet, bietet die Whiskys weniger bekannter Destillerien, wie auch den Glen Spey, in ihrer »Flora & Fauna«-Reihe an. Es gibt aber auch einen Blended Whisky gleichen Namens, und man sollte darauf achten, dass die Freude über einen vermeintlichen Fund nicht in Enttäuschung umschlägt. Eine große Rolle innerhalb des Konzerns spielt der Glen Spey jedoch im Blend des J & B. Außer dem 12-jährigen Single Malt sind bis zu 30 Jahre alte Abfüllungen bekannt. Glen Spey wird vom Stil her als leicht, würzig und leicht getorft beschrieben und als Aperitif-Whisky empfohlen.

12 Years
Alter 12 Jahre
Alkoholgehalt 43 % vol
Duft nach Eichenholz, Gewürzen und leichtem Malzton
Geschmack nach Malz, leicht nach Karamell, mit trockenem und langem Nachklang
Preis €€€

Viele schottische Regionen bieten eine unberührte Natur

Glenturret

Die Highland-Destillerie Glenturret liegt am Rand des Dörfchens Crieff, etwa 20 Kilometer westlich von Perth. Sie ist eine der ältesten und auch kleinsten Brennereien Schottlands und verfügt über ein bemerkenswertes Besucherzentrum.

Als Gründungsdatum gibt man bei Glenturret das Jahr 1775 an, und sie könnte die älteste Destillerie Schottlands sein. Diesen Ehrentitel beanspruchen aber auch die Lowland-Destillerie Littlemill und die Speyside-Destillerie Strathisla. In neuerer Zeit war Glenturret von 1929 bis 1959 geschlossen, und nach ihrem Neuanfang konnte sie einen ausgezeichneten Ruf erlangen. Um das Unternehmen abzusichern, gewann man in den Jahren 1981 bis 1990 die französische Likörfirma Cointreau als Partner, und seit 1990 gehört Glenturret zu Edrington/The 1887 Group. Diese ist nach der Diageo und Pernod Ricard der drittstärkste Produzent und verwendet Glenturret hauptsächlich für den Famous Grouse Blend. Glenturret verfügt nur über eine Still mit 6.000 Litern. Es gibt angeblich über 20 Flaschenabfüllungen, und der älteste Vintage soll aus dem Jahr 1966 stammen. Die aktuellste und gängigste Sorte ist der 10-jährige Single Malt, der langfristig den 12-jährigen ersetzen soll. Glenturret-Liebhaber werden bei spezialisierten Händlern fündig. Im Angebot der »Unabhängigen Abfüller« finden sich zwar keine außergewöhnlich alten Abfüllungen, dafür aber mehrere Wood Finishes.

10 Years
Alter 10 Jahre
Alkoholgehalt 40 % vol
Duft rund und voll, mit Honig- und Ingwernote
Geschmack nach Honig und süßem Malz, ein sauberer und eleganter Malt
Preis €€

12 Years
Alter 12 Jahre
Alkoholgehalt 40 % vol
Duft mild und aromatisch, mit einer Spur Karamell und Sherry
Geschmack voll und rund, nussig, mit langem fruchtigem Nachklang
Preis €€€

Inchgower

Die Speyside Distillery Inchgower (gesprochen: inschgauer) liegt bei Buckie, nahe der Mündung des River Spey in die Nordsee. Inchgower machte nie viel von sich reden, und ihr begehrter Malt findet sich in den Blends von Bell's, White Horse und Johnnie Walker.

Inchgower liegt in keinem der Speyside-Zentren und war auch sonst immer unauffällig geblieben. Erbaut wurde ihr Vorläufer 1822 etwas östlich bei Tochieneal, und 1871 erfolgte die Verlegung an den heutigen Standort. 1938 wurde Inchgower von Bell & Sons übernommen und 1966 von zwei auf vier Stills erweitert. Bell & Sons, die zu dieser Zeit schon die Destillerien Blair Athol und Dufftown besaßen, war eine der letzten großen alten Firmen, die sich ihre Unabhängigkeit bewahren konnte. Doch auch sie wurde 1985 von Guinness geschluckt und kam damit später zu den United Distillers und letztendlich zum britischen Spirituosenmulti Diageo. Inchgower war in den britischen Überseebesitzungen beliebt und weit verbreitet. Als dann das Interesse nachließ, wurde die Flaschenabfüllung eingestellt. 1972, also noch zu Bell-Zeiten, kam Inchgower dann wieder als 12-jähriger Single Malt und Eigentümerabfüllung auf den Markt. Der heutige Besitzer Diageo bietet ihn in seiner »Flora & Fauna«-Reihe als 14-jährigen an. Während die großen Marken in den »Classic Malts« und deren ältere Abfüllungen in der »Distillers Edition« erfasst sind, werden Knockando, Royal Lochnagar und Cardhu von Diageo einzeln vermarktet. Die »Flora & Fauna«-Reihe schuf man 1992, und heute sind darin 22 Single Malts aus weniger bekannten Brennereien vertreten. Benannt ist die Reihe nach den Etiketten, auf denen ein schottisches Tier oder eine schottische Pflanze abgebildet ist. Weitere Inchgower Single Malts gibt es in der Diageo-Reihe »Rare Malts« und von den »Unabhängigen Abfüllern«, darunter viele meist 20- bis 30-jährige.

14 Years
Alter 14 Jahre
Alkoholgehalt 43 % vol
Duft reiches und süßes, leicht würziges Aroma
Geschmack fruchtig und würzig, mit leicht salziger Note
Preis €€€

Highland Park

Highland Park auf den Orkney-Inseln ist die nördlichst gelegene Whiskydestillerie Schottlands und sie war bis zur Gründung der Mackmyra-Destillerie in Schweden im Jahre 1999 auch die nördlichste der Welt. Ihr Whisky wird hoch gerühmt und als »größter Allroundwhisky in der Welt der Single Malts« bezeichnet.

Rund 20.000 Menschen bewohnen einundzwanzig der ca. 100 Orkney-Inseln. In Kirkwall, dem Hauptort auf Mainland, wurde 1798 die Highland Park Distillery an der Stelle erbaut, an der schon lange vorher der legendäre Priester Magnus Eunson eine Schwarzbrennerei betrieb. Eine weitere, die Scapa Distillery liegt zwei Meilen weiter »unten«. Ungewöhnlicherweise ist die Highland Park auf einem Hügel erbaut, und das Wasser muss von einem tiefer gelegenen Reservat hinaufgepumpt werden. Sie ist eine der seltenen noch ganz traditionell arbeitenden Brennereien. Es wird noch selbst gemälzt, und die Trocknung des Malzes erfolgt noch mit Torffeuer, dem Heidekraut beigefügt wird. Dadurch erhält der Whisky seinen ganz eigenen und außergewöhnlichen Heidekrauthonig-Akzent. Für die Reifung werden Sherryfässer eingesetzt, und die unaufhörlich vom Meer her wehende salzige Seeluft beeinflusst spürbar den Charakter der Destillate. Die Whiskys von Highland Park genießen einen außerordentlichen Ruf und gelten als sehr komplex, rauchig, malzig und trocken. Sie werden auch von Blendern sehr geschätzt und finden sich in den berühmten Blended-Marken Famous

12 Years
Alter 12 Jahre
Alkoholgehalt 40 % vol
Duft ausgewogene rauchige Note, süßlich, malzig, nach Heidekraut und einem Hauch Sherry
Geschmack mittelschwer, ausgereifte und runde rauchige Süße, mit vollmundigem Malzton und Nachklang von Heidekraut
Preis €€

15 Years
Alter 15 Jahre
Alkoholgehalt 40 % vol
Duft elegant, ausgewogene, rauchige Note
Geschmack vollmundig, leicht süß, ausgewogen rauchig, mit reichem, überraschend süßem Nachklang
Preis €€€

Der Hafen von Kirkwall auf Mainland, dem Hauptort der Orkney Inseln

Grouse und Cutty Sark. Im Jahr 1895 wurde Highland Park von James Grant übernommen, auf dessen Familie noch heute die Lizenz ausgestellt ist. Diese verkauften 1935 an die Highland Distillers und die daraus entstandene Nachfolgefirma The 1887 Group ist bis heute im Besitz dieses Kleinods. Als Single Malt ist Highland Park seit den frühen 1970er Jahren zu bekommen. 1997 wurde das Angebot mit den 18- und 25-jährigen Malts erweitert, dazu kam in neuerer Zeit der 15- und 30-jährige. Es sind bei spezialisierten Händlern aber auch zahlreiche Abfüllungen der »Unabhängigen« zu finden. Darunter Einzelfassabfüllungen, Whiskys verschiedener Reihen, Wood Finishes sowie der sonst nicht angebotene 8-jährige Vintage Orkney Malt.

18 Years
Alter 18 Jahre
Alkoholgehalt 43 % vol
Duft reichhaltig, mit Sherrynote, nach Eiche und aromatischem Rauch
Geschmack erstaunlich geschmeidig, fest und abgerundet, mit weichem, langem Nachklang
Preis €€€

25 Years
Alter 25 Jahre
Alkoholgehalt 50,7 % vol
Duft sehr ausgeprägt, Anklänge von Eiche, mit betörender Torfigkeit
Geschmack vollmundig, mittelsüß, reichhaltig, explosionsartige Aromenentfaltung, süßer Nachklang
Preis €€€€€ (etwa 200 €)

30 Years
Alter 30 Jahre
Alkoholgehalt 48,1 % vol
Duft würzig, aromatisch, nach Muskatnuss und Bitterschokolade
Geschmack nach Karamell, Schokolade, Orange und Torf, voller, langer, rauchiger, süßer Nachklang
Preis €€€€€ (etwa 300 €)

Isle of Jura

Nur eine schmale Meeresenge trennt die lang gestreckte Insel vom schottischen Festland und der Whiskyinsel Islay. »Jura« (gesprochen: dschura) stammt aus dem Norwegischen und bedeutet Rotwild. Und dieses ist weitaus zahlreicher als die dort lebenden Insulaner.

An einigen Klischees kommt man nicht vorbei, wenn man von Jura spricht. Immer erwähnenswert ist, dass etwa 200 Bewohner und über 5.000 Hirsche gezählt werden. Weiter, dass George Orwell hier seine berühmte Vision von »1984« zu Papier brachte und dass die runden Berggipfel »Paps (Brüste) of Jura« genannt werden. Ansonsten gibt es nur noch zu vermelden, dass die Isle of Jura die viertgrößte der Hebriden und eine der am dünnsten besiedelten schottischen Inseln ist. Wenn da nicht die renommierte gleichnamige Brennerei wäre! Auch auf Jura wurde, wie überall in Schottland, illegal gebrannt. Ein Gutsherr erkannte, dass man mit Whisky Geld verdienen konnte, und ließ in Craighouse, dem an der Ostküste liegenden einzigen Ort, 1810 die erste »richtige« Brennerei erbauen. Diese wurde dann von einer Reihe von Besitzern bis 1875 ziemlich erfolglos betrieben.

Mehr Highland als Island

Erst James Ferguson war mit seinem stark getorften Jura Malt erfolgreich. Diese Episode währte aber nur bis 1910, da sich Ferguson und sein Sohn mit dem Gutsherrn überwarfen. Um die Abwanderung von der Insel zu stoppen, beschlossen zwei Landbesitzer, eine neue Brennerei erbauen zu lassen. Geldgeber war die Scottish & Newcastle Breweries, und 1958 begannen die Bauarbeiten. 1963 wurde die moderne Anlage mit zwei großen Stills in Betrieb genommen und einige Jahre später auf vier erweitert. Die große Menge Whisky, die sich damit erzeugen ließ, sicherte das Überleben und Isle of Jura war immer in Be-

10 Years
Alter 10 Jahre
Alkoholgehalt 40 % vol
Duft voll, intensiv, charakteristisch, nach Nadelwald
Geschmack süßlich, malzig, inseltypische Trockenheit, mit salziger Note
Preis €€

16 Years
Alter 16 Jahre
Alkoholgehalt 40 % vol
Duft reich, blumig, vielfältige Aromen, nach Honig und Ingwer
Geschmack weich, komplex, reif und ausgewogen, inseltypische Salzigkeit
Preis €€

18 Years
Alter 18 Jahre
Alkoholgehalt 40 % vol
Duft rund, recht trocken, dichte Aromen
Geschmack dichte Aromen, blumig, süß, erdig, intensiv salzig, sehr angenehmer Nachklang
Preis €€€

Superstition
Alter ohne Altersangabe
Alkoholgehalt 45 % vol
Duft Nuancen von Honig und Marzipan, mit reicher Torfnote
Geschmack würzig, schöne Honignote verbunden mit einem ausgeprägten Torfaroma
Preis €€

trieb. Auch der Plan, damit neue Einwohner auf die Insel zu holen, ging auf, und man konnte rund 100 Neubürger begrüßen. 1985 wurde die Anlage von Invergordon Distillers übernommen und gelangte auf dem Umweg über Jim Beam Brands zum heutigen Besitzer Whyte & Mackay. Man erzeugt einen überraschend leichten, fast ungetorften Malt und vermarktet diesen seit 1974 auch als Single. Er ist vom Charakter eher ein Highland- als ein Inselwhisky, dies bekräftigt auch der Slogan »The Highland from the Island«. Speziell für den neuen Superstition (Aberglaube) wird in kleinen Mengen auch ein getorfter Malt gebrannt, mit dem an den Whisky der Ferguson-Ära erinnert wird. Jura ist per Fähre nur von Port Askaig, von der Nachbarinsel Islay aus zu erreichen, von der sie nur durch einen schmalen Sund getrennt ist. Wer Jura besucht, ist entweder Naturliebhaber, Wanderer, Bergsteiger oder ein Whiskyfan, der nicht nur die Brennereien auf dem Whisky Trail kennen lernen möchte. Die Destillerie ist zwar für Besucher offiziell nicht geöffnet, man wird aber auch nicht abgewiesen.

Die berühmten Berggipfel, die »Paps of Jura«

Knockando

Knockando (gesprochen: nockandu) soll »kleiner schwarzer Hügel« bedeuten. Die Destillerie liegt im gleichnamigen Dorf westlich von Aberlour am Ufer des Spey, unweit der Brennereien Cardhu und Tamdhu.

Die 1898 erbaute Destillerie kam wie viele am Ende des Whiskybooms in Schwierigkeiten. In diesem Jahr führte der Pattison-Crash zu vielen Brennereischließungen und Umwälzungen in der schottischen Whiskyindustrie, und Knockando kam 1904 in den Besitz der englischen Ginfirma Gilbey. 1962 schlossen sich Gilbey und J & B zur IDV (International Distillers & Vintners) zusammen, und über weitere Fusionen kam damit auch Knockando zur Diageo. Seit 1977 wird Knockando Single Malt international vermarktet, und bei der Diageo blieb er erst als Einzelmarke im Sortiment. Seit 2005 ist er aber zusammen mit Royal Lochnagar, Glen Elgin und Clynelish in der erweiterten »Classic Malts Selection« eingereiht. Bei Knockando wird jedes Produktionsjahr als Season bezeichnet. Die jeweilige Season, also das Jahr der Destillation, wird beim 12-jährigen auf den Etiketten angegeben, beim Extra Old Reserve auch das Jahr der Abfüllung. Von beiden sind verschiedene Jahrgänge und Altersstufen auf dem Markt, darunter ein Masters Reserve mit 21 Jahren.

12 Years
Alter 12 Jahre
Alkoholgehalt 43 % vol
Duft fruchtig, duftig und würzig, nicht zu süß, mit Vanillenote
Geschmack weich, nach Gewürzen, Vanille und Haselnuss, ein Aperitif- und Einsteiger-Malt
Preis €€

Extra Old Reserve
Alter Season 1979/ Bottled 1997
Alkoholgehalt 43 % vol
Duft komplex, nach Sherry, Eichenholz und reifen Früchten
Geschmack süß und vollmundig, mit Malztönen und Mandel- und Sherrynote
Preis €€€€€

Ledaig

Ledaig ist identisch mit der Tobermory-Brennerei auf der Insel Mull. Sie ist die einzige Destillerie auf der nördlich von Islay gelegenen Insel. Die heutigen Besitzer der Brennerei (siehe auch Tobermory) produzieren zwei völlig unterschiedliche Whiskys.

Tobermory blickt auf eine lange und wechselvolle Geschichte zurück. Sie wurde wahrscheinlich 1798 gegründet, war aber erst 1823 vollständig betriebsbereit. Fast 100 Jahre wurde bei Tobermory ununterbrochen gearbeitet, bis die Rezession in Großbritannien und die Prohibition in den USA 1930 eine Schließung erzwangen. 1972 wurde unter dem Namen Ledaig der Betrieb wieder aufgenommen, und ab 1978 hieß sie wieder Tobermory. Nach weiteren Besitzerwechseln und einer erneuten kurzzeitigen Schließung im Jahr 1989 arbeitet sie seit 1990 wieder, und seit 1993 unter ihrem heutigen Besitzer, dem Spirituosenhersteller Burn Stewart/CL World Brands. Bei Burn Stewart wurde die Trennung in die zwei Marken eingeführt, wobei seither für den Ledaig getorfte Gerste und für den Tobermory ungetorfte Gerste verwendet wird. Ledaig gibt es auch von den »Unabhängigen«.

Single 10 Years
Alter 10 Jahre
Alkoholgehalt 42 % vol
Duft süßliche Teearomen mit Spuren von Süßholz
Geschmack Pfeffer, etwas Meersalz, viel Rauch, mit Süßholz und Nelke im Nachklang
Preis €€

Sherry Wood Finish
Alter ohne Altersangabe
Alkoholgehalt 42 % vol
Duft viel Rauch, intensiv, Spuren von Sherry und Nüssen
Geschmack Torfrauch, pfeffrig, Anflüge von Sherrynoten, mit langem, äußerst angenehmem Nachklang
Preis €€

Single Malt
Alter ohne Altersangabe
Alkoholgehalt 42 % vol
Duft viel Rauch, intensiv, frisch, Spuren von Schokolade und Seegras
Geschmack Torfrauch, etwas Meersalz, Anflüge von Ingwer, trocken
Preis €€

Lagavulin

Im Süden der Whiskyinsel Islay liegen drei berühmte Brennereien. Östlich der »Hauptstadt« Port Ellen befinden sich Laphroaig, in der Mitte Lagavulin und rechts Ardbeg. Alle drei liegen am Meeresufer, und ihre Whiskys genießen bei Malt-Whiskyfans Kultstatus.

Auf der berühmten Whiskyinsel Islay (gesprochen: ei-la) wurde in großem Umfang illegal gebrannt, und auch dort, wo heute Lagavulin steht, wurde eifrig der Schwarzbrennerei nachgegangen. Lagavulin bedeutet »Talsenke mit der Mühle«, und das Gelände bot Schutz vor unerwünschten Besuchern. Islay mit seiner Größe von 20 mal 25 Meilen und rund 3.000 Einwohnern lebt vom Whisky. Insgesamt acht Brennereien und eine große Mälzerei in Port Ellen sind die einzigen Betriebe auf der Insel, die sonst wenig bietet. Die Inselgeschichte berichtet, dass an der Stelle, wo heute Lagavulin steht, Mitte des 18. Jahrhunderts zehn illegale Brenner tätig waren. Aus den illegalen Brennereien in der Lagavulin-Senke entstanden im Jahr 1816 und 1817 zwei »richtige« Destillerien, von denen um 1840 eine die andere übernahm. Laphroaig und Ardbeg, links und rechts davon, entstanden 1815.

Lagavulin und Peter Mackie

Wie bei allen Brennereien begann die Neuzeit mit der Legalität und mit dem Aufkommen des Blended Whiskys zur Mitte des Jahrhunderts. Lagavulin wurde 1867 von James Logan Mackie übernommen, dem Onkel von Peter Mackie, der dort das Gewerbe erlernte und die Destillerie 1889 erbte. Peter Mackie gründete in seiner Heimatstadt Edinburgh 1883 seine eigene Firma und war später mit seinem White Horse Blended Whisky sehr erfolgreich (siehe White Horse). Peter Mackie erbaute 1905 auf dem Lagavulin-Gelände eine zweite Brennerei, in der er einen heftig getorften, medi-

16 Years
Alter 16 Jahre
Alkoholgehalt 43 % vol
Duft intensiver Torfrauch, schwer, mit Jod- und Seetangnoten
Geschmack voll, reich, massiver Torf und Rauch, etwas Eiche, relativ süß, wird trockener, lang und kräftig im Nachklang
Preis €€€

Die Lagavulin Distillery – Ansicht von der Seeseite

zinisch-phenolisch schmeckenden Malt herstellte. Diese Brennerei war bis 1960 in Betrieb, die Räume dienen heute für Veranstaltungen und Seminare und spielen im Inselleben eine wichtige kulturelle Rolle. Als Peter Mackie 1924 starb, hinterließ er ein blühendes Unternehmen, zu dem außer White Horse und Lagavulin noch die von ihm erbaute Craigellachie-Destillerie in Speyside und die gekaufte Hazelburn-Destillerie in Campbeltown gehörten. 1927 wurden die White Horse Distillers Teil der DCL, die später zu United Distillers (UD) wurde und im heutigen Spirituosenmulti Diageo aufging.

Richtig bekannt wurde Lagavulin als Single Malt in der von den UD 1988/89 aufgelegten Reihe der »Classic Malts«. In dieser bis zum Jahr 2005 sechs Whiskys umfassenden Reihe vertritt Lagavulin glanzvoll den Malt von Islay. Er ist als 16-jähriger der älteste und auch der meistverkaufte. Ursprünglich zum Blenden, hauptsächlich für den White Horse eingesetzt, wird heute der Großteil der Produktion als Single Malt verkauft. Dies ist ein sehr seltener Umstand, denn meist ist es umgekehrt der Fall. Im Jahr 1997 wurde mit der »Distillers Edition« eine zweite »Classic Malts«-Reihe eingeführt. In diese wurden die Whiskys der gleichen Brennereien aufgenommen, allerdings in anderer Beschaffenheit. Nur wenige Fässer der jeweiligen Malts erfahren in einem Sherry- oder Portweinfass eine zweite, zusätzliche Reifung. Der Lagavulin dieser Reihe erfährt seine zweite Reifung in einem Pedro-Ximenez-Sherryfass. Weitere außergewöhnliche Whiskys sind bei den »Special Releases«-Sonderabfüllungen zu finden. Die 2001 eingeführte Serie umfasst Spezialabfüllungen, die äußerst limitiert verfügbar sind. Darin werden alte, seltene Varianten der »Classic Malts« in Fassstärke oder Whiskys bereits geschlossener Destillerien angeboten.

Distillers Edition
Alter destilliert 1988/abgefüllt 2002
Alkoholgehalt 43 % vol
Duft starke Torfnote und intensive Pedro-Ximenez-Süße
Geschmack beginnt süß und endet mit Torf und Rauch, weicher, runder und langer Nachklang
Preis €€€

Special Release
Alter 12 Jahre/abgefüllt 2004
Alkoholgehalt 58,2 % vol
Duft ausgeprägt, stark nach Torf und Jod, schwer
Geschmack kräftig, intensiv, leichte Süße, schwerer Rauch und medizinische Note
Preis €€€

Laphroaig

»The most richly flavoured of all Scotch whiskies« steht auf dem schlichten Etikett der grünen Flaschen. Diese Aussage ruft bei Kennern Entzücken hervor, doch bei ihm scheiden sich die Geister. Er wird geliebt und gehasst und ist bestimmt kein Whisky für Einsteiger.

Laphroaig (gesprochen: la-froyg) ist der bekannteste Whisky von Islay (gesprochen: ei-la). Von dieser Insel an der Westküste Schottlands stammen die kräftigsten Malt Whiskys, und Islay gilt unter Malt-Whisky-fans als das wahre Herzstück der Whiskywelt. Laphroaig verkörpert die Eigenständigkeit Islays: charaktervoll, schwer, salzig, rauchig und torfig. Er gilt weltweit als der ursprünglichste Islay Malt Whisky und wird vor allem von den erfahrenen Whiskykennern hoch geschätzt. Er war bereits zu Beginn der 1970er Jahren in Deutschland verfügbar, und auch der Autor schätzt ihn seit damals als finalen Genuss. Laphroaig liegt direkt an der Südküste, östlich vom Hauptort Port Ellen, und unweit davon haben Lagavulin und Ardbeg ihren Sitz.

Die großen Fünf

Die Brennerei wurde 1815 von Donald Johnston gegründet und blieb bis 1954 in Familienbesitz. Das letzte Familiemitglied vererbte die Destillerie an eine tatkräftige Mitarbeiterin, und diese verkaufte 1967 an Long John International. Diese ging in der späteren Allied Domecq auf, und bei deren Auflösung im Jahr 2005 kam Laphroaig zu Beam Global Spirits & Wine (Jim Beam). Der Name Johnston wird aber bis heute auf den Etiketten angegeben. Seit den 1970er Jahren wurden dem 10-jährigen Klassiker mehrere Abfüllungen zur Seite gestellt. In Deutschland gibt es zurzeit vom offiziellen Importeur fünf Single-Malt-Abfüllungen: 10 Years, 10 Years Cask Strength, 15 Years, 30 Years und den Quarter Cask. Letztgenannter verbringt seine zweite Reifezeit in einem Viertelfass, in dem eine in-

10 Years

Alter 10 Jahre
Alkoholgehalt 40 % vol
Duft medizinisch-phenolisch, nach Seetang, mit schwerer Torfig- und Rauchigkeit
Geschmack schwer, phenolisch, salzig, torfig und rauchig
Preis €€

Laphroaig – das Islay-Ziel vieler Besucher

tensivere und zügigere Reifung stattfindet. Im Jahre 2005 konnte Laphroaig beim Wettbewerb »Champions of Whisky« den Titel »Der Beste der Besten« entgegennehmen. Bei der »San Francisco World Spirits Competition« 2006 hat Laphroaig die höchsten Auszeichnungen in der Whiskykategorie erhalten. Neben dem Titel »Distiller of the Year« wurde der 30-jährige zum Gesamtsieger »Best Whisky in Show« gewählt. Zudem wurden der 10-, 15- und der 30-jährige sowie der Cask Strength und der Quarter Cask mit Goldmedaillen bedacht. Auch bei der »International Wine & Spirit Competition 2006« erhielten der 10 Years und der Cask Strength den Titel »Best in Class«.

10 Years Strength
Alter 10 Jahre
Alkoholgehalt 55,7 % vol
Duft noch ausgeprägter als der gleichaltrige mit 40 % vol
Geschmack auch im Geschmack noch intensiver als die 40 %-ige Abfüllung
Preis €€€

25 Years
Alter 25 Jahre
Alkoholgehalt 40 % vol
Duft die anfängliche Sherry-Süße wird schnell von Islay-Noten überdeckt
Geschmack reich, rund und voll, mit ausgeprägten Islay-Komponenten
Preis €€€€€ (etwa 250 €)

15 Years
Alter 15 Jahre
Alkoholgehalt 43 % vol
Duft Laphroaig-typisch, reifer und etwas sanfter
Geschmack rund und durch die längere Reifung etwas milder
Preis €€€

Quarter Cask
Alter ohne Altersangabe
Alkoholgehalt 48 % vol
Duft Laphroaig-typisch komplex, mit Aromen von Kokosnuss und Banane
Geschmack voll, tiefe komplexe und rauchige Aromen, mit überraschend leichter Süße
Preis €€

Linkwood

Die Speyside-Destillerie Linkwood liegt von Wald umgeben am Stadtrand von Elgin, in unmittelbarer Nähe des River Lossie. Mit acht Destillerien im Einzugsgebiet der Stadt ist Elgin ein bedeutendes Zentrum der Whiskyindustrie.

Linkwood wurde 1820/21 gegründet und 50 Jahre später komplett neu erbaut. Weitere 100 Jahre später errichtete man ein zweites Stillhouse mit vier Stills und erweiterte damit auf sechs. Genau genommen sind es seither zwei Brennereien, doch bei den Bränden aus den beiden Anlagen gibt es keine Unterschiede, sie fließen unterschiedslos in die Reifefässer.

1933 kam Linkwood zur Distillers Company Ltd. (DCL) und damit über mehrere Stationen zum heutigen Spirituosenmulti Diageo. Dieser bietet ihn in seiner »Flora & Fauna«-Reihe als 12-jährigen an. Während die großen Marken in den »Classic Malts« und deren ältere Abfüllungen in der »Distillers Edition« erfasst sind, werden Knockando, Royal Lochnagar und Cardhu von Diageo einzeln vermarktet. Die »Flora & Fauna«-Reihe schuf man 1992, und heute sind darin 22 Single Malts aus weniger bekannten Brennereien vertreten. Benannt ist die Reihe nach den Etiketten, auf denen ein schottisches Tier oder eine schottische Pflanze abgebildet ist. Linkwood war und ist gut zu bekommen, und als Single Malt gibt es ihn schon lange als Eigentümerabfüllung und in vielen Altersstufen und Jahrgängen von den »Unabhängigen Abfüllern«. Besonders gut ist er bei Gordon & MacPhail vertreten, die ja in Elgin ihren Firmensitz haben. Alle Linkwood Whiskys werden in Deutschland nur von spezialisierten Händlern angeboten, sind aber mit Glück in Jahrgängen bis zurück in das Jahr 1939 zu finden. Dieser wird für schlappe 1.700 € angeboten, aber auch die Jahrgänge 1946 (950 €) oder 1954 für 400 € sind wahre Schnäppchen.

12 Years
Alter 12 Jahre
Alkoholgehalt 43 % vol
Duft leicht süßlich, mit einem Hauch von Rauch und vielseitigen Aromen
Geschmack fruchtig, mit Finesse und vollem Körper
Preis €€€

Loch Lomond

Am südlichen Zipfel von Schottlands größtem See, dem Loch Lomond, in der kleinen Stadt Alexandria liegt die gleichnamige Destillerie. Sie befindet sich knapp nördlich der imaginären Grenze zwischen den Lowlands und den Highlands und zählt zu den Western Highlands.

Loch Lomond ist einzigartig, denn sie ist die einzige Destillerie Schottlands, die Malt und Grain Whisky an einem einzigen Standort produziert. Neben der bereits vorhandenen Malt-Destillerie wurde 1994 eine große, leistungsstarke Grain-Destillerie errichtet, die es ermöglichte, einen Single Blend zu produzieren, einen Blend also, bei dem alle enthaltenen Whiskys in ein und derselben Brennerei hergestellt werden. Eine Novität in der Geschichte des Scotch und ein Whisky, den so keine andere Brennerei Schottlands anbieten kann!

Inhaber von Loch Lomond ist das Whiskyhandelsunternehmen Glen Catrin. 1985 wurde Loch Lomond erworben, und auch die Destillerien Glen Scotia und Littlemill sind Teil des Unternehmens, das auch eine große Zahl von Whiskyhandelsmarken herausgibt. In Deutschland sind der Blended Scotch Dean's (siehe Seite 129), der Loch Lomond Blend und zwei Single Highland Malts erhältlich.

Single Highland Malt
Alter ohne Jahresangabe
Alkoholgehalt 40 % vol
Duft von feiner Süße und leicht rauchig
Geschmack weich und geschmeidig, nachhaltig und mild im Abgang
Preis €

Single Highland Malt 21 Years
Alter 21 Jahre
Alkoholgehalt 40 % vol
Duft blumig mit leicht rauchiger Note
Geschmack harmonisch, mit leichter Honignote, malzig und mit leicht torfrauchigem Abgang
Preis €€

Single Highland Blend
Alter ohne Jahresangabe
Alkoholgehalt 40 % vol
Duft feine Süße mit leicht rauchiger Note
Geschmack würzig und trocken, mit einem Hauch Sherryfasstönung
Preis €

Royal Lochnagar

Die Royal Lochnagar Distillery liegt in den East Highlands am Fluss Dee, nur etwa eine Meile entfernt von der königlichen Residenz Balmoral Castle. Sie trägt seit 1848 den ehrenden Beinamen »Royal« – als Folge eines Besuchs von Queen Victoria und Prince Albert.

Royal Lochnagar liegt im Tal des Dee zwischen Ballater und Braemar, direkt am Fuß des Lochnagar. Sie ist die einzige Brennerei in dieser Region. John Begg erbaute 1845 die Anlage, und nur sie hat in dem von Schwarzbrennern geschätzten Tal überlebt. Nach John Begg führte sein Sohn das Unternehmen, und er erweiterte die Aktivitäten mit dem erfolgreichen Blend »John Begg Blue Cap«. Dieser basiert bis heute noch auf dem Malt von Royal Lochnagar. 1916 wurde die Firma Teil der Distillers Company Ltd. (DCL) und kam damit zur heutigen Diageo. Royal Lochnagar zählt mit ihren zwei kleinen Stills und einer Jahresproduktion von etwa 4.000 Hektolitern zu den kleineren Brennereien. Den Whisky von Lochnagar gibt es schon lange als 12-jährigen Single Malt. Er war einer der ersten, die umfassend vermarktet wurden und auch immer preisgünstig waren. Seit neuerer Zeit ist er in die Reihe der »Classic Malts« von Diageo aufgenommen. In dieser wurden bisher sechs Single Malts unterschiedlicher Regionen vermarktet. Dazu kamen 2005 in die erweiterte Reihe neben dem Royal Lochnagar auch die Speyside-Whiskys Knockando und Glen Elgin und der Highland Whisky Clynelish. Von den zahlreichen Malts der Diageo wurden bisher nur Royal Lochnagar, Cardhu und Knockando einzeln vermarktet. Für die weniger bekannten schuf man die »Flora & Fauna«-Reihe. Royal Lochnagar gibt es nur in wenigen Abfüllungen. Neben dem 12 Years sind die wichtigsten der exklusive und sehr teure Selected Reserve (etwa 230 €) und die 30 Jahre alte Destillerieabfüllung 1974/2004 der früheren Reihe »Rare Malts« für etwa 130 €.

12 Years
Alter 12 Jahre
Alkoholgehalt 40 % vol
Duft mild-malzige Süße, etwas Gewürze, Honig und Vanille, leicht rauchig
Geschmack leicht, trocken, fruchtig, mit leichter, malziger Süße im Nachklang
Preis €€

Monkey Shoulder

Eine »blendende« Idee wurde bei William Grant & Sons im Jahre 2008 verwirklicht. In diesem Jahr schuf man den famosen Triple Malt Whisky »Monkey Shoulder«. Für ihn werden nur Whiskys aus den drei zu Grant´s gehörenden und in Dufftown/Speyside ansässigen Destillerien Glenfiddich, Balvenie und Kininvie verwendet.

Grant´s war 1963 die erste schottische Whiskydestillerie, die mit dem Glenfiddich einen Single Malt Whisky vermarktete. Dieser Idee wurde damals kein großer Erfolg vorausgesagt, doch erweckte man damit den Ur-Whisky zu neuem Leben. Die Malt-Whisky-Fans dankten es dem Unternehmen damit, dass bis heute etwa ein Drittel des Malt-Whisky-Konsums auf den Glenfiddich entfällt (siehe Glenfiddich Seite 58 und Balvenie Seite 28). Nachdem man mit dem 1999 eingeführten Hendrick´s Gin wieder einmal Trendsetter war, startete man im April 2005 mit dem »Monkey Shoulder« den Versuch, in das Marktsegment der jüngeren Whiskykonsumenten vorzudringen. Die klassischen Malt-Trinkregeln sind beim Monkey Shoulder außer Kraft gesetzt und man verstößt gegen kein Sakrileg, wenn man ihn verlängert trinkt oder zum Mixen einsetzt. Verwendet werden für den Blended Malt Monkey Shoulder nur die Malt Whiskys aus den drei oben genannten Destillerien. Deren Whiskys werden, wenn das richtige Alter erreicht ist, in großen Tanks für mehrere Monate »verheiratet« und dann zur weiteren Reifung nochmals in Holzfässer gefüllt. Die jugendliche Frische der Einzelwhiskys verleihen dem Monkey Shoulder eine herbe Eleganz und angenehme Leichtigkeit, die seine Vielseitigkeit begründen. Die mit drei Affen geschmückte Flasche und auch der Name haben ihren Ursprung in der Mälzerei. Als monkey shoulder bezeichnete der Brennerei-Slang den Muskelkater, den sich Destilleriearbeiter früher beim stundenlangen Wenden des Malzes mit der hölzernen Schaufel zuzogen.

Monkey Shoulder
Alter ohne Altersangabe
Alkoholgehalt 40 % vol
Duft solide Rauchtöne, feine Fruchtaromen und eine dezente Nussigkeit
Geschmack eher trocken und leicht, mit leichter Malzsüße. Sehr ausgewogen und sanft, mit Noten von Vanille, Nüssen und Karamell
Preis €€

Macallan

The Macallan liegt im Zentrum der Speyside-Region, gegenüber von Craigellachie, am River Spey. Mit Titeln wie »der ungekrönte König im Reich der Single Malts« und »Rolls Royce unter den Malts« ehren Whiskyfans die außergewöhnliche Qualität.

Macallan wurde 1824 erbaut und erhielt im gleichen Jahr als eine der ersten nach The Glenlivet die Lizenz. 1892 verkaufte Roderick Kemp seinen Anteil an der Talisker Distillery und übernahm die damalige Macallan-Glenlivet. Er und seine Nachfahren führten Macallan mit konsequentem Qualitätsbewusstsein in die oberste Liga. Heute ist Macallan die drittgrößte Malt-Brennerei Schottlands und belegt in den Flaschenverkaufszahlen den fünften Platz. Das Renommee, einer der besten Whiskys zu sein, wurde durch viele Umstände erreicht. Seit den 1950er Jahren wurde mehrfach umgebaut und erweitert, und 1964 bis 1966 errichtete man direkt neben der alten eine neue Brennerei. Man arbeitet inzwischen mit 21 Pot Stills, diese sind aber die kleinsten in der Speyside-Region, und alle sind originale Nachbauten der ersten.

Die Fässer von Macallan

Der Erfolg beruht aber auch auf der Erkenntnis, dass die Fasswahl mit ausschlaggebend für die Qualität ist. Macallan reift ausschließlich in Sherryfässern, und dabei kommen nur ehemalige Oloroso-Fässer zum Einsatz. Als man mit dem Nachschub immer größere Schwierigkeiten hatte, war Macallan die erste Firma, die in Spanien auf eigene Rechnung Fässer herstellen ließ. Diese Fässer wurden dann an Sherryproduzenten verliehen und später für die eigenen Zwecke verwendet. Der Einfluss der Oloroso-Fässer ist seit jeher eine prägende Eigenheit bei den Macallan-Whiskys. Groß war daher die Überraschung, als 2004 die Reihe »Fine Oak« auf den Markt gebracht wurde. Ob man mit diesen vorwiegend in amerikanischer Eiche gereiften Versionen die expandieren-

12 Years
Alter 12 Jahre
Alkoholgehalt 40 % vol
Duft komplex, mit einem Hauch von Früchten und Vanille
Geschmack mittelschwer, ausgewogen, fruchtig, eichentönig und würzig
Preis €€

18 Years
Alter 18 Jahre
Alkoholgehalt 43 % vol
Duft berauschendes, exotisch-blumiges Aroma, mit einem Hauch von Jasmin, tropischen Früchten und Torf
Geschmack weich, vollmundig, leicht zitrusartig, würzig, mit Holzrauch- und Orangennote
Preis €€€€

25 Years
Alter 25 Jahre
Alkoholgehalt 43 % vol
Duft volles, robustes Aroma, ein Hauch von Pfirsich, Blutorange und würziger Holznote
Geschmack vollmundig, nach Kokos und Vanille, Zitrone und Torf, langer, leicht würziger Nachklang
Preis €€€€€

30 Years
Alter 30 Jahre
Alkoholgehalt 43 % vol
Duft voll, exotisch, berauschend aromatisch, nach Orangen
Geschmack vollmundig, nach Macadamianuss und Vanille, mit einem Hauch von Sandelholz und Schwarzkirsche, weich und elegant
Preis €€€€€

den Märkte in Europa und Asien bedienen will oder ob aufgrund des Erfolgs schlichtweg die Vorräte an im Sherryfass gereiften Malt nicht ausreichen, ist die Frage. Zugleich wurde die neue Flaschenform eingeführt, und man legte sich das hoheitsvolle »The« zu.

Macallan wurde seit 1966 an der Börse gehandelt und bis 1996 als eines der letzten unabhängigen Familienunternehmen ausschließlich von den Nachfahren von Roderick Kemp geleitet. Dass man einen früheren finanziellen Engpass mit dem Verkauf von 25 % der Aktien an den japanischen Spirituosenkonzern Suntory überbrückt hatte, führte zur Übernahme durch die Highland Distillers, die kurz darauf selbst in der The 1887 Group aufgingen. Die Highland Distillers, die wie Rémy Cointreau bereits seit den 1970er Jahren an Macallan Beteiligungen hielten, schlossen einen nicht erwarteten Pakt mit Suntory und verfügten damit über die Mehrheit am Aktienpaket.

Außer den vier hier abgebildeten Whiskys gibt es die 15 und 21 Years Old, und der deutsche Importeur bietet auch die Replica 1841 und 1876 sowie den Jahrgang 1946 an. Die Replica sind Vatted Malts im alten Stil und kosten um die 200 €, der 1946er etwa 2.500 €. Des Weiteren sind eine ungewöhnlich große Zahl an Jahrgängen und Abfüllungen der »Unabhängigen« bei spezialisierten Händlern zu finden.

Oban

Die Oban-Destillerie liegt an der Westküste Schottlands und ist eine der wenigen, die inmitten einer Stadt erbaut wurden. Von Oban (kleine Bucht) aus erreicht man über das Loch Linnhe den Caledonian Canal, der durch das Loch Ness bis Inverness führt.

Die Destillerie liegt unweit des Hafens, und vom Hafen aus genießt man einen unglaublichen Ausblick auf die Destillerie und auf die dahinter nach oben wachsende und von einer Rekonstruktion des römischen Kolosseums gekrönte Stadt. Oban ist das Zentrum der westlichen Highlands und besonders in den Sommermonaten eine von Touristen stark frequentierte Stadt. Von hier aus sind per Fähre die Hebriden-Inseln Mull und Islay erreichbar, oder man nutzt die Straße, von der man über Fort William nach Inverness, in die Central Highlands oder Skye gelangt. Die Brennerei wurde 1794 gegründet und 1923 von Dewar übernommen. Zwei Jahre später trat Dewar der DCL bei, und damit kam Oban auch zum Nachfolger Diageo. Der Bekanntheitsgrad des Oban Single Malts wuchs durch die Aufnahme in die 1988/89 eingeführte »Classic Malts«-Reihe, in der er seither als 14-jähriger geführt wird. Diesem zur Seite steht in der »Distillers Edition« eine Abfüllung, die in Montilla-Fino-Fässern eine zusätzliche Reife erhielt. Auf diesen ist das jeweilige Destillations- und Abfülljahr angegeben.

Weitere Destillerieabfüllungen sowie den 20 Years (2004) und 32 Years (2002) gibt es in der Reihe »Special Releases«.

14 Years
Alter 14 Jahre
Alkoholgehalt 43 % vol
Duft etwas Rauch, malzig, fruchtig, mit Seeluftnote
Geschmack nach reifem Obst, würzig, Honignote, malzig, trocken und nach etwas Rauch
Preis €€

Distillers Edition 1990
Alter destilliert 1990/abgefüllt 2002
Alkoholgehalt 43 % vol
Duft nach trockenem Montilla-Fino-Holz, fruchtig, mit Seeluftnote
Geschmack süß, nach Früchten, mit maritimem Charakter
Preis €€€

Old Pulteney

Die Pulteney Distillery in den Northern Highlands ist die am nördlichsten gelegene Brennerei des schottischen Festlandes. Sie befindet sich inmitten der Hafenstadt Wick, eingebettet in eine der Nordsee zugewandten, erregenden Küstenlandschaft.

Pulteney wurde 1826 von James Henderson gegründet und nach Sir William Pulteney, dem damaligen Gouverneur der britischen Fischereigesellschaft, der 1810 Teile des Städtchens mitsamt des Fischereihafens erbaute, benannt. Zum Zeitpunkt der Gründung der Destillerie zählte Wick zu den größten Heringsfischereihäfen der Welt und war die Metropole der Salzheringe. Die Destillerie war damals auch nur von der See her zu erreichen, und die See prägt bis heute den Whisky mit salzigen Nuancen. Diese Salzigkeit brachte dem Pulteney auch den Titel »Manzanilla des Nordens« ein. Der Namensbestandteil »Old« weist nicht auf das Alter der Destillerie hin, sondern darauf, dass dieser Malt ausnehmend schnell reift. Bis 1925 war Pulteney in Familienbesitz, und die Distillers Company Ltd. (DCL) als neuer Inhaber legte die Brennerei von 1930 bis 1951 still. Ein Grund dafür war sicher auch, da die Fischer dem Whisky kräftig zusprachen, die von 1922 bis 1947 verhängte Prohibition. Der nächste Besitzer verkaufte sie vier Jahre später an Hiram Walker (Ballantine's), danach kam sie aufgrund einer Fusion zu Allied Domecq, die Pulteney 1995 an Inver House Distillers (InterBev) verkauften. Bis dahin war Old Pulteney recht unbekannt, da er fast ausschließlich für Blends, darunter hauptsächlich für Ballantine's verwendet wurde. Er wurde zwar von den »Unabhängigen Abfüllern« angeboten, doch als Single-Malt-Eigentümerabfüllung kam er erst 1997 auf den Markt. Heute gibt es ihn als 12- und 17-jährigen sowie mit den Jahrgängen 1983 (21 Years), 1986 und 1991.

12 Years
Alter 12 Jahre
Alkoholgehalt 40 % vol
Duft intensiv und komplex, feines Bouquet, frisch, trocken und leicht salzig
Geschmack trocken, mittelschwer, leicht rauchig und von der Seeluft geprägt
Preis €€

Rosebank

Die westlich von Edinburgh gelegene Lowland Distillery Rosebank wurde 1993 stillgelegt. Dies stieß bei Whiskykennern auf Unverständnis, denn Rosebank galt als der qualitativ bessere Lowland Whisky im Portfolio der Inhaberfirma Diageo.

Die Rosebank Distillery, ursprünglich sicherlich außerhalb Falkirks gelegen, befindet sich heute in einer reinen Industriegegend am alten Forth-Clyde-Kanal, und die einst namensgebenden Rosenbüsche an den Ufern sind auch nur noch spärlich vorhanden. Vielleicht war die unromantische Entwicklung ausschlaggebend dafür, dass die Entscheidung zur Schließung Rosebanks führte. Trotz heftiger Proteste wurde mit Glenkinchie eine andere zum Konzern gehörende Destillerie bevorzugt, als es um die Aufnahme eines Lowland Malts in die »Classic Malts«-Reihe ging. Glenkinchie lässt sich sicher besser vorzeigen, denn sie liegt idyllisch inmitten der Natur, und nicht am Stadtrand an einer stark befahrenen Hauptstraße. Wie dem auch sei, Kenner schwören auf Rosebank und bezeichnen ihn als den elegantesten Lowland Whisky.

Die Anfänge von Rosebank sind etwas unklar, auf den Etiketten erfährt man aber 1840 als Gründungsjahr. Rosebank kam bereits 1914 in den Besitz der Distillers Company Ltd. (DCL), dem Vorläufer des letzten Inhabers Diageo. Bis auf die Jahre 1917 bis 1919 war Rosebank immer in Betrieb, und es wurde ausschließlich dreifach destillierter Malt Whisky produziert. Rosebank-Fans kann man also nur raten, sich mit dem rarer werdenden Whisky einzudecken, denn neuere Meldungen besagen, dass eine Wiederbelebung der Destillerie kategorisch verneint wird. Aktuell sind der 12-jährige Single Malt der »Flora & Fauna«-Reihe, sowie ältere aus der Reihe »Rare Malts« zu haben, des Weiteren zahlreiche Jahrgänge der »Unabhängigen Abfüller«.

12 Years
Alter 12 Jahre
Alkoholgehalt 43 % vol
Duft charakterstark, mit Nuancen von Torf, Malz und Gewürzen
Geschmack klassischer Lowland von außergewöhnlicher Eleganz, trocken, weich und gut ausbalanciert
Preis €€€

Scapa

Scapa auf den Orkney Islands und die ebenfalls dort ansässige Highland Park Distillery sind die am nördlichsten gelegenen Whiskydestillerien Schottlands und sie waren auch bis zur Gründung der schwedischen Mackmyra Destillerie im Jahre 1999 die nördlichsten der Welt.

Scapa wurde 1885 eröffnet und »ist sicherlich eine der vollständigsten und bestausgestattesten Destillerien im Königreich«, so schrieb schon Alfred Barnard 1887 in seinem legendären Werk über die Destillerien Schottlands. 1919 wurde Scapa Eigentum der Scapa Distillery Company, und 1954 übernahm der kanadische Spirituosenkonzern Hiram Walker (Canadian Club) die Destillerie. Während der nächsten 40 Jahre verschwand der Scapa Whisky in den Blends von Ballantine's und später auch im Teacher's. Die Flaschenabfüllungen wurden selten und meist nur von den »Unabhängigen Abfüllern« angeboten. Erst 1994 kamen dauerhaft original Scapa-Single-Malt-Abfüllungen heraus, zuerst mit 10, dann 12 und jetzt mit 14 Jahren. Hiram Walker, die inzwischen Teil des Spirituosenmultis Allied Domecq wurden, stellten 1994 den Brennereibetrieb ein und ließen dann ab 1997 wieder sporadisch brennen. Nach umfangreichen Investitionen wurde 2004 wieder im Dauerbetrieb gearbeitet, doch durch die Auflösung von Allied Domecq war ein halbes Jahr später wieder Schluss. Seit 2005 ist der französische Spirituosenmulti Pernod Ricard Inhaber von Scapa, und was mit Scapa in Zukunft geschieht, ist nicht bekannt. Die Vorräte zur Abfüllung des 14-jährigen dürften aber für einige Jahre reichen. Obwohl Scapa in ihren Betriebsjahren mit ihren drei festen Mitarbeitern nur etwa 200.000 Liter jährlich produzierte, wäre es schade, wenn man Scapa schließen würde, noch dazu, da eine andere Gruppe sogar eine Destillerie auf den Shetland-Inseln plant.

14 Years
Alter 14 Jahre
Alkoholgehalt 40 % vol
Duft mild und fruchtig, mit einem Hauch Honig und Heidekraut
Geschmack ausgeglichen, reif und rund, mit einem Hauch süßer Würze und ganz leichtem Geschmack nach Jod und Salz
Preis €€

Speyburn

Die Speyburn-Destillerie liegt im Zentrum der Speyside-Region, nahe dem Örtchen Rothes. Speyburn (sprich: Spéj-börn) wurde 1887 erbaut, und mit allen Mitteln versuchte man, die Brennerei in diesem Jahr fertigzustellen.

Der Anlass für diese Eile war, dass man Whisky aus dem 50. Jubiläumsjahr der Krönung von Königin Victoria haben wollte. Die Destillerie wurde nicht fertig, aber dick vermummte Arbeiter konnten in dem fenster- und türlosen Gebäude wenigstens ein Fass produzieren. Die Destillerie wurde 1916 an die Distillers Company Ltd. (DCL) verkauft und blieb bis 1991 im Besitz der daraus entstandenen United Distillers. Diese verkauften an Inver House, zu der auch die Brennereien Knockdhu (An Cnoc), Old Pulteney, Balblair

Die wunderschön gelegene Speyburn-Destillerie

und Balmenach gehören. Inver House wiederum ist im Besitz der thailändischen International Beverage Holdings (InterBev), agiert aber weitgehend als selbstständiges Unternehmen. Dieser erste Verkauf einer Destillerie von UD erregte damals einiges Aufsehen, da sie die erste der DCL-Brennereien war, die von UD weiterverkauft wurde. Kurz vorher wurde erstmals eine offizielle Abfüllung angeboten. Bis 1990 war er nur von den »Unabhängigen Abfüllern« zu bekommen, und diese bieten ihn in Jahrgängen zurück bis 1971 an. Seit der Übernahme durch Inver House wird Speyburn in der Regel mit 10 und 21 Jahren angeboten. Die Single Malts von Speyburn sind vom Stil her sehr charaktervoll und fruchtig.

10 Years
Alter 10 Jahre
Alkoholgehalt 40 % vol
Duft mild und weich, mit Torf-, Heide- und Honigaroma
Geschmack mittelschwer und süß, mit Spuren von Honig und Kräutern
Preis €€

The Speyside

Speyside ist neben Kininvie in Dufftown und Arran auf der Insel Arran eine der drei in den 1990er Jahren neu erbauten schottischen Brennereien. Die Destillerie liegt zwar am River Spey, doch weit innerhalb der Highlands.

Speyside ist gleich weit entfernt von der Speyside-Brennerei Balmenach in Grantown-on-Spey und der in den Highlands liegenden Dalwhinnie. Unweit der Stelle, wo die neue Brennerei steht, wurde schon 1895 bis 1911 eine Speyside Distillery betrieben. Sie liegt unweit des Dörfchens Kingussie an der Mündung des Tromie, der dort in die Spey mündet. Die Idee zum Neubau stammte von George Christie, der im Whiskygeschäft kein Unbekannter war. Er begann 1962 mit dem Neubau dieser kleinen und sehr schmucken Brennerei. Man achtete auf viele Details, verwendete nur den grauen Stein, der schottische Häuser so schön macht, und verfuhr auch bei der Inneneinrichtung sehr traditionell. Ausgerüstet wurde die Anlage mit zwei Stills. Bis 1990 zogen sich die Bauarbeiten hin, und dann geschah, was viele nicht mehr geglaubt hatten, am 12.12. des Jahres floss der erste Whisky. Drei Jahre später, exakt nach der vorgeschriebenen Mindestlagerzeit, wurde eine kleine »Limited Edition« als Dankeschön für Freunde und Helfer beim Bau der Brennerei abgefüllt. Als erhältliche Whiskys wurde erst ein Vatted mit dem Namen Glentromie und dann ein Single Malt mit dem Namen Drumguish abgefüllt. Benannt wurden die beiden nach dem Flüsschen Tromie und dem benachbarten Ort Drumguish. 1999 gab es dann den ersten 8-jährigen Single Malt unter dem Destillerienamen und 2000 eine Milleniumabfüllung im Glasdekanter. Aktuell ist der hier vorgestellte 12-jährige. Spezialisierte Händler bieten einen 3-jährigen Drumguish und einen 1994/2006er eines »Unabhängigen« an.

12 Years
Alter 12 Jahre
Alkoholgehalt 40 % vol
Duft ausgewogen, mit etwas Süße, Mandelnote und leichtem Torfrauch
Geschmack feiner Nachklang mit Karamell und einer Spur Vanille
Preis €€

Springbank/ Longrow

Die Springbank Distillery in Campbeltown, auf der Halbinsel Kintyre, zwischen den Inseln Islay und Arran gelegen, ist neben Glen Scotia und der wieder eröffneten Glengyle die letzte in dieser Whiskyregion.

Springbank blickt auf eine lange Geschichte zurück, und viele traditionelle Werte zeichnen dieses Unternehmen aus. Das Betriebsgelände der Brennerei erlebte wenige Veränderungen, und einige der Gebäude stammen noch aus der Gründerzeit. Erbaut wurde sie 1828, und 1837 übernahm die Familie Mitchell die Brennerei. Seither ist sie in Besitz der Familie verblieben und wird bereits in der siebten Generation auch von ihr geführt. Neben Glenfiddich und Glenfarclas ist sie der letzte unabhängige Familienbetrieb im schottischen Whiskygeschäft. Vom Torfstechen bis zum Mälzen geschieht alles nach traditionellem Muster und in eigener Regie. Auch das Abfüllen geschieht in der Destillerie, und nur bei Glenfiddich wird auch dieser Arbeitsgang noch im Hause selbst vorgenommen. Neben dem Springbank werden mit dem Longrow ein zweiter und mit dem Hazelburn seit 1997 ein dritter Malt Whisky erzeugt.

Springbank, Longrow und Hazelburn

Während Springbank mit Ausnahme der Jahre 1926 bis 1935 und 1980 bis 1988 immer in Betrieb war, gibt es Longrow erst seit 1973 wieder. Die alte Longrow-Destillerie stand bis Ende des 19. Jahrhunderts neben Springbank, und auf dem Gelände steht heute die Abfüllhalle von Springbank. Hazelburn hingegen trägt den Namen der einst größten Destillerie in Campbeltown. Sie wur-

Springbank 10 Years
Alter 10 Jahre
Alkoholgehalt 46 % vol
Duft aromatisch, nach süßen Früchten, Honig, mit feiner Torfnote
Geschmack ausgewogen, mit tiefem und feinem Malzton, würzig und salzig
Preis €€

**Springbank 10 Years
100 Proof**
Alter 10 Jahre
Alkoholgehalt 57 % vol
Duft sehr komplex, aromatisch, fein torfig und salzig
Geschmack ausgewogen, ölig, würzig und mit legendärer Salznote
Preis €€

**Longrow 10 Years
100 Proof**
Alter 10 Jahre
Alkoholgehalt 57 % vol
Duft intensiv, malzig, stark torfig
Geschmack voll und heftig, stark phenolisch, mit spürbar rauchigem Nachklang
Preis €€€€

**Longrow 10 Years
1995/05 Tokaji Finish**
Alter 10 Jahre
Alkoholgehalt 55,6 % vol
Duft nach Gewürzen und Orangen, Karamell und Wein
Geschmack ausgewogen, mit etwas Süße, leicht trocken und mit langem Nachklang
Preis €€€€

de wahrscheinlich 1796 erbaut und dient seit 1925 nur noch als Lagerhaus. Hazelburn kam im Jahr 2005 erstmals in der Neuzeit als 8-jähriger auf den Markt und wird nun als 10-jähriger erwartet. Ein weiterer Whisky von Mitchell ist der Glengyle. Diese 1872 vom Urgroßvater der Mitchells erbaute Campbeltown-Brennerei fiel 1925 der großen Krise zum Opfer und war 75 Jahre geschlossen. Seit 2004 ist sie wieder in Betrieb, und 2012 oder 2014 wird wohl der erste Glengyle Malt abgefüllt werden.

Springbank verfügt über drei Stills, die eine nur bei Springbank angewendete Form der Dreifachdestillation erlauben. Dieses ermöglicht die Herstellung der drei unterschiedlichen Whiskys. Bereits beim Malz beginnen die Unterschiede. Während man die Intensität des Malzes für den Springbank als mittel beschreiben kann, wird für den Longrow sehr intensiv getorftes Malz verwendet und für den Hazelburn ungetorftes Malz eingesetzt. Beim Brennvorgang ist der erste Durchlauf bei allen gleich. In der Regel wird das beim zweiten Brennvorgang abgeleitete Mittelstück in die Reifefässer gegeben, für den Springbank und den Hazelburn wird dieser jedoch ein drittes Mal destilliert. Beim Longrow wird der gesamte zweite Durchlauf ein drittes Mal gebrannt. Mit seinem rauchig-torfigen und salzigen Charakter ähnelt er den intensiven Islay Malts. Auch beim Springbank ist die Salznote sehr ausgeprägt.

Strathisla

Strathisla ist die älteste Destillerie der Speyside-Region und eine der ältesten Schottlands überhaupt. Sie ist eine der vier Destillerien des Ortes Keith und gilt als eine der schönsten Brennereien der Speyside und ganz Schottlands.

Strathisla (gesprochen: straß-ei-la) wurde 1786 unter dem Namen Milltown gegründet, und erst nach mehreren Namenswechseln bekam sie vom Flüsschen Isla ihren heutigen Namen. Zahlreiche Besitzerwechsel und Katastrophen begleiten die Brennerei bis zu ihrem endgültigen sicheren »Hafen«, den ihr die Chivas Brothers ab 1949 boten. Diese machten sie zur Nummer eins ihrer Destillerien, und seither wird sie gehegt und gepflegt. Chivas selbst kam von ihrem damaligen Eigentümer Seagram nach dessen Auflösung im Jahr 2000 zu Allied Domecq und schließlich 2005 zum französischen Spirituosenmulti Pernod Ricard. Bis heute ist Strathisla der führende Malt im Chivas Blend, und erst seit einigen Jahren gibt es ihn als 12-jährige Single-Malt-Eigentümerabfüllung. Bis dahin gab es ihn nur von den »Unabhängigen«, und dabei hauptsächlich von Gordon & MacPhail, die ihn in einer Vielzahl von Versionen und Jahrgängen anbieten. Darunter sind Abfüllungen bis zurück in das Jahr 1948 und mehrere aus den 1950er und 1960er Jahren zu finden.

12 Years
Alter 12 Jahre
Alkoholgehalt 43 % vol
Duft wundervolles Aroma nach Früchten und Blumen, mit leichter Sherrynote
Geschmack gut ausbalanciert, fruchtig, leicht trocken, mit einer Spur Torf und Karamell, langer und sanfter Nachklang
Preis €€

25 Years
Alter 25 Jahre
Alkoholgehalt mit Fasstärke und 57,2 % vol
Duft wunderbares, harmonisches fruchtig-süßes Aroma
Geschmack komplex, würzig, fruchtig, mit Sherrynote und wundervollem Nachklang mit zartem Rauch
Preis €€€€€

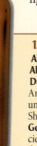

Tamdhu

Tamdhu liegt im Herzen der Speyside-Region fast direkt am River Spey, etwas südwestlich von Aberlour. Sie ist vom Fluss nur durch den Speyside Way getrennt, und dieser wird wandernd oder Rad fahrend genutzt, um die Destillerien der Region zu besuchen.

Tamdhu, was »grüner Hügel« bedeutet, wurde 1897 erbaut. Der damalige Whiskyboom führte zu einer verstärkten Nachfrage nach Malt Whisky für die damals aufkommenden Blends. Doch bereits ein Jahr später gingen die Erbauer,

Schafe sind in Schottland allgegenwärtig

die Brüder Pattison, Bankrott. Sie hatten ungehemmt expandiert, und als die Produktion die Nachfrage überholte, kam der Zusammenbruch. Die Highland Distillers, heute als The Edrington Group/The 1887 Group bekannt, übernahmen 1899 die Brennerei und besitzen sie noch heute. In den Jahren 1911 bis 1913 und 1927 bis 1947 war Tamdhu geschlossen, wurde aber 1972 von zwei auf vier und 1976 auf sechs Stills erweitert. Als einzige Speyside-Destillerie stellt man das ganze Malz für die eigene Produktion selbst her und beliefert damit auch umliegende Brennereien. Alle Komponenten des Tamdhu, das Wasser der eigenen Quelle, die Gerste und der Torf stammen aus der unmittelbaren Umgebung. Die Besitzer von Tamdhu verwenden den Malt für ihren Blend The Famous Grouse und auch in den Blends Cutty Sark, J & B und Lang's spielt der Tamdhu eine Rolle. Als Single-Malt-Eigentümerabfüllung gibt es Tamdhu ohne Jahrgang und mit 18 und 25 Jahren. Weitere, bis 1962 zurückreichende Abfüllungen sind von den »Unabhängigen« zu haben.

Tamdhu
Alter ohne Jahrgang
Alkoholgehalt 40 % vol
Duft volles, frisches Aroma und dezent rauchig
Geschmack leicht bis mittelschwer, weich und vollmundig mit leichter Süße
Preis €€

Talisker

Im Nordwesten Schottlands, auf der Hebriden-Insel Skye, wurde 1830 die Talisker Distillery erbaut. Sie ist die einzige Brennerei auf dieser großen Insel, und ihr berühmter Whisky genießt einen legendären Ruf.

Ein Besuch bei Talisker lässt sich nicht mit Stippvisiten bei anderen Destillerien verbinden, denn an der meist genutzten Route von Fort William aus in den Nordwesten findet sich keine weitere Brennerei. Auf Skye erwartet den Besucher dann allerdings eine der berühmtesten schottischen Destillerien. Talisker liegt im Südwesten der Insel, nahe dem Ort Carbost, am Ufer des Meeresarms Loch Harport. Vom Destilleriegelände hat man einen gigantischen Ausblick auf die meist schneebedeckten Gipfel der Cuillin Hills, die mit ihren drei über 1.000 Meter hohen Gipfeln für britische Verhältnisse fast schon als Hochgebirge gelten. Talisker wurde nach mehreren gescheiterten Versuchen am heutigen Standort erbaut und nach einer mehrere Meilen entfernt liegenden Farm benannt.

Stark torfig und begehrt

Ihre Gründer, die Brüder MacAskill, betrieben die Brennerei bis 1863, und ihnen folgten mehrere Besitzer. Darunter ab 1888 auch Alexander Allen und Roderick Kemp, der später die Macallan-Destillerie kaufte. Streitigkeiten um die Erlaubnis für den Bau eines Piers waren der Anlass, das Kemp 1892 entmutigt aufgab und seinen Anteil verkaufte. Drei Jahre später schloss sich Alexander Allen mit Thomas MacKenzie, dem Haupteigner von Dailuaine, der damals größten schottischen Malt-Destillerie, zusammen. Als dieser 1916 verstarb, übernahm ein Konsortium von John Dewar & Sons und John Walker & Sons die Talisker-Destillerie. Mit den beiden Whiskyriesen Dewar und Walker kam Talisker 1925 zum DCL-Imperium und

10 Years
Alter 10 Jahre
Alkoholgehalt 45,8 % vol
Duft eindringlich, charaktervoll, stark nach Torf, mit salziger Note
Geschmack kräftig, deutlich torfig, stark rauchig, nachhaltig
Preis €€

somit später zum heutigen Besitzer Diageo. Bis 1928 wurde bei Talisker dreifach destilliert, danach ging man zur fast überall praktizierten zweifachen Destillation über. Die Brennerei arbeitet mit fünf Stills und produziert etwa 19.000 Hektoliter jährlich. Der Whisky von Talisker ist sehr torfig, ein Umstand, der auf das rotbraune und intensiv torfige Wasser der Brennereiquelle und nicht auf starkes Torfen des Malzes zurückzuführen ist. Abgefüllt wurde Talisker früher bereits mit acht Jahren und seit der Aufnahme in die »Classic Malts« mit zehn Jahren. Im Jahr 1997 wurde mit der »Distillers Edition« eine zweite »Classic Malts«-Reihe eingeführt. In diese wurden die Whiskys der gleichen Brennereien aufgenommen, allerdings in anderer Beschaffenheit. Nur wenige Fässer der jeweiligen Malts erfahren in einem Sherry- oder Portweinfass eine zweite, zusätzliche Reifung. Das Etikett jeder Flasche gibt Auskunft über das Destillations- und Abfülljahr. Der Talisker dieser Reihe erfährt seine zweite Reifung in einem Amoroso-Sherryfass. Amoroso (Oloroso) sind körperlich wuchtige Sherrys mit ausgeprägtem Nussaroma. Weitere außergewöhnliche Whiskys sind in den »Special Releases«-Sonderabfüllungen zu finden. Es gibt sie als 20 und 28 Years und 175 Anniversary Bottling von 2005.

Distillers Edition
Alter destilliert 1991/abgefüllt 2002
Alkoholgehalt 45,8 % vol
Duft stark torfig, rau, eindringlich, mit süßer Sherrynote
Geschmack maskulin, machtvoll, rauchig, starker Torfcharakter
Preis €€€

18 Years
Alter 18 Jahre
Alkoholgehalt 45,8 % vol
Duft weich, kräftig, rauchig, mit Karamell- und Früchtenote
Geschmack ausgewogen, voll, eindringlich torfig und rauchig
Preis €€€

25 Years
Alter 25 Jahre/abgefüllt 2004
Alkoholgehalt 57,8 % vol
Duft fruchtig und trocken, unterschwellig Rauch und Torf
Geschmack komplex und ohne Schärfen, süß und sanft, weniger rauchig als die jüngeren Abfüllungen
Preis €€€€

Tamnavulin

Tamnavulin (gesprochen: tamnawuhlin) bedeutet »Mühle am Hügel«, und neben einer solchen wurde sie erbaut. Sie ist die einzige Brennerei, die sich neben dem Original »The Glenlivet« als Glenlivet bezeichnen könnte, denn sie liegt tatsächlich am Ufer des Livet.

Als eine der neueren Destillerien in Speyside wurde Tamnavulin 1965/66 erbaut. Sie ist eine der modernsten der Region, in der alle Möglichkeiten moderner Technologie genutzt werden »könnten« – wenn die Destillerie nicht geschlossen und »eingemottet« wäre. Die vom Whiskyproduzenten Invergordon erbaute und betriebene Destillerie wurde 1978 erstmals verkauft und erlebte zusammen mit dem Mutterkonzern und weiteren Malt-Brennereien sehr stürmische Zeiten. Im Jahr 1978 erfolgte die erste Übernahme, 1988 war man wieder selbstständig, 1994 wurde man von American Brands (Jim Beam) geschluckt, und seit 2001 ist man wieder Herr im eigenen Haus. In all diesen Jahren arbeiteten die dazugehörenden Brennereien unter verschiedenen Besitzern, wurden geschlossen und wieder geöffnet. 1995, in der Zeit, als die Amerikaner das Sagen hatten, wurde auch die Tamnavulin-Destillerie geschlossen und steht seither zum Verkauf. Nur die Lagerhallen werden noch genutzt, und die alte Mühle ist als Visitor Centre noch geöffnet. Wie immer bei solchen Schließungen trifft es die Brennerei mitten im Leben. Es wurde ja bis zur Schließung produziert, und wenn nicht der Großteil für Blends abgegeben wurde, reift bei Tamnavulin noch genügend Whisky, um den Nachschub noch einige Jahre aufrechterhalten zu können. Unter den Malts der Livet-Region ist Tamnavulin vom Körper her der leichteste, aber nicht im Geschmack. Dieser ist noch etwas vordergründiger als der von Tomintoul, mit dem man ihn am ehesten vergleichen kann.

12 Years
Alter 12 Jahre
Alkoholgehalt 40 % vol
Duft sehr aromatisch, nach Heu und Kräutern, leicht medizinisch, mit einem Hauch von Torf
Geschmack leicht und weich, nach Zitrone und Johannisbeere
Preis €€

Tobermory

Tobermory auf Mull ist die einzige Destillerie auf der nördlich von Islay gelegenen Insel. Die heutigen Besitzer produzieren zwei völlig unterschiedliche Malt Whiskys, die als Tobermory und als Ledaig (siehe Ledaig) angeboten werden.

Tobermory blickt auf eine lange und wechselvolle Geschichte zurück. Sie wurde wahrscheinlich 1798 gegründet, war aber erst 1823 vollständig betriebsbereit. Fast 100 Jahre wurde bei Tobermory ununterbrochen gearbeitet, bis die Rezession in Großbritannien und die Prohibition in den USA 1930 eine Schließung erzwangen. 1972 wurde unter dem Namen Ledaig der Betrieb wieder aufgenommen, und ab 1978 hieß sie wieder Tobermory. Nach weiteren Besitzerwechseln und einer erneuten kurzzeitigen Schließung im Jahr 1989 arbeitet sie seit 1990 wieder, und seit 1993 unter ihrem heutigen Besitzer Burn Stewart/CL World Brands, die auch die Destillerien Deanston und Bunnahabhain betreiben und den Spitzen-Blend Black Bottle anbieten (siehe Deanston, Bunnahabhain und Black Bottle). Unter der Führung von Burn Stewart geriet die ewig schlingernde Brennerei wieder auf geraden Kurs, und auch die Verwirrung um die beiden Marken hatte ein Ende. Tobermory steht für einen Wkisky aus ungetorfter Gerste und Ledaig für einen aus stark getorfter Gerste. Ältere Abfüllungen waren dieser Trennung noch nicht unterworfen und können ganz unterschiedlich sein. Außer dem unten beschriebenen 10-jährigen Single Malt gibt es auch noch einen 12-jährigen in der alten Aufmachung. Neben den bei Ledaig abgebildeten Abfüllungen gibt es auch noch den kräftigen Ledaig Peaty. Unter dem Namen Iona Atoll wird auch in geringen Mengen ein 6-jähriger, aus Tobermory und Ledaig komponierter, Malt vermarktet.

10 Years
Alter 10 Jahre
Alkoholgehalt 40 % vol
Duft angenehm frisches und leichtes Aroma
Geschmack weich und rund, fruchtig, reichhaltiger Nachklang
Preis €€

Tomatin

Tomatin, deren Name Wacholderbusch bedeutet, liegt in den Highlands südlich von Inverness auf der nördlichen Seite der Monadhliath Mountains. Sie war zeitweise die größte Malt-Destillerie Schottlands und ist im Besitz der japanischen Firma Takara Shuzo.

Tomatin ist seit 1897 in Betrieb und wurde ab den 1950er Jahren ständig erweitert. 1985 meldete Tomatin Konkurs an, und das japanische Spirituosenunternehmen Takara Shuzo übernahm die Brennerei. Sie war die erste japanische Firma, die sich in Schottland engagierte, und wie man heute weiß, haben die traditionsbewussten Japaner Sinn und Gespür für Qualität und greifen nicht in die Arbeitsabläufe ein. Der damals für schottische Verhältnisse enormen Zahl von 12 Stills fügte man weitere 11 hinzu und wurde so zur größten Destillerie Schottlands. Diese sind inzwischen wieder abgebaut, und der Titel fiel an Glenfiddich zurück.

Tomatin ist heute eine in hohem Maße mechanisierte Großdestillerie, nutzt aber die Kapazitäten der Brennerei und der 40 Millionen Liter fassenden Lagerhäuser nicht aus.

Takara Shuzo, einer der bedeutendsten Shochu-Produzenten Japans (Shochu ist eine hauptsächlich aus Gerste und Reis hergestellte japanische Spirituose), ist außer in Schottland auch in den USA im Whiskygeschäft. Die schottischen Aktivitäten beinhalten mehrere Blended-Marken, darunter den berühmten und von Takara Shochu belebten Blend The Antiquary, in den USA ist man mit Sazerac (siehe Buffalo Trace) verbunden. Der meiste Tomatin wird nach Japan verschifft und dort mit einheimischem Whisky zu Blends verarbeitet. Als Single Malt ist Tomatin 12-, 15-, 18- und 30-jährig erhältlich. Sowie einige Finishes, limitierte Abfüllungen und Single Casks. Bemerkenswert ist der mit nur 9.000 Flaschen abgefüllte »Decades« (46 % vol).

12 Years
Alter 12 Jahre
Alkoholgehalt 40 % vol
Duft weich, würzig und leicht torfig
Geschmack fruchtig, süß und würzig, ein feiner Aperitif-Malt mit sanfter Rauchigkeit
Preis €€

Tomintoul

Die wildromantisch gelegene Tomintoul-Brennerei befindet sich außerhalb des gleichnamigen Ortes in Richtung Grantown-on-Spey. Nahe dem River Avon, im Südwesten der Speyside und noch auf dem Gemeindegrund von Glenlivet gelegen, nahm Tomintoul 1965 ihren Betrieb auf.

Das Dorf Tomintoul (gesprochen: tom-in-t'aul) ist das höchstgelegene in den Highlands und heute ein Ausgangspunkt für Kletterer und Wanderer in der Gegend um die Flüsse Avon und Livet. Die Region um Tomintoul und die hoch gelegene und abgeschiedene Livet-Landschaft waren früher als ein Zentrum der Schwarzbrenner bekannt. In dieser ansonsten wenig berührten Gegend ließen die Inhaber zweier Whiskyhandelsfirmen die Tomintoul Distillery erbauen, verkauften sie jedoch bereits 1973 an ein anderes Glasgower Handels- und Blending-Haus. Dieses besaß damals die große Blended-Marke Whyte & Mackay und setzte den Tomintoul im Blend ein. Im Jahr 2000 verkauften sie Tomintoul an die Londoner Whiskyhandelsfirma Angus Dundee Distillers, die mit Glencadam bereits eine weitere Brennerei besaßen und sich als Hersteller von Handelsmarken und auch als »Unabhängige Abfüller« betätigten. Tomintoul Single Malts sind in Altersstufen bis 30 Jahren zu vernünftigen Preisen erhältlich, und auch die bei Kuriositätensammlern beliebte sogenannte Parfümflasche gibt es noch für etwa 75 €. Eine weitere Marke ist der spürbar getorfte Ballantruan, der nach der Wasserquelle der Destillerie benannt wurde.

16 Years
Alter 16 Jahre
Alkoholgehalt 40 % vol
Duft ausgewogen, leicht süß, mit Sherry-Note
Geschmack üppig und voll, würzig, mit reichem Nachklang
Preis €€€

10 Years
Alter 10 Jahre
Alkoholgehalt 40 % vol
Duft leicht und weich, delikat, mit feinen Aroma-Noten
Geschmack leicht und süßlich, mild rauchig, ein Aperitif-Malt mit Speyside-Charakter
Preis €€

Tormore

Tormore »The Pearl of Speyside«, entstand in den Jahren 1958 bis 1960 als erste Neugründung einer Hochlanddestillerie im vergangenen Jahrhundert. Sie liegt in der Speyside-Region nahe dem Städtchen Advie, zwischen Grantown-on-Spey und Aberlour.

Tormore ist ein Schmuckstück und sieht aus wie eine liebevoll restaurierte Brennerei aus dem späten 19. Jahrhundert. Den Namen erhielt sie vom Torr Morr (großer Hügel), um den ein Wildbach fließt und der das benötigte Wasser liefert. Den Auftrag zum Bau erteilte die britische Firma Seager Evens, die Teil der US-Spirituosenfirma Schenley war. Diese besaßen damals bereits die Brennereien Strathclyde und Glenugie und die große Blended-Marke Long John. Später kamen noch Laphroaig und Tormore dazu.

Nachdem es mit Schenley in den 1970er Jahren bergab ging, stand auch Tormore zum Verkauf und kam über Allied Distillers/Allied Domecq zum heutigen Inhaber, dem französischen Spirituosenmulti Pernod Ricard. Der Grund für den Neubau war natürlich ein wirtschaftlicher, da sich Whisky zu dieser Zeit unglaublich gut verkaufen ließ. Nach dem erfolgreichen Start erweiterte man 1972 von vier auf acht Stills und verdoppelte damit die Kapazität. Tormore war und ist die führende Komponente im Long John Blend, wird aber auch für den Ballantine's verwendet, die ja beide Marken von Pernod Ricard sind. Tormore gab es von Anfang an als Single Malt. Anfangs als 10-jährigen mit einem schlichten weißen Etikett, später in einer außergewöhnlichen mehreckigen und gerippten Flasche. Diese wurde abgelöst von einer wiederum klassischen Flasche mit buntem Etikett, der dann die heutige Ausstattung folgte. Neben dem abgebildeten 12-jährigen gibt es Tormore Single Malts als Eigentümerabfüllung mit 10 und 15 Jahren sowie mehrere 13- bis 18-jährige von den »Unabhängigen Abfüllern«.

12 Years
Alter 12 Jahre
Alkoholgehalt 40 % vol
Duft leichte Süße, delikat und aromatisch
Geschmack weich, gut abgerundet, leicht süß, charaktervoll und komplex
Preis €€

Tullibardine

Tullibardine liegt zwischen Stirling und der Whiskymetropole Perth in den Central/Southern Highlands, aber noch nördlich der Trennlinie zu den Lowlands. Auch sie war in neuerer Zeit von einer Schließung betroffen, produziert aber seit 2003 wieder.

Tullibardine (gesprochen: tullibahrdin), bedeutet »Hügel von Bardine«. Die Brennerei wurde 1949 erbaut, wurde 1953 erstmalig verkauft und kam im Jahr 1971 zum Whisky-Produzenten Invergordon. Dieser erweiterte die durchaus prosperierende Destillerie von zwei auf vier Stills. Mit Invergordon begannen unruhige Zeiten (siehe Tamnavulin), und nachdem man 1994 zu American Brands (Jim Beam) gehörte, wurde Tullibardine 1995 geschlossen und »eingemottet«. Der Dornröschenschlaf währte bis zum 21. November 2003. An diesem Tag übernahm eine Gruppe von Investoren unter dem neuen Namen Tullibardine Distillery Ltd. den Betrieb, und bald darauf wurde wieder produziert. Man eröffnete auf dem Gelände auch eine kleine Brauerei und ein Café, ein Restaurant und Geschäfte sind in Planung. Der *new make,* der frische Whisky, reift seither in den Fässern und wartet auf die Abfüllung und Vermarktung ab 2013. Zwischenzeitlich ist das Unternehmen mit dem Tullibardine Vintage 1993 wieder auf dem Markt. Neben diesem erschienen zuletzt zwei 1993er Jahrgänge mit Port Cask und Sherry Cask finishing. Beide wurden 2006 abgefüllt. Außerdem wird ein Tullibardine von 1988 – abgefüllt 2004 – für unter 50 € angeboten.

Stirling Castle befindet sich direkt über der Altstadt von Stirling auf dem Castle Hill

Tullibardine 1993
Alter abgefüllt im Jahr 2004
Alkoholgehalt 40 % vol
Duft frisch, blumig, nach Orangen und Schokolade, mit Vanillenote
Geschmack geschmeidig, süßlich und leicht fruchtig, ein feiner Aperitif-Malt
Preis €€

Malt & Grain

Um das Bild über die schottischen Brennereien und Malt-Whisky-marken zu vervollständigen, sind nachfolgend alle weiteren Highland- und Lowland-, Malt- und Grain-Destillerien aufgeführt. Außerdem die seit 1980 stillgelegten oder für immer geschlossenen Anlagen und die Namen bekannter Vatted/Blended Malts.

Weitere, in Betrieb stehende schottische Highland-Malt-Brennereien, mit Hinweis auf Region, Aussprache und Nennung der jeweiligen Besitzer.

Allt-á-Bhainne *(Sp)* [ôlt-a-_veyn_] PR
Auchroisk *(Sp)* [och-_roisk_] Diageo
Aultmore *(Sp)* [olt-_môr_] Bacardi
Balmenach *(Sp)* [bal_menach_] InterBev
Blair Athol *(CH)* [blär-_assol_] Diageo
Braeval *(Sp)* [_bräwal_] PR
Craigellachie *(Sp)* [kreg-_ellachie_] Bacardi
Dailuaine *(Sp)* [dal-_ju_-en] Diageo
Dufftown *(Sp)* [_dafft_'n] Diageo
Glen Moray *(Sp)* [glen _môräi_] Moët
Glenallachie *(Sp)* [glen-al-_láchie_] PR
Glenburgie *(Sp)* [glen-_börgie_] PR
Glencadam *(EH)* [wie geschrieben] Angus Dundee
Glendullan *(Sp)* [wie geschrieben] Diageo
Glenglassaugh *(Sp)* [glen-_glassoh_] The Sceap Group/Niederlande
Glengyle *(Ca)* Mitchell (seit 2004)
Glenlossie *(Sp)* [glen-_lossie_] Diageo
Glentauchers *(Sp)* [glen_tôchers_] PR
Kilchoman *(Is)* Kilchoman (seit 2005)
Kininvie *(Sp)* [wie geschrieben] Grant & Sons

Longmorn *(Sp)* [long_moorn_] PR
Macduff *(Sp)* [mac-_daff_] Bacardi
Mannochmore *(Sp)* [mannoch-_môr_] Diageo
Miltonduff *(Sp)* [milton-_daff_] PR
Mortlach *(Sp)* Diageo
Royal Brackla *(NH)* [royal _braak_la] Bacardi
Strathmill *(Sp)* [straß-_mill_] Diageo
Teaninich *(NH)* [te-_nie_-nick] Diageo
[Die betont gesprochenen Silben und Vokale sind unterstrichen.]

Schottische Grain-Destillerien

Cameron Bridge *(Lo)* Diageo
Girvan *(Lo)* Grant & Sons
Invergordon *(NH)* Whyte & Mackay
Loch Lomond *(WH)* Glen Catrine
North British *(Lo)* Diageo/The 1887
Port Dundas *(Lo)* Diageo
Strathclyde *(Lo)* PR

Nach dem Jahr 1980 stillgelegte oder geschlossene schottische Brennereien

Banff *(Sp)* 1983/1985 abgerissen
Caperdonich *(Sp)* 2002
Coleburn *(Sp)* 1985
Convalmore *(Sp)* 1985
Dallas Dhu *(Sp)* 1983/heute Whiskymuseum

Garnheath *(Lo)* 1985
Glen Albyn *(NH)* 1983/1988 abgerissen
Glen Keith *(Sp)* 1999
Glen Mhor *(NH)* 1983/1986 abgerissen
Glenesk *(EH)* 1985
Glenlochy *(WH)* 1983/heute Appartements
Glenugie *(EH)* 1983/zum Teil abgerissen
Glenury *(EH)* 1985/1993 abgerissen
Inverleven *(Lo)* 1991
Imperial *(Sp)* 1998
Littlemill *(Lo)* 1992/2005 abgebrannt
Lochside *(EH)* 1992/2005 abgebrannt
Millburn *(NH)* 1985/heute Restaurant
North Port *(EH)* 1983/1993 abgerissen
Pittyvaich *(Sp)* 2002
Port Ellen *(Is)* 1983
Rosebank *(Lo)* 1993/heute Restaurant (Seite 92)
St. Magdalene *(Lo)* 1983/heute Appartements
Tamnavulin *(Sp)* 1995 (Seite 102)

Bekannte Vatted/ Blended Malt Whiskys

As we get it Ian MacLeod
Ballantine's Pernod Ricard (Seite 25)
The Century of Malts Pernod Ricard
Dewar's Bacardi-Martini (Seite 48)
Famous Grouse The 1887 Group (Seite 49)

Ein Teil der Brennblasen bei Macallan

Glen Flagler Inver House
Glenforres Pernod Ricard
Glenleven Haig/Diageo
Highland Fusilier Gordon & MacPhail
J & B NOX Diageo (Seite 136)
Loch Kindie Grant & Sons
Monkey Shoulder Grant & Sons (Seite 87)
Old Elgin Gordon & MacPhail
The Peat Monster Compass Box
Poit Dhubh Pràban na Linne
Pride of Islay Gordon & MacPhail
Pride of Orkney Gordon & MacPhail
Pride of Strathspey Gordon & MacPhail
Pride of the Lowlands Gordon & MacPhail
Serendipity Moët Hennessy
Sheep Dip Whyte & Mackay
Strathavon Gordon & MacPhail
Strathconan Diageo
Strathglen CL World Brands
Usquaebach Twelve Stone Flagons

Abkürzungen: *(PR)* Pernod Ricard; *(Sp)* Speyside; *(CH)* Central Highlands; *(EH)* Eastern Highlands; *(WH)* Western Highlands, *(Ca)* Campbeltown; *(Is)* Islay; *(NH)* Northern Highlands; *(Lo)* Lowlands

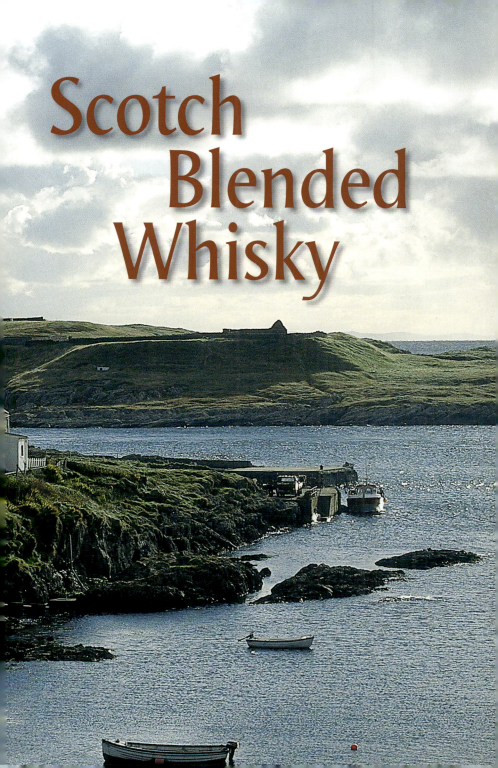

Scotch Blended Whisky

Schottlands Gold

Unter den Whiskys und Whiskeys der Welt ist der Scotch Blended Whisky der meistverkaufte. Ohne die Mischung aus Malt- und Grain Whiskys wäre der Scotch Whisky nicht das geworden, was er heute ist. Und die Herstellung von Malt würde sich wohl kaum noch lohnen.

Die Erfindung, die sich Robert Stein im Jahr 1827 patentieren ließ, war in Schottland tatsächlich bahnbrechend für den Whisky: ein Brenngerät, das aus zwei miteinander verbundenen Säulen bestand. Bis dahin hatten die Schotten nur in althergebrachten *pot stills* destilliert. Dieses zwei- oder (in den Lowlands) auch dreimalige Brennen von vergorenen Maischen aus gemälzter Gerste in voneinander getrennten Phasen war umständlich, weil zuerst ein Rohbrand und daraus dann ein Feinbrand erzeugt werden musste. Dafür waren zwei oder drei Pot Stills nötig, die verhältnismäßig teuer und auch schwer zu reinigen waren. (Nach dieser Methode wird bis heute der Malt Whisky – siehe ab Seite 8 – hergestellt). Das auf diese Weise gewonnene Malzdestillat war um die 70 % stark, reich an Aroma und meistens sehr wuchtig.

Mit Steins neuem Apparat ließ sich ein höherer Alkoholgehalt erzielen; das Destillat war damit reiner, aber auch ärmer an Aroma und folglich insgesamt »leichter«. Steins *patent still* bestand aus einem *analyzer* und einem *rectifyer*. In den Aanalyzer, die erste von zwei Säulen, wurde von oben die vergorene Würze gefüllt; sie lief durch eine Anzahl gelochter Böden und traf dabei auf von unten eingeleiteten Wasserdampf. Dieser entzog beim Aufsteigen der *wash* den Alkohol. Der so mit Alkohol und Aromen angereicherte Dampf wurde von der Spitze des Analyzers in den unteren Teil des Rectifyers, der zweiten Säule, geleitet, wo er weiter gereinigt wurde. Aus dem Rectifyer wurde schließlich das von den flüchtigen und unerwünschten Bestandteilen getrennte Destillat in erforderlicher Stärke abgezogen.

Im Jahr darauf meldete Stein, der zur Brennerfamilie Haig gehörte, eine verbesserte Version seiner kontinuierlich arbeitenden Anlage zum Patent an. Aber erst das 1830 von Aeneas Coffey entwickelte und in Betrieb genommene Modell war für damalige Verhältnisse perfekt. Coffey, gebürtiger Ire, war in seiner Heimat oberster Steuereinnehmer und damit größter Feind der Brenner gewesen und hatte dann die Fronten gewechselt: Er kaufte eine Distillery in Dublin und experimentierte dort und später auch auf der schottischen Insel Islay mit Brennapparaturen, in denen kontinuierlich statt wie bis-

Viele schottische Küsten sind unwirtlich, bieten aber eine interessante Kulisse

her in zwei oder drei Phasen destilliert werden konnte. Es ist eine Ironie des Schicksals, dass die von einem Iren erfundene *Coffey still* zunächst der schottischen Whiskyindustrie zugute kam und schließlich sogar mit dazu beitrug, den irischen Whiskey fast in die Bedeutungslosigkeit zu drängen.

Es ist fraglich, ob Stein und Coffey einen neuen Whisky im Sinn hatten, als sie ihre säulenförmigen Apparate für das kontinuierliche Destillieren entwickelten: Da Robert Stein auch für den englischen Markt Alkohol brannte, der dort zu Gin verarbeitet wurde oder medizinischen Zwecken diente, und Aeneas Coffey in seiner Beschreibung nirgendwo das Wort »Whisky« erwähnte, ist es durchaus möglich, dass beide Erfinder einfach nur auf effizientere, billigere Weise hochgradigere, reinere Destillate als bisher herstellen wollten. Auch die Urheberschaft am kontinuierlichen Brennverfahren kann diesen beiden nicht allein zugesprochen werden: Als sie ihre Geräte vorstellten, gab es in den USA nachweislich bereits ähnlich arbeitende Brennsäulen, die der Whiskeyproduktion dienten.

Wann die erste Maische aus nicht gemälztem Getreide mit einem nur geringen Anteil an Gerstenmalz angesetzt, vergoren und zu einem ganz neuartigen Whisky destilliert wurde, lässt sich nicht mehr genau feststellen. Jedenfalls gab es ab etwa 1850 in Schottland, zumindest aber in den Lowlands, zwei Arten von Whisky: den klassischen, nur aus Gerstenmalz im Pot-Still-Verfahren hergestellten Malt und den aus einer Maische, die größtenteils aus nicht gemälztem Getreide bestand, in der neuartigen Coffey Still kontinuierlich destillierten, leichten Grain Whisky. Der erste, der Malt mit Grain zum *blend* mischte, soll der Edinburgher Andrew Usher junior gewesen sein. Dessen Vater hatte bereits 1853 mit Usher's Old Vatted Glenlivet einen Blended Whisky abgefüllt, den man heute als Blended Malt bezeichnen würde, da er keinen Grain enthielt.

Das wohl folgenreichste Gesetz für Schottlands Whiskyindustrie wurde 1860 erlassen: Den Händlern war es nun gestattet, die beiden Typen Malt und Grain zu vermischen. Mit dem so entstandenen **Blended Whisky** hatten die Schotten auf den Märkten außerhalb ihrer Heimat weit bessere

Chancen als mit ihren traditionellen Malts, die als schwer im Körper und wuchtig im Geschmack galten. Der fast geschmacksneutrale Grain mit seinem leichten Körper milderte die Wucht der Malts und ergab so eine Mischung, die »gefälliger« war und einen größeren Kreis potentieller Konsumenten ansprach. Die Blends gaben Schottland die Möglichkeit, zu den Iren aufzuschließen: Diese waren mit ihrem meistens dreifach destillierten, leichteren Pure Pot Still Whiskey aus einer Mischung von mehrheitlich ungemälzter und wenig gemälzter Gerste in vielen Ländern bereits etabliert, während der Scotch (Malt) zu der Zeit kaum mehr als ein regional bekanntes Produkt war.

Durch den Grain Whisky veränderte sich schließlich auch die Struktur der schottischen Whiskyindustrie: Whisky war nun nicht mehr allein ein Geschäft der Malt-Brennereien, er wurde mehr und mehr beherrscht von Firmen, die sich aufs *blending*

Dewar-Lagerhaus in Perth um das Jahr 1900

spezialisiert hatten. Die Pioniere des Blendings waren Händler wie etwa George Ballantine, James Buchanan, Arthur Bell, William Teacher und Alexander Walker, die ihre eigenen Blends und damit Marken schufen, die noch heute existieren und zu den größten ihrer Gattung zählen. Grain-Destillerien wurden erbaut, um der steigenden Nachfrage nach Blended Whisky nachkommen zu können. Im Jahr 1877 schlossen sich bereits die sechs größten Grain-Brennereien zur Distillers Company Limited, kurz DCL, zusammen, die zukünftig eine Schlüsselrolle in der schottischen Whiskyindustrie spielen sollte.

Die Malt-Whisky-Brenner, die nicht im Geschäft mit Blended Whisky engagiert waren, gingen dagegen an, dass aus überwiegend ungemälztem Getreide in Coffey Stills gebrannte Destillate Whisky genannt wurden. Sie bekamen Unterstützung von den Mitgliedern des Islington Councils in London, die an einer generellen Definition der Spirituosenqualität interessiert waren. Es kam so weit, dass eine königliche Kommission eingesetzt wurde, um die »What is Whisky«-Frage zu klären. Während sich in Schottlands Whiskybranche Entscheidendes abspielte, hatte der mittlerweile unentbehrliche Grain als Whisky noch keine rechtliche Grundlage: Erst 1909 (!) entschied die königliche Kommission, dass auch Grain als Whisky bezeichnet werden dürfe, und legalisierte damit letztlich auch den Blended Whisky. Inzwischen gab es bereits ein paar

Das berühmte Huhn ist das Symbol eines bekannten Whiskys

Hundert Gesellschaften, die Scotch Blended Whisky in einer Vielzahl von Marken produzierten und zum Teil schon weltweit vermarkteten. Die DCL und einige andere große Gesellschaften besaßen Malt- und Grain-Brennereien und waren damit weitgehend unabhängig von anderen Erzeugern. Als die Kommission ihr Urteil fällte, hatte eine spektakuläre Pleite die noch junge Branche der Whisky-Blender »neu sortiert«. Die Brüder Robert und Walter Pattison hatten eine Firma namens Pattison, Elder & Co. zur Produktion von Blended Whisky gegründet, die sie auf unsicherem Fundament immer weiter ausbauten. Als schließlich die Produktion die Nachfrage deutlich überstiegen hatte, bekam die Firma keine Kredite mehr und musste ihre Zahlungen einstellen. Die für ihren aufwändigen Lebensstil berühmtberüchtigten Pattison-Brüder kamen vor Gericht, das sie wegen Betruges zu mehreren Monaten Gefängnis verurteilte. Der Zusammenbruch der Firma Pattison 1898 trieb zahlreiche kleinere Firmen, vor allem Erzeuger von Malt Whisky, auch in den Ruin. Viele von ihnen mussten schließen, andere wurden von Unternehmen übernommen, denen die Krise nichts hatte anhaben können. Am meisten dürfte die DCL von diesem Pattison-Zusammenbruch profitiert haben.

Mit ihrem Urteil zum Grain Whisky legte die königliche Kommission im Jahr 1909 fest, dass jedes aus einer Getreidemaische destillierte und im Eichenfass gereifte Destillat Scotch Whisky genannt werden durfte, und definierte damit die Gattung, die ab diesem Urteil offiziell Malt-, Grain- und Blended Whisky umfasste. Sie setzte aber weder ein Minimum an Reifezeit noch eine Untergrenze für den Alkoholgehalt fest. Erst 1915 wurde die Mindestreifezeit auf zwei Jahre festgesetzt, ein Jahr später auf drei erhöht. Wieder ein Jahr später wurde ein Mindestalkoholgehalt von umgerechnet 40 % festgeschrieben.

Ergänzung: Grain Whisky

Der Grain wird häufig als »Whisky zweiter Wahl« abgetan. Das liegt sicher daran, dass er aus billigerem Getreide erzeugt wird als ein Malt und dass er kontinuierlich gebrannt wird. Kritiker vergessen allerdings oft, dass die meisten Whiskys und Whiskeys der Welt eine Mehrheit von ungemälztem Getreide als Basis haben. Auch das Destillieren in der Coffey Still ist, wenngleich zum Teil in modifizierten Formen, eher die Regel als die Ausnahme. Im Übrigen gelten für den Grain in Schottland die gleichen strengen Regeln wie für den Malt. Dass er diesem juristisch

Der Masterblender von Chivas Regal beim Verkosten

gleichgestellt ist, ist auch aus jenem Passus der »Scotch Whisky Order« ersichtlich, der sich mit der Basis befasst: »((…)) von einer Maische aus Wasser und gemälzter Gerste, *der anderes Getreide als ganzes Korn beigefügt sein darf*«, heißt es dort. Erst Grain Whisky macht aus einer Mischung verschiedener Malts einen Scotch Blended Whisky. Als dieses Buch entstand, stellten in Schottland sieben Brennereien Grain her. Dessen Hauptbestandteil ist nicht gemälztes Getreide. Heute wird meistens der dank Subventionen billigere Weizen aus EU-Ländern anstelle des früher gebräuchlichen Mais zur Produktion von Grain Whisky verwendet. Für die Umwandlung der Getreidestärke braucht allerdings auch die Maische dieses Whiskytyps einen Anteil an Gerstenmalz. Das kann entweder ein (in diesem Fall nicht über Torffeuer) getrocknetes fertiges Malz sein oder das noch nicht gedarrte Grünmalz – wichtig ist nur, dass sich bereits die zum Verzuckern der Getreidestärke nötigen Enzyme gebildet haben.

Bei einer Maische, die nur aus Malz besteht, genügt es, beim Maischen den Zucker »herauszuwaschen«. Das ungemälzte Getreide hingegen muss gekocht werden, um die Zellwände aufzubrechen und die Getreidestärke zunächst einmal freizusetzen. Da die empfindlichen Enzyme starke Hitze nicht vertragen, wird das Malz erst dann in die Maische gegeben, wenn das »Kochwasser« des Rohgetreides abgekühlt ist. Üblich ist ein Anteil von etwa zehn Prozent Malz in einer Grain-Maische; einzelne Hersteller geben jedoch mehr Malz hinzu, in Einzelfällen bis zu einem Viertel. Nach dem Maischen wird gebraut wie beim »Bier«, das Malt Whisky werden soll: Der süßen Würze wird Hefe zugesetzt, von der eine Gärung ausgelöst wird. Die Hefe wandelt im Verlauf dieser Gärung den Zucker der Würze in Alkohol, Kohlensäure und verschiedene Nebenbestandteile um. Das Ergebnis des Brauens ist auch in diesem Fall eine Art Bier; diese *wash* hat allerdings wegen des rohen Getreides einen etwas anderen Geschmack als jene, die gänzlich aus Gerstenmalz gebraut wurde.
Sie wird destilliert in der Coffey-, Column- oder Patent Still – alle drei Wörter stehen für die kontinuierlich arbeitende Destillieranlage. Das sind zwei Säulen aus Edelstahl oder aus Kupfer. Die Destillation der Grain Wash verläuft im Prinzip noch nach der Methode, die Stein und Coffey ausgetüftelt haben. In die erste der beiden Brennsäulen, den Analyzer, wird von oben die vergorene

Würze eingefüllt. Sie durchläuft die Säule über gelochte Kupferplatten und wird dabei von dem aufsteigenden Wasserdampf durchzogen, der von unten in den Analyzer geleitet wird. Dieser Dampf entzieht der Wash den Alkohol und nimmt ihn durch ein Rohr mit in die zweite Brennsäule. In dieser, dem Rectifyer, steigt der alkoholisierte Dampf auf. Auf einer bestimmten Höhe wird der saubere Mittellauf abgetrennt und separat ausgeschieden; Vor- und Nachlauf laufen nach unten und werden in die erste Brennsäule zurückgeführt und wieder in den Destillationskreislauf eingegliedert. Diese kontinuierliche Destillation ist nicht mit einfachem Brennen zu vergleichen, vielmehr entspricht sie einem mehrmaligen, aufeinander folgenden Brennen. Da sie in einem geschlossenen System stattfindet und durch Nachfüllen von weiterer Wash beliebig fortgesetzt werden kann, ist sie viel effizienter als das Pot-Still-Verfahren, bei dem für jede Destillationsphase (zuerst Rohbrand, dann Feinbrand) jeweils ein eigener Arbeitsgang nötig ist. Die Herstellung von Grain Whisky ist deutlich billiger als die von Malt Whisky, weil erstens Zeit gespart wird und zweitens das ungemälzte Getreide weniger kostet als Malz.

Ein weiterer Vorteil der Destillation in einer Coffey Still oder einem auf ähnliche Weise arbeitenden Apparat ist die Tatsache, dass sich mit dieser Methode ein höherer Alkoholgehalt (bis zu 94,8 %) erzielen lässt. Da mit zunehmendem Alkoholgehalt immer weniger unerwünschte Bestandteile in einem Destillat verbleiben, ist ein hochprozentiges Grain-Destillat um einiges reiner als eines aus Malz, das mit nur etwa 70 % aus der Pot Still abgezogen wird. Nachteil der Reinheit: Neben den unerwünschten Bestandteilen verflüchtigen sich bei der Destillation auf hohe Grädigkeit auch solche, die mit zum Aroma des späteren Whiskys beitragen. Anders ausgedrückt: Je reiner, desto ärmer an Geschmack. Allerdings ist Grain Whisky nicht »geschmacksneutral«, wie gelegentlich kolportiert wird.

Die Meister des Mischens

Wie das Beispiel Malt Whisky zeigt, fällt kein Destillat wie das vorherige aus, und die Reifung tut ein Übriges, um immer wieder, wenn auch nur in Nuancen, andere Whiskys entstehen zu lassen. Schon das *vatting* nur von Malt Whiskys zu einer stets gleichen Marke ist eine Arbeit, die sehr viel sensorisches Talent erfordert. Wenn aber unterschiedliche Malt Whiskys zusätzlich noch mit Grain Whiskys zu einem Markenprodukt verbunden werden sollen, das über Jahre gleich aussieht, riecht und schmeckt, setzt dieses Vermischen ein Höchstmaß an Erfahrung voraus. Deshalb gilt der Masterblender als der wichtigste Mitarbeiter einer Whiskyfirma.

The Nose, wie dieser Fachmann – gelegentlich auch eine Fachfrau – gerne genannt wird, weil er/sie den größten Teil der Auswahl allein mit Riechen trifft, hat kein Rezept im

Johnnie Walker Black Label – einer der berühmtesten De-luxe-Blends

eigentlichen Sinne. Er weiß nur, wie sein Whisky aussehen, riechen und schmecken muss. Er weiß zudem, welche Malts und welche Grains er braucht, um dieses Ergebnis erzielen zu können. Dieses Wissen ist quasi sein Rezept – das Problem bei der Realisierung sind die Zutaten, die ja immer etwas anders ausfallen.

Die Malts sind das geschmackliche Fundament eines Blended Whiskys. Es sind nur einige wenige Malts, die im Blend geschmacklich »den Ton angeben«, die Richtung vorgeben. Weitere dienen der Abrundung oder sind Ersatz, falls einmal ein Basic Malt nicht mehr verfügbar ist. Der eine oder andere Malt Whisky wird vielleicht auch nur deswegen in den Blend gegeben, damit dieser einen höheren Malt-Anteil hat. Denn ein Blended Whisky gilt im Allgemeinen als umso wertvoller, je höher dieser Malt-Anteil ist, obwohl eigentlich die Qualität der Malts und nicht ihre Menge die Qualität ausmacht. In der Regel sind die Malts zahlenmäßig in der Mehrheit (ein Blend kann bis zu drei Dutzend, in Einzelfällen sogar noch mehr Malts enthalten), jedoch mengenmäßig in der Minderheit. Im Fall der Grains verhält es sich genau umgekehrt: Die stellen zwar in den meisten Fällen den größten Teil der Menge, ihre Zahl lässt sich aber an den Fingern einer Hand abzählen.

Natürlich muss ein Masterblender seine Mischung nicht jeden Tag neu zusammenstellen. Wenn er im Labor die Whiskys erst einmal nach Alter und weiteren Kriterien ausgesucht und ins richtige Verhältnis gebracht hat, wird dieses aktuelle »Rezept« in gewaltigen Mengen umgesetzt. Erst wenn die nächste Charge ansteht, ist eine Korrektur des Rezepts nötig: Ein nicht mehr lieferbarer Whisky muss durch einen ähnlichen ersetzt, einzelne Whiskys müssen anders dosiert werden und so fort. Daher ist immer währendes Probieren und Suchen die wichtigste Aufgabe des Masterblenders. Er muss nicht nur die eigenen Bestände kontrollieren, um den Stand der Entwicklung jedes Whiskys zu kennen, üblicherweise muss er sich auch mit Destillaten von anderen Herstellern befassen, da nur sehr wenige Unternehmen in der Lage sind, einen Blended Whisky komplett aus eigenen Beständen zusammenzustellen. Im Normalfall werden die Fremdwhiskys jung eingekauft und altern dann in den eigenen Lagern. Ein paar Hundert Proben muss der Masterblender pro Tag hinter sich bringen, verständlich also, dass er sich dabei fast immer mit Riechen begnügt; dazu verdünnt er die Proben mit Wasser auf einen

Alkoholgehalt von 20 bis 25 %. Die Fässer mit den zum Blending ausgesuchten Malt- und Grain Whiskys werden in große Behälter entleert. Der Blend wird zuerst mit Wasser auf die jeweilige Trinkstärke (mindestens 40 %) gebracht und erst danach bei niedrigen Temperaturen gefiltert. In einem kalten Alkohol-Wasser-Gemisch kristallisieren die Stoffe, die einen kalten Whisky trüb werden ließen, und können auf diese Weise leicht herausgefiltert werden. Das Kaltfiltern verbessert zwar den Whisky optisch, entzieht ihm jedoch auch einen (kleinen) Teil an Aroma. Nach einem eventuellen Angleichen der Farbe mittels Zuckercouleur und einer gewissen Ruhezeit in Fässern, die der Harmonisierung des Blended Whiskys dient, ist dieser fertig.

Einige wenige Blending-Firmen wie etwa Whyte & Mackay gehen einen etwas anderen Weg beim Blending: Sie mischen zunächst nur die Malts und lassen diesen Vatted Malt einige Zeit in Fässern ruhen, bevor sie ihn mit Grain Whisky verschneiden.

Der Scotch Blended Whisky stellte 2005 allein 18 der 100 international meistverkauften Spirituosenmarken. Die Gesamtabsätze der 18 Marken machten 19 % aller Verkäufe der »Top 100 Premium Spirit Brands« (laut ImpactInternational) aus. Den schottischen Whiskys standen in der Weltrangliste der Spirituosen nur 14 Whiskys und Whiskeys aus weiteren fünf Ländern gegenüber. Allein das zeigt schon, welche Bedeutung der Scotch Blended Whisky hat. In den fließen nach wie vor nahezu neun Zehntel der gesamten Malt-Whisky-Produktion. Die vielen Freunde der Single Malts haben allen Grund, dafür dankbar zu sein, dass es den Blended Whisky gibt: Denn erst der sichert die Existenz vieler Brennereien.

Vom Cromarty Firth führt der Caledonian Canal durch die Highlands

The Antiquary

Der große alte De-luxe-Blend The Antiquary hat nach Jahren der Vernachlässigung durch die bisherigen Markeninhaber nun offenbar wieder bessere Zeiten vor sich. Dies ist dem japanischen Spirituosenproduzenten Takara Shuzo zu verdanken, der die Marke 1996 erwarb.

Die bis heute auf dem Etikett angegebene Firma J & W Hardie begann 1857 mit einem Tee-, Wein- und Spirituosenhandel in Edinburgh. Die Söhne des Gründers, John und William Hardie, befassten sich mit Whisky und entwickelten den Antiquary. Der Name entstand vermutlich nach einem Roman von Sir Walter Scott, der in seinem Buch The Antiquary eine Postkutsche schildert, die täglich am Haus der Hardies vorbeifuhr.

Bis zum Ende des 20. Jahrhunderts erlebte Hardie viele Höhen und Tiefen und stand meist im Schatten der großen Marken der jeweiligen Inhaber. Im Jahre 1966 wurde die auch jetzt wieder aktuelle Flaschenform eingeführt, doch der durch die Inhaber selbst verschuldete Niedergang war nicht aufzuhalten.

Das japanische Unternehmen Takara Shuzo befasst sich kaum mit japanischem Whisky, wohl aber mit US-Whiskey, und ist auch Besitzer der in der Nähe von Inverness ansässigen Tomatin-Destillerie. Um einen Abnehmer für ihren Tomatin Malt zu haben, erwarb man die Marke The Antiquary und auch den Firmennamen Hardie. Seither stellt Tomatin den im Blend führenden Malt, unterstützt von Bowmore, Cragganmore, Glenkinchie und Aberfeldy. Seit 2008 wird in Deutschland auch ein 21 Years angeboten. Zusätzlich gibt es einen 30 Years mit Jahrgang 1977. Dieser wurde 2007 zum 150. Jahrestag der Firmengründung, limitiert auf 1.148 Flaschen auf den Markt gebracht. Der 30 Years basiert auf dem Originalrezept von John & William Hardie. Er weist 46 % vol auf und kostet etwa 175 €.

The Antiquary
Alter 12 Jahre
Alkoholgehalt 40 % vol
Duft fruchtig, mit verlockendem Rauchton und leichten, malzigen Duftnoten
Geschmack voll, nach Speyside Malt, mit ausgiebiger Malzpräsenz
Preis €€

Ballantine's

Wie bei vielen schottischen Whiskymarken lag auch beim Ballantine's der Ursprung im Handel mit Lebensmitteln, Wein und Spirituosen. Aus diesen kleinen Anfängen entwickelte sich eine der größten Spirituosenmarken der Welt.

Die in Dumbarton bei Glasgow ansässige Firma George Ballantine & Son zählt zu den größten Whiskyproduzenten Schottlands. Die Geschichte der Nummer drei unter den Blended Scotch Whiskys begann 1827 mit einem Lebensmittelgeschäft in Edinburgh. George Ballantine handelte mit Weinen und Whisky, und seine drei Söhne bauten dann mit dem Blended Whisky in Glasgow die Firma auf. Nachdem sich ihre Nachkommen zurückgezogen hatten, wurde sie 1936 von Hiram Walker (Canadian Club) übernommen. Ballantine's war vor, während und nach der Prohibition in den USA eine gefragte Marke, und um unabhängig zu sein, ließ Hiram Walker in Dumbarton die damals größte und modernste Grain-Destillerie erbauen. Aus ihr stammt bis heute der Grain für den Ballantine's. Im Jahr 1988 wurde Ballantine's Teil der Allied Lyons, die zur Allied Domecq wurde, und bei deren Auflösung 2005 fiel diese Perle an Pernod Ricard. Von den berühmten rechteckigen, braunen Flaschen werden jährlich über 70 Millionen (2005) Flaschen verkauft. Die Hauptmarke Finest ist in Europa die führende Marke. Bekannt ist auch der 12-jährige Pure Malt (siehe dort).

Ballantine's Special Reserve 12 Jahre
Alter 12 Jahre
Alkoholgehalt 40 % vol
Duft honigsüß, ausgewogen, leicht torfig
Geschmack perfekte Balance, reif und blumig, süß, mit starken Anklängen von Eiche und Honig
Preis €€

Ballantine's Finest
Alter ohne Altersangabe
Alkoholgehalt 40 % vol
Duft tief, komplex und würzig
Geschmack ausgewogen, mit Anklängen von Schokolade, Apfel und Vanille
Preis €

Bell's

Bell's, einer der großen alten Namen im Whiskygeschäft, ist vor allem in England und Schottland eine erfolgreiche Marke. Kein Wunder, erlaubt man sich bei Bell's doch einen gewissen Luxus und bietet seinen Standard Blend als 8-jährige Abfüllung an.

Wie bei vielen großen Whiskyunternehmen lag der Ursprung auch bei Bell's im Whiskyhandel. Arthur Bell begann in Perth als Verkäufer in einer zur Sherry- und Portweindynastie Sandeman gehörenden Wein- und Whiskyhandlung. Bis heute ist auf den Bell's-Etiketten die Jahreszahl 1825 zu lesen, und diese bezieht sich wohl auf die Gründung dieses Geschäfts. 1851 machte sich Arthur Bell mit einer eigenen Whiskyhandlung selbstständig. Zu dieser Zeit war der Blended Whisky noch nicht bekannt, doch Bell wusste bereits, dass sich durch das Mischen verschiedener Malts ausgewogene Whiskys herstellen ließen. Bereits 1880 stand der damals noch neuartige Blended Whisky im Focus des Unternehmens, und 1904 boten seine Söhne erstmals einen Whisky unter eigenem Namen an. Es folgte der Einstieg in das Brennereigeschäft, und 1933 erwarb man die Blair-Athol und Dufftown-Destillerie, 1936 kam Inchgower dazu, 1974 erbaute man Pittyvaich, und zuletzt wurde 1983 Bladnoch erworben. In den Jahren nach dem Zweiten Weltkrieg erlebte das damals schon riesige Unternehmen einen ungeheuren Aufschwung, und die Verkäufe von Bell's erreichten schwindelnde Höhen. Nachdem sich die Nachfahren aus dem Geschäft zurückgezogen hatten, ging die Firma 1949 an die Börse. Bis 1985 war Bell's eine der letzten alten Firmen, die sich ihre Unabhängigkeit bewahren konnten, wurde dann aber von Guinness übernommen, die zwei Jahre später auch United Distillers – die heutige Diageo – erwarb. Der hier vorgestellte Blend wurde 1994 auf den Markt gebracht.

Bell's 8 Years
Alter 8 Jahre
Alkoholgehalt 40 % vol
Duft nach Heidehonig mit feinen Malt-Aromen
Geschmack außergewöhnlich abgestimmte Malts und Grains werden begleitet von einer Spur von Rauch und zarter Malzigkeit
Preis €

Black Bottle

Black Bottle genießt als Blend eine Einzelstellung. Er ist der einzige, der alle sieben Islay Whiskys enthält. Nicht dabei sind Whiskys der 1983 stillgelegten Brennerei Port Ellen und Whiskys der erst 2005 in Betrieb genommenen Kilchoman-Destillerie.

Black Bottle ist nach seiner schwarzen Flasche benannt und auch sonst außergewöhnlich. In der Pot-Still-förmigen Flasche finden sich alle derzeit gängigen Islay Malts, und diese verleihen ihm alle Eigenschaften, die einen großen Blend ausmachen. Seit 1988 gibt es Black Bottle in zwei Versionen: die erste ist ohne Altersangabe und enthält neben Grain Whisky und einigen Highland Malts alle sieben Islay Malts. Die zweite, der 10-jährige, enthält neben dem Grain ausschließlich Malts aus den sieben Brennereien von Islay. Beide zählen fraglos zu den edelsten Whiskymarken Schottlands. In seiner Heimat, besonders auf Islay, zählt der Black Bottle zu den populärsten Marken, wartet aber auf den lange vernachlässigten Exportmärkten noch auf seine Entdeckung. Gegründet wurde das Unternehmen im Jahr 1879 von den im Teehandel tätigen Brüdern Graham. Später wurde daraus das Blending-Haus Gordon, Graham & Co., und im Jahr 1897 wurde der Black Bottle Blend entwickelt. In der zweiten Hälfte des letzten Jahrhunderts erfolgten mehrere Besitzerwechsel, was auch der Qualität nicht immer gut bekam. Trotz der Besitzerwechsel steht bis heute der Namenszug Gordon Graham's auf den Etiketten. Seit dem Jahr 2003 ist das Spirituosenunternehmen CL World Brands, über ihre Tochter Burn Stewart, Inhaber der Marke. Sie besitzt in Schottland außerdem die in den Central Highlands ansässige Malt-Brennerei Deanston (seit 1990), Tobermory auf der Insel Mull (seit 1993) und die Islay-Brennerei Bunnahabhain (seit 2003). Des Weiteren bietet Burn Stewart eine große Zahl von Blended-Marken an.

Black Bottle
Alter 10 Jahre
Alkoholgehalt 40 % vol
Duft nach trockenem Torf, fruchtig nach Trockenobst, Honig und Vanille
Geschmack weich, sehr intensiv, rauchig, mit Kaffee- und Kakaonoten
Preis €€

Black & White

Zwei Hunde, ein West Highland White und ein Scotch Terrier, werben seit 1890 für diese traditionelle Marke. Bis heute zählt dieser solide Scotch alter Schule zu den erfolgreichsten Marken der Whiskygeschichte.

Die Geschichte des Black & White beginnt mit James Buchanan. Er war ab 1879 in London für einen der ersten Blend-Hersteller tätig und eröffnete 1884 sein eigenes Geschäft. Seinen Whisky nannte er Buchanan's Blend und zwischenzeitlich auch House of Commons, als er in das Sortiment des britischen Unterhauses aufgenommen wurde. Wegen seiner auffälligen schwarzen Flasche mit dem weißen Etikett wurde er zunächst als »Schwarz-weißer« bekannt. Buchanan griff diese Aussage auf, und 1904 wurde Black & White als Warenzeichen eingetragen. Die berühmten Hunde wurden bereits ab den 1890er Jahren auf den Werbematerialien eingesetzt, erschienen aber erst in den 1960er Jahren auch auf den Etiketten. Um den Nachschub für seinen Blend zu sichern, erbaute James Buchanan 1898 die Glentauchers-Destillerie in der Speyside-Region, dazu kam einige Jahre später die im Zentralhochland liegende Dalwhinnie-Destillerie. Im Jahre 1925 wurde die inzwischen weltbekannte Marke Teil der Distillers Company Limited (DCL), zu deren Nachfolgern, der Diageo, sie noch heute gehört. In den Jahren nach dem Ersten Weltkrieg war Black & White durch die englischen Kolonien in der ganzen Welt präsent, und 1933, nach der US-Prohibition, entwickelten sich die Vereinigten Staaten zum größten Exportmarkt. Bis heute ist Black & White eine der erfolgreichsten Marken der Scotch-Geschichte und weltweit anzutreffen. Die Hauptabsatzmärkte sind inzwischen Frankreich, Venezuela und Brasilien. Doch auch in Deutschland ist Black & White immer noch eine bekannte Marke.

> **Black & White**
> **Alter** ohne Altersangabe
> **Alkoholgehalt** 40 % vol
> **Duft** frisches zartes Aroma, leicht und charakteristisch, leicht grasige Töne
> **Geschmack** fruchtig, komplex, mit leichter Süße und Toffeenote
> **Preis** €

Clan Campbell

Clan Campbell – The Noble Scotch Whisky, wie auf den Etiketten zu lesen ist – gilt als die zurzeit am schnellsten wachsende Scotch-Blended-Marke. Mit rund 20 Millionen jährlich verkauften Flaschen belegt sie einen Spitzenplatz in der Rangliste der großen Blends.

Clan Campbell ist seit 1974 im Besitz des französischen Spirituosenkonzerns Pernod Ricard, der die relativ junge Marke seither äußerst erfolgreich vermarktet und sie

Die Heimat des Clan Campbell

in eine Spitzenposition brachte. In Frankreich, das nach Großbritannien und Spanien den höchsten Pro-Kopf-Verbrauch an Scotch Whisky hat, belegt Clan Campbell den ersten Platz. Angeblich reichen die Ursprünge der Firma bis 1879 zurück, als House of Campbell entstand sie aber erst 1937, und ihren heutigen Namen erhielt sie 1988. Seit der Übernahme von Chivas Brothers durch Pernod Ricard im Jahre 2001 werden die Scotch-Whiskyinteressen von Campbell Distillers vom weitaus bedeutenderen Unternehmen Chivas & Glenlivet betreut.

Durch den Erwerb weiterer Whiskymarken und Destillerien von Allied Domecq im Jahre 2005 stieg Pernod Ricard zum zweitgrößten Scotch-Produzenten auf. Unter diesem Firmendach mit seinen immensen Vorräten ist Clan Campbell als Blended-Marke ein ernst zu nehmendes Gegengewicht zu den großen Marken des Konkurrenten Diageo. Bereits 1945 wurde von Clan Campbell die Malt-Destillerie Aberlour gekauft, deren Whisky auch heute noch der führende im Clan Campbell Blend ist.

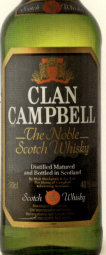

Clan Campbell
Alter ohne Altersangabe
Alkoholgehalt 40 % vol
Duft charaktervoll, leicht, reif und ohne Schärfe
Geschmack kontrastvoll zwischen süß und trocken
Preis €

Chivas Regal

Chivas Regal, der große 12-jährige Klassiker, ist in 150 Ländern der Erde erhältlich und zusammen mit dem Johnnie Walker Black Label die führende Marke. Die beiden beherrschen mit weitem Abstand das De-luxe-Segment der Blends.

Der junge Aberdeener William Edward übernahm 1801 eine schon seit 1786 produzierende Destillerie, die später als Chivas Brothers weltbekannt wurde. 1836 trat James Chivas in die Firma ein und übernahm diese 1841. Die Marke Chivas Regal (regal = königlich) kam 1891 auf den Markt, und mit der Übernahme durch Seagram im Jahr 1948 begann der große Aufstieg. Seagram suchte neue Betätigungsfelder, und die erfolgreiche Marke Chivas Regal wurde nun das Standbein in Schottland. In den 1970er Jahren wurden dort die beiden Speyside-Destillerien Allt-À-Bhainne und Braeval errichtet, die heute noch die führenden Malts im Chivas Blend stellen. 1977 kaufte Seagram die durch viele Fusionen entstandene Glenlivet Distillers und fasste ihre schottischen Interessen in der Chivas & Glenlivet Group zusammen.

Der neue Whiskyriese

Mit der Auflösung von Seagram im Jahre 2001 fiel diese Perle an Pernod Ricard. Der französische Spirituosenriese Pernod Ricard bündelte daraufhin seine Aktivitäten und verschmolz die bisherige Schottland-Niederlassung Campbell Distillers mit der weitaus größeren Chivas & Glenlivet Group. Dadurch entstand der nach Diageo zweitgrößte Scotch-Produzent. Unter vielen weiteren Destillerien und Blended-Marken gehören nun die (in diesem Buch beschriebenen) Brennereien Aberlour, Glendronach, Glenlivet, Scapa, Tormore sowie die Blends Ballantine's, Clan Campbell, 100 Piper's

12 Years
Alter 12 Jahre
Alkoholgehalt 40 % vol
Duft Aromen von wilden Kräutern, Obst und Honig
Geschmack rund und samtig, vollmundig nach Honig und reifen Äpfeln, mit Anklängen von Vanille, Haselnuss und Toffee
Preis €€

Strathisla – die Heimat des Chivas Regal

und Teacher's zum Konzern. Rund 50 Millionen Flaschen Chivas Regal werden jährlich verkauft, und damit liegt man nur knapp hinter dem Johnnie Walker Black Label auf Platz zwei bei den 12-jährigen De-luxe-Blends.

1953 wurde der Royal Salute – 21 Years Old – eingeführt. Benannt wurde er nach den 21 Salutschüssen, die bei der Krönung von Königin Elisabeth II. zu diesem Anlass von Schiffen der königlichen Flotte abgegeben wurde. Dieser exquisite Blend wird in drei verschiedenfarbigen Porzellandekantern abgefüllt und ist in Samtsäckchen verpackt. Eine weitere gängige Chivas-Marke ist der 18 Years Old. Er ist sozusagen die Luxusversion des Standard-Luxus-Blends. Neu auf den Markt gebracht wurde 2008 in äußerst limitierter Auflage der Chivas Regal 25 Years Old.

18 Years
Alter 18 Jahre
Alkoholgehalt 40 % vol
Duft vielfältige Aromen von getrockneten Früchten und Lebkuchen
Geschmack feine blumige und fruchtige Noten mit Anklängen von Schokolade und leichtem Rauch, reichhaltig und mild
Preis €€€

Royal Salute
Alter 21 Jahre
Alkoholgehalt 40 % vol
Duft fruchtig mit rauchigen Anklängen
Geschmack samtig, süßlich und nussig mit leichtem Anklang von Eichenholz, vollmundig und leicht rauchig
Preis €€€€€

Cutty Sark

Der berühmte Clipper Cutty Sark hatte seinen Namen von der Hexe Cutty Sark aus Robert Burns Gedicht »Tam O'Shanter«, und die Hexe war die Galionsfigur des Schiffes. Das Schiff ist bis heute auf dem Etikett abgebildet. Cutty Sark bedeutet aber auch »kurzes Hemd«.

Der legendäre »Scots (!) Whisky« Cutty Sark unterscheidet sich schon allein wegen seiner hellen Farbe von der Großzahl der Blended Whiskys. Entwickelt wurde Cutty Sark bei Berry Bros. & Rudd in London, der wahrscheinlich ältesten Weinhandlung der Welt. Die Idee zu Cutty Sark als Whisky mit betont leichtem und elegantem Stil entstand 1923 bei einem Treffen mit dem sehr bekannten schottischen Künstler James McBey, aus dessen Feder auch das bis heute nahezu unveränderte gelbe Etikett mit dem Bild des damals schnellsten Seglers der Welt stammt. Diesen nutzte man auch, um während der Prohibition in den USA Whisky dorthin zu schmuggeln. Nach 1933 konnte man an die Schmugglerfolge anknüpfen, und Cutty Sark ist in den USA bis heute einer der führenden Scotch-Marken. Der unverwechselbare leichte Charakter und das unverkennbare Etikett haben Cutty Sark weltberühmt gemacht und zur Nummer zehn der Blended Scotchs aufsteigen lassen. Außer der Standardmarke gibt es einige Deluxe-Abfüllungen und den 12-, 18- und 25-jährigen.

Hergestellt werden die Cutty Sark Whiskys von der Edrington/The 1887 Group, von der auch die wesentlichen Malts für die Cutty Sark Blends stammen.

Cutty Sark
Alter ohne Altersangabe
Alkoholgehalt 40 % vol
Duft leicht, blumig und spürbar malzig
Geschmack leicht, ausgewogen, mit feiner Rauchigkeit
Preis €

Cutty Sark 25 Years
Alter 25 Jahre
Alkoholgehalt 45,7 % vol
Duft frisch und aromatisch, mit Anklängen von Jasmin
Geschmack reif, voll, würzig, großes Volumen mit langem Nachklang, ein absoluter Spitzen-Blend
Preis €€€€

Dean's

Die Geschichte des Dean's geht zurück auf eine im Jahr 1881 im damaligen Dean Village erbauten Destillerie. Dean Village liegt heute im Stadtgebiet von Edinburgh, und Dean's wird in der Loch-Lomond-Destillerie in Alexandria (siehe Loch Lomond Seite 85) hergestellt.

Das bereits seit 1856 in Glasgow tätige Unternehmen Glen Catrine Bonded Warehouse entwickelte sich aus einer Wein- und Spirituosenhandlung zum Blender und Abfüller von Whisky und übernahm 1985 mit Loch Lomond ihre erste Destillerie. Glen Catrin war bereits damals Hersteller großer Handelsmarken wie High Commissioner und Old Rhosdhu, und auch Dean's wurde von Glen Catrine angeboten.

Zur vorhandenen Loch-Lomond-Malt-Destillerie erbaute man 1994 eine Grain-Destillerie und war damit die einzige Brennerei in Schottland, unter deren Dach beide Whiskyarten produziert wurden. Des Weiteren war man nun unabhängig in der Beschaffung des zum Blenden benötigten Grain Whiskys.

Der bei Verkostungen stets hoch bewertete Loch Lomond Grain Whisky wird auch für den Blend des Dean's verwendet. Über 10 Millionen Liter Grain-Alkohol werden jährlich hergestellt, und etwa 7 Millionen Liter werden für die eigenen Blended-Marken gebraucht. Von den zahlreichen Blended-Marken wird jedoch nur der Dean's, zusammen mit den Single Highland Malts, und dabei der einzigartige Single Highland Blend in Deutschland angeboten. Dean's Finest Old Scotch Whisky hat sich in den Jahren auf dem deutschen Markt eine gute Mittelposition geschaffen. Er steht heute in direkter Konkurrenz zu den großen alten Blended-Marken. Und auch mit den drei Loch Lomond Whiskys rangiert man weit vorne in Deutschland und erreicht mit ihnen den dritten Platz.

Dean's Finest Old Scotch Whisky
Alter ohne Altersangabe
Alkoholgehalt 40 % vol
Duft reiches Bouquet mit feinen Malt-Tönen
Geschmack mild und harmonisch, mit dezenter Fülle
Preis €

Dewar's

Die Geschichte des Dewar's spiegelt in vieler Hinsicht die Entwicklung des Blended Scotch, denn auch bei Dewar's lagen die Ursprünge im Wein- und Spirituosenhandel. Daraus entstand ein weltbekanntes Unternehmen, dessen Whiskys heute in 140 Ländern der Erde zu finden sind.

John Dewar (1806–1880) begann 1829 in Perth als Angestellter in einer Wein- und Spirituosenhandlung. 1847 eröffnete er sein eigenes Geschäft und begann Blends zusammenzustellen. Seine Söhne brachten dann 1891 den Dewar's White Label auf den Markt. Dewar's Scotch war auch einer der ersten, der in Flaschen angeboten wurde. Während John in Schottland blieb, ging Tommy nach London und eröffnete dort eine Niederlassung. Von London aus bereiste er zwei Jahre die Welt und kurbelte den weltweiten Export an. Tommy machte auch mit seinen Werbeideen von sich reden und setzte auf die schottischen Symbole, mit denen die Engländer die Schotten identifizierten. Die Figur eines Highlanders in traditioneller Tracht ist bis heute auf den Flaschen zu sehen.

Die Expansion

1896 erbaute man die Aberfeldy-Destillerie und kaufte bis 1924 weitere acht Brennereien, darunter Benrinnes, Glen Ord, Lochnagar und Pulteney. 1915 schloss man sich mit Buchanan & Co. zur Scotch Whisky Brands Ltd. zusammen, und zehn Jahre später erfolgte der Eintritt in die DCL (Distillers Company Ltd.), wo Dewar's eine entscheidende Rolle spielte. Mit der DCL kam Dewar's später zu den United Distillers und damit zum Multi Diageo.

Als sich die Diageo 1998 aus kartellrechtlichen Gründen von Dewar's trennen musste, folgte Bacardi-Martini als neuer Besitzer. Die Übernahmeschlacht zwischen Brown-Forman (Jack Daniels, Old Forester u.a.) und Bacardi-Martini endete mit einem Sieg für den Rummulti,

Dewar's White Label
Alter ohne Altersangabe
Alkoholgehalt 40 % vol
Duft perfekt ausbalanciert, nach Honig und Heide, zarte Noten von Birne und Eiche
Geschmack mittelschwer und sanft, harmonisch, nach Vanille, Honig und Heide
Preis €

der für £ 1,15 Milliarden den Zuschlag erhielt. Im Preis waren u. a. die vier Brennereien Aberfeldy, Craigellachie, Aultmore und Royal Brackle sowie die berühmte Ginmarke Bombay enthalten. Bacardi-Martini war zu dieser Zeit nur mit William Lawson in Schottland vertreten, und Dewar's ist seither auch für die gesamten Scotch-Interessen von Bacardi-Martini zuständig. Damit hatte Dewar's praktisch seine Eigenständigkeit zurück gewonnen und ist nicht mehr den Entscheidungen eines Multimarkenherstellers unterworfen. Damit einher ging auch eine neue Markenpolitik für den deutschen Markt, auf dem man seither die Aktivitäten verstärkt und vier Blends, den Dewar's Blended

Dewar Pferdegespann zu Beginn des 19. Jahrhunderts

Malt und zwei Aberfeldy Malts anbietet. Dewar's Whitel Label ist die erfolgreichste Scotch-Blended-Marke in den USA und hatte auch in Deutschland immer seine Liebhaber. Bereits 1912 wurde er zu uns exportiert. Aber bedingt durch die Unruhe auf dem Scotch-Markt in den 1980er Jahren wurde er einige Jahre nicht angeboten.

Special Reserve 12 Years
Alter 12 Jahre
Alkoholgehalt 43 % vol
Duft voll und rund, angenehm süß, nach Sultaninen, mit Torfnote, Malz- und Heidearomen
Geschmack nach Heide, Honig, Eiche und Karamell, mit Gewürznote und langem, nachhaltigem Finish
Preis €€

Founder's Reserve 18 Years
Alter 18 Jahre
Alkoholgehalt 43 % vol
Duft harmonisch, süß nach Butter Scotch, nach Mandeln und Marzipan, mit Vanillenote
Geschmack überraschend trocken, mit weicher Süße
Preis €€€

Dewar's Signature
Alter ohne Altersangabe
Alkoholgehalt 43 % vol
Duft reich und fruchtig, mit Noten von Sultaninen, Äpfeln, Honig, Vanille und Buttertoffee
Geschmack reich und vollmundig, nach Leder, Eiche, Honig und Marzipan
Preis €€€€€

Dimple

Die große Haig's-Marke Dimple (engl. Grübchen oder Delle) verdankt seinen Namen der »gekniffenen« Flaschenform. Es gibt ihn seit 1893, und seinen ersten Erfolg hatte er in den USA, wo er heute als »Pinch« angeboten wird.

Dimple ist berühmt geworden durch seine außergewöhnliche Flasche und ist heute mit jährlich rund 6 Millionen verkauften Flaschen nach dem Johnnie Walker »Black Label« und Chivas Regal der drittgrößte De-luxe-Blended-Whisky. Die 12-jährige Abfüllung gibt es in Deutschland und einigen anderen Ländern, international wird aber meist die 15-jährige Abfüllung angeboten. In Deutschland ist Dimple schon seit rund 50 Jahren präsent. Die berühmte Flasche wurde erst von John Haig & Co. verwendet und dann von der von Haig unabhängigen schottisch-amerikanischen Firma Haig & Haig für ihren Five Star Whiskey übernommen. Diese Firma gehörte John Alicius Haig, dessen Bruder Hugh Veitch Haig zur dieser Zeit als Direktor der John Haig & Co. fungierte. Der Whisky wurde innerhalb einiger Jahre einer der populärsten in den USA, und erst die Prohibition im Jahre 1920 stoppte den Erfolg. 1925 wurde die Firma dann von den schottischen Haigs übernommen. Immer wieder reizte die »gekniffene« Flasche andere Hersteller zur Nachahmung – bis 1927 der Gerichtshof von Schottland das Recht auf diese Flasche einzig den Haigs zusprach. Dimple wird aus rund 35, mindestens 12-jährigen bzw. 15-jährigen Malt- und Grain Whiskys komponiert. Der führende Malt Whisky stammt von Glenkinchie, doch auch Cragganmore und Lagavulin – alle aus der »Classic Malts«-Reihe – von Diageo sind im Blend enthalten.

Dimple
Alter 12 Jahre
Alkoholgehalt 40 % vol
Duft reif, voll und generös malzig, mit etwas Rauch und leichten Gewürznoten
Geschmack weich, malzig, würzig mit Rauchspuren und leicht torfig, im Nachklang etwas Vanille und Toffee
Preis €€

The Famous Grouse

Das schottische Moorhuhn (Grouse) ist Name und Symbol des Lieblingswhiskys der Schotten. The Famous Grouse ist in Schottland die Nr. 1, in Großbritannien die Nr. 2 und mit rund 40 Millionen jährlich verkauften Flaschen einer der Top Ten Scotch Whiskys.

Auf den Flaschen steht die Jahreszahl 1800. Dieses Gründungsdatum bezieht sich auf ein Wein- und Lebensmittelgeschäft in der Whiskymetropole Perth, in das Matthew Gloag eingeheiratet hatte und das er 1835 übernahm. Sein Sohn, der ab den 1860er Jahren das Geschäft betrieb, begann mit dem Whisky Blending, und ab 1896 vermarktete er seinen Whisky unter dem Namen The Grouse Brand. Seither ziert auch das von seiner Tochter gezeichnete Moorhuhn die Etiketten. Die neue Marke wurde schnell erfolgreich und bekannt und erhielt nach einigen Jahren ihren heutigen Namen. In den 1920er Jahren wurde The Famous Grouse in großem Umfang in die Karibik verschifft und von dort in die unter der Prohibition leidenden USA verbracht. Nach Beendigung dieser unglückseligen Zeit im Jahre 1933 begann man mit Erfolg mit dem regulären Export. Zur richtig großen Marke wurde The Famous Grouse nach der Übernahme durch die Highland Distillers (heute The 1887 Group) im Jahre 1970. Seit September 2008 wird mit dem The Black Grouse eine Variante mit rauchig-torfigem Charakter angeboten. Die Basis-Malts sind Macallan und Highland Park (siehe auch unter Malt Whiskys und Whiskyliköre).

12 Years Gold Reserve
Alter 12 Jahre
Alkoholgehalt 40 % vol
Duft reichhaltiges, volles Aroma, gut ausbalanciert
Geschmack reichhaltig und voll, gut ausgereift
Preis €€

The Famous Grouse Finest
Alter ohne Altersangabe
Alkoholgehalt 40 % vol
Duft leicht und elegant, mit schöner Grain-Note
Geschmack leicht, nach Grain, mit Speyside-typischer Blumigkeit und Malzigkeit
Preis €

Grant's

Die Whiskydynastie William Grant's ist das größte unabhängige Unternehmen im schottischen Whiskygeschäft. Und seit der mit dem Glenfiddich verwirklichten Idee, Whisky als Single Malt anzubieten, erlebte der schottische Whisky einen ungeheuren Aufschwung.

Das Städtchen Dufftown inmitten der Speyside-Region ist mit neun Brennereien das unbestrittene Zentrum des Malt Whiskys. William Grant lernte sein Handwerk bei Mortlach, der damals ersten Brennerei in Dufftown. 1886 erwarb er von der alten Cardow Distillery Brenngeräte und erbaute mit seinen sieben Söhnen am Fiddich (Hirsch) Burn die berühmte Glenfiddich Distillery. 1887 floss der erste Whisky, und schon 1892 errichtete man unweit davon die nach dem nahen Balvenie Castle benannte zweite Brennerei (siehe dort). 1990 kam in Dufftown als dritte die Kininvie-Destillerie dazu. Zwischenzeitlich hatte man im Jahr 1963 in Girvan in den Lowlands einen Brennereikomplex erbaut, aus dem seither der Grain Whisky für den Grant's stammt. In Girvan werden auch die Blends zusammengestellt und der Senkrechtstarter-Gin Hendrick's produziert. Die Gesellschaft ist bis heute im Besitz der Nachfahren von William Grant und wird auch von ihnen geleitet. Zum Grant-Portfolio gehört auch eine Tochterfirma, die über 50 Spirituosenmarken führt. Grant's Family Reserve zählt zum Besten, was als schottischer Blend angeboten wird. Er ist einer der komplexesten seiner Art und weist eine unübertreffbare Balance auf. Unter den Blended Scotch belegte Grant's 2005 mit rund 53 Millionen verkauften Flaschen den vierten Platz. Eine weitere Blended-Marke ist der 12-jährige Grant's Royal, der jedoch in Deutschland fast nicht zu finden ist. Neben dem Family Reserve kann man bei spezialisierten Händlern auch den in kleinen Mengen abgefüllten Classic/18 Years und den 100 US-Proof (50 % vol) finden.

Grant's
Alter ohne Altersangabe
Alkoholgehalt 40 % vol
Duft fein strukturierter Blend mit hohen Malznoten, mit einem Hauch Rauch und Fruchtaromen
Geschmack sauber und komplex, gut ausbalanciert, mit aromatischem Nachklang
Preis €

Scotch Blended Whisky

Haig

Der Name Haig ist einer der ältesten Namen – wenn nicht sogar der älteste – im schottischen Whiskygeschäft. Die Ursprünge der Familie reichen zurück bis zu Wilhelm I. dem Eroberer, der im Jahr 1066 mit seinen Normannen ins Land kam.

Die Haigs, die sich im 13. Jahrhundert in den Lowlands ansiedelten, bereiteten während der Industrialisierung maßgeblich der schottischen Whiskyherstellung den Weg. Das Jahr 1627 wird als Gründungsjahr der Firma Haig angegeben, und man erhebt den Anspruch, die älteste Whiskybrennerei der Welt zu sein (die irische Bushmills 1608!). Der älteste Name in der Whiskygeschichte ist Haig sicherlich. John Haig schließlich (1802–1878) war derjenige, der den Blended Whisky zum Welterfolg führte. Dass der Name seine Größe erreichte ist sicherlich auch dem Umstand zu verdanken, dass alle fünf Söhne eigene Brennereien gründeten und familiäre Bindungen zu Robert Stein, dem Erfinder der Patent Still bestanden. Diese neue Methode ermöglichte die Herstellung von Grain Whisky im großen Umfang. John Haig war auch die treibende Kraft hinter dem Zusammenschluss mehrerer Lowland-Brenner zur Distillers Co. Ltd., der später mächtigsten Firma im schottischen Whiskygeschäft. Dieser Zusammenschluss erfolgte 1877, und Haig produzierte schon rund 5 Millionen Liter im Jahr. Ende des Jahrhunderts wurde der Haig Gold Label eingeführt, und 1901 war die Geburtsstunde des Dimple. Im Jahr 1919 erwarb die DCL sämtliche Aktien von John Haig & Co. und 1925 kam auch Haig & Haig, die in den USA erfolgreich den Pinch (in Europa als Dimple bekannt) eingeführt hatten, dazu. Wie auch VAT 69 wird Haig Gold Label offiziell seit 2004 nicht mehr nach Deutschland exportiert. Grund dafür ist wahrscheinlich die Konzentration auf die anderen Marken des Konzerns.

Haig
Alter ohne Altersangabe
Alkoholgehalt 40 % vol
Duft elegant, mit intensivem Malzaroma und leichter Torfnote
Geschmack weich und malzig, mit anhaltendem Torfgeschmack
Preis €

J & B

Der nach den Anfangsbuchstaben des Firmengründers Justerini und des späteren Inhabers Brooks benannte J & B ist bei den Blended Scotchs mit über 75 Millionen jährlich verkauften Flaschen die Nummer zwei nach dem Johnnie Walker Red Label.

Justerini, ein Italiener aus Bologna, hatte sich bereits 1749 in London als Weinhändler einen Namen gemacht. Seit Alfred Brooks 1831 die Firma übernahm, stehen die Buchstaben J & B für Justerini & Brooks. Um 1880, als der Blended Whisky in England seine ersten Erfolge hatte, gehörte J & B zu den ersten Firmen, die einen eigenen Blend herstellten. Der Erfolg des J & B begann in den 1930er Jahren in den USA, wo der Lightcharakter des J & B gut ankam. Er entsprach dem durch die Prohibition veränderten amerikanischen Geschmack, und in den USA begann der Siegeszug zur Weltmarke. Einen weiteren Aufschwung erfuhr J & B durch den Zusammenschluss mit einem anderen Unternehmen und die Fusion mit Gilbey, aus der 1962 die mächtige IDV (International Distillers & Vintners) entstand. Die IDV wurde 1972 von der Grand Metropolitan übernommen, die sich wiederum mit dem Brauereiriesen Guinness zusammentat. Daraus entstand die heutige Diageo, der größte Spirituosenkonzern. J & B ist mit vier Brennereien in der Speyside-Region verbunden. Die älteste, Glen Spey, wurde 1885 erbaut und 1970 umfassend restauriert. Strathmill entstand 1823 als Getreidemühle und wurde 1892 zur Destillerie umgebaut. 1898 wurde Knockando errichtet, und 1974 begann die Auchroisk-Destillerie mit der Produktion. In Deutschland wurde J & B erst Ende der 1970er Jahre eingeführt und war auf Anhieb erfolgreich. Die meisten im J & B verarbeiteten Whiskys sind rund acht Jahre alt, und etwa 40 verschiedene Einzelwhiskys werden eingesetzt. Darunter führend die Malts aus den »J & B«-Destillerien.

J & B Rare
Alter ohne Altersangabe
Alkoholgehalt 40 % vol
Duft frisch, fruchtig, mit Gerstentönen und Zitrusnote
Geschmack leicht und frisch, leicht nach Gewürzen, nach Gerste und Malz, mit mildem Nachklang
Preis €

William Lawson's

William Lawson's ist zumindest in Deutschland eine heute wenig bekannte Marke. Ab Mitte der 1960er Jahre wurde er bis zum Ende der 1990er Jahre auch bei uns angeboten. Urlauber finden diesen Lightwhisky in Südeuropa und im Duty-free-Geschäft.

Das Etikett gibt 1849 als Gründungsjahr an, das Jahr, als der ursprüngliche William Lawson eine Whiskyhandelsfirma in Dundee gründete. Das Unternehmen scheiterte, und der Name tauchte

Gerste – das Korn der Schotten

erst Ende des 19. Jahrhunderts in Irland wieder auf. Neu gegründet wurde sie kurz nach dem Zweiten Weltkrieg als Blending- und Exportfirma in Liverpool, und 1963 erfolgte die Übernahme durch Martini & Rossi. Der italienische Wermutproduzent hatte sich einige Jahre zuvor in eine Whiskyfirma eingekauft und verlegte 1967 den Firmensitz nach Coatbridge bei Glasgow, um vom neuen Firmensitz aus die Whiskygeschäfte zu bündeln. Dort befindet sich auch ein großer Blending- und Abfüllkomplex sowie eine Lager-

und Abfüllhalle im nahen Glasgow. 1972 übernahm man die 1962/63 bei Banff erbaute Macduff-Destillerie. Diese ist Hersteller des Glen Deveron Single Malt und stellt auch den Basiswhisky für den William Lawson's. Drei Jahre später übernahm Bacardi von Diageo die große Marke Dewar & Sons, und seither werden die Bacardi-Scotch-Geschäfte von Dewar geleitet. Schon immer konzentrierte man sich bei William Lawson's auf den Export, und heute ist man stark auf dem italienischen Markt und in Spanien vertreten.

William Lawson's
Alter ohne Altersangabe
Alkoholgehalt 40 % vol
Duft gut ausbalanciert und leicht rauchig
Geschmack typischer, leichter Lightwhisky
Preis €

Old Smuggler

Der in den 1960er Jahren bei uns schon einmal erfolgreiche Old Smuggler erlebt seit der Übernahme durch die Gruppo Campari auch in Deutschland eine Renaissance. Besonders junge Whiskyliebhaber schätzen diesen milden Klassiker mit seinem attraktiven Preis.

Der Old Smuggler trägt seinen Namen zu Recht, denn er war einer der schottischen Whiskys, die während der Prohibition (1920–1933) in den USA ihr Hauptabsatzgebiet hatten. Dort wird er seit dieser Zeit geschätzt – und Old Smuggler spielt im US-Whiskymarkt auch heute noch eine bedeutende Rolle. Weitere große Absatzmärkte sind Argentinien und Belgien. Doch nicht erst seit der Prohibition trägt er seinen Namen. Seine Ursprünge reichen bis in das Jahr 1835 zurück, als er von den beiden Brüdern James und George Stodart eingeführt wurde, also bereits wenige Jahre nach der allgemeinen Legalisierung der Whiskyproduktion im Jahr 1823. Sie erinnerten damit an die Zeiten der illegalen Brennereien und die Ära der Schmuggler. Auch die Flaschenform entspricht einer zur damaligen Zeit gebräuchlichen Handlaterne, welche von den Schmugglern verwendet wurde, wenn sie von ihren Booten Signale gaben. Damals war Old Smuggler natürlich auch kein Blended Whisky in der heutigen Form, sondern wohl ein Vatted Malt der damaligen Zeit. Old Smuggler, von dem es auf den internationalen Märkten auch eine 12-jährige Abfüllung gibt, ist ein junger, leichter Blend, der mit seiner Milde besonders die jungen Whiskyliebhaber anspricht und als idealer Einsteigerwhisky gilt. Aufgrund seiner Leichtigkeit ist Old Smuggler auch zum Mixen bestens geeignet.

Seit der Übernahme durch Campari ist der Old Smuggler auf den europäischen Märkten und auch bei uns wieder gut zu finden.

Old Smuggler
Alter ohne Altersangabe
Alkoholgehalt 40 % vol
Duft starker Grain-Charakter mit harmonischem Malt im Speyside-Stil.
Geschmack mild, leicht und ein wenig vom Grain beherrscht
Preis €

Passport

Passport ist auf einigen internationalen Märkten und im Duty-free-Geschäft eine wohlbekannte Marke. In Deutschland wurde er in den 1980er Jahren für einige Zeit angeboten, wird aber zurzeit nicht offiziell importiert.

Im Vergleich zu den meisten großen Blended Scotch Whiskys ist Passport eine relativ junge Marke. Er wurde vom damaligen Whiskymulti Seagram erst 1968 eingeführt und erreichte bereits in den 1970er Jahren enorme Umsatzzahlen. Dieser Erfolg dauert bis heute an, und Passport zählt seit vielen Jahren mit jährlich über 20 Millionen verkauften Flaschen zu den zwölf erfolgreichsten Blended Whiskys.

Seagram wollte damals mit dem Passport sein Whiskysortiment mit einem leichten und frischen Blended Whisky als Gegengewicht zu den überaus erfolgreichen Lightwhiskymarken J & B und Cutty Sark positionieren. Man setzte auf die Exportmärke und das Duty-free-Geschäft und machte sich für die Marke in Ländern stark, die erst begannen, ihre Liebe zum Whisky zu entdecken. Deshalb ist Passport auch eine bis heute in Schottland und England fast unbekannte Marke. Seine Hauptmärke sind die USA, Lateinamerika, Südeuropa und vor allem Brasilien. Durch die Übernahme von Seagram durch Pernod Ricard im Jahr 2001 kam auch die damalige Chivas & Glenlivet Group mit den von ihr hergestellten Marken, darunter Passport, in den Besitz von Pernod Ricard. Diese produziert ihn unverändert, und führende Malts im Blend sind wie bisher die der Chivas & Glenlivet Group, darunter Glenlivet, Glen Keith, Longmorn und Caperdonich.

Passport ist fast ausschließlich im Ausland zu bekommen, und wer leichten Whisky bevorzugt, kann ihn günstig in Spanien finden.

Passport
Alter ohne Altersangabe
Alkoholgehalt 40 % vol
Duft leicht, mit spürbarer Speyside-Note
Geschmack leicht, mit Malznoten und Speyside-Charakter
Preis €

Seagram's 100 Pipers

Die Chivas-Marke Seagram's 100 Pipers wird erst seit 1966 hergestellt und zählt seither in vielen Ländern zu den erfolgreichen Marken. Sein Name erhielt er von dem alten schottischen Volkslied »Wi a 100 Pipers«, und Dudelsackspieler prägen das Etikett.

Der kanadische Spirituosenmulti Seagram hatte 1949 mit dem Kauf von Chivas Regal seine Aktivitäten auf Schottland ausgeweitet. Der De-luxe-Blended Chivas Regal wies damals noch nicht die blendenden Umsatzzahlen von heute auf, und Chivas Regal war als 12-jähriger Whisky auch erheblich teurer. Es fehlte also ein »normaler« Blended Scotch in Sortiment. Zwei Jahre vor Einführung des Lightwhiskys Passport (siehe dort) waren dann die Vorbereitungen für einen neuen Seagram Whisky abgeschlossen. Über 500 Blends wurden entwickelt und verkostet, bis man nach zwei Jahren mit einem Blend aus 30 Whiskys die ideale Kombination gefunden hatte. Bis heute stellen Malt Whiskys aus den zur Chivas & Glenlivet Group gehörenden Brennereien Glenlivet, Glen Keith, Longmorn und Strathisla die Basis des Seagram's 100 Pipers. Wie alle Marken von Chivas & Glenlivet kam auch dieser mit dem Verkauf in den Besitz des französischen Spirituosen- und Whiskymultis Pernod Ricard. Und man traf, wie später auch mit dem Passport, in den 1980er Jahren in Deutschland auf einen von der Konkurrenz dominierten Markt. Man verlegte sich darauf, zukunftsträchtige Märkte zu erschließen und verstärkte die Aktivitäten in den Ländern, die man als »Whiskyentwicklungsländer« ausgemacht hatte. Großer Popularität erfreut sich der 100 Pipers in Großbritannien selbst, in Spanien, Südostasien, Lateinamerika und Brasilien.

100 Pipers
Alter ohne Altersangabe
Alkoholgehalt 40 % vol
Duft reif, ausgewogen und mittelschwer
Geschmack nachhaltig, voll und leicht rauchig
Preis €

Teacher's

Das Glasgower Urgestein Teacher's gilt als ein standhafter Verfechter schottischer Tradition. Die markante Flaschenform fällt sofort ins Auge, und das berühmte »Highland Cream«-Etikett wird seit 1884 nahezu unverändert verwendet.

Wie viele schottische Whiskypioniere begann William Teacher (1811–1876) mit dem Handel von Wein und Spirituosen. Nach seiner Heirat im Jahr 1834 forcierte er im Geschäft seiner Schwiegereltern den Verkauf von Whisky und begann, eigene Blends herzustellen. Einer davon wurde die große und bis heute erfolgreiche Marke Highland Cream. Diesen ließ man im Jahr 1884 ins Handelsregister eintragen. William Teacher eröffnete in Glasgow auch eine Reihe von Dram Shops, in denen es außer Teacher-Whisky nichts zu trinken gab. Diese waren eine Institution in Glasgow, und die letzte der einstmals 18 Trinkstuben wurde erst in den 1960er Jahren geschlossen. Die Nachfolger von William Teacher errichteten 1898 in Kennethmore, Speyside, die Ardmore-Destillerie und erwarben 1960 die etwas nördlich von Ardmore liegende, bereits 1826 eröffnete Glendronach Distillery. Das Unternehmen Wm Teacher & Sons war auch Pionier des Whiskyexports, und über ihre weit verzweigte Organisation belieferten sie zahlreiche Auslandsmärkte. Auch während der US-amerikanischen Prohibition von 1920 bis 1933 lieferte man nach Kanada, und von dort fand der Teacher's Whisky seinen Weg zu den Not leidenden Amerikanern. Im Jahre 1976 übernahmen die Allied Breweries das zu diesem Zeitpunkt größte Whiskyfamilieunternehmen, und seit 2005 ist Teacher Teil von Beam Global Spirits. Der hoch gelobte Teacher's ist bis heute mit rund 25 Millionen jährlich verkauften Flaschen ein wirkliches Schwergewicht unter den zahlreichen schottischen Blends.

> **Teacher's Highland Cream**
> **Alter** ohne Altersangabe
> **Alkoholgehalt** 40 % vol
> **Duft** reich, mit weichem Malzton, leichte Torfnote und einer Spur Sherry
> **Geschmack** reich und körpervoll, komplex und ausgeglichen
> **Preis** €

VAT 69

Etwas ältere Scotch-Freunde werden sich noch an die Zweitverwendung der damals dickbauchigen VAT-69-Flasche erinnern. Kein Partykeller oder Vorstadtcafé, wo diese nicht als Kerzenständer eine prominente Rolle spielte!

William Sanderson, eine der großen Persönlichkeiten der Blended-Scotch-Geschichte, gründete 1863 einen Wein- und Spirituosenhandel und beschäftigte sich mit der noch jungen Methode des Blendings. 1882 lud er Whiskyexperten ein, um gemeinsam aus 100 Fässern Blended Whisky das beste herauszufinden. Das Fass (Vat) Nummer 69 war der Sieger, und dieser Blend bestimmte die Zukunft. Und noch dazu war so ein unverwechselbarer Markenname gefunden, und damit begann der Siegeszug eines der erfolgreichsten Blended Whiskys. Im Jahr 1937 wurde die Firma Sanderson Teil der Distillers Company Limited (DCL) und ist heute mit dieser im Besitz der Diageo. Auch die einst dickbauchige Flasche erfuhr Veränderungen: Sie wurde mit den Jahren immer dünner und ist heute schlank wie viele andere. VAT 69 gibt es in zwei Versionen. Den Klassiker mit hohem Malt-Anteil für den britischen Markt und für die Exportmärkte einen mit geringerem Malt-Anteil. Der Whisky, ein kräftiger Scotch der alten Schule, wurde zwar von den moderneren, leichteren Blends etwas in den Hintergrund gedrängt, ist aber in Ländern wie Spanien, Venezuela und Australien nach wie vor eine führende Marke. Nach Deutschland wird VAT 69 offiziell seit 2004 nicht mehr exportiert Grund dafür ist wahrscheinlich die Konzentration auf die anderen Blended-Marken des Konzerns (Johnnie Walker, J & B und Black & White). Trotzdem ist VAT 69 immer noch ein Schwergewicht. Mit jährlich rund 14 Millionen verkauften Flaschen belegte er 2006 den 15. Platz unter den Blended Whiskys.

VAT 69/britischer Markt
Alter ohne Altersangabe
Alkoholgehalt 40 % vol
Duft leicht, mit der Frische von Speyside-Malts, mit fester Rauchbasis
Geschmack kraftvoller Körper, vollmalzig, mit mildem Charakter
Preis €

White Horse

White Horse, einer der berühmtesten Blends Schottlands, erhielt seinen Namen vom White Horse Inn, einem Gasthof in Edinburgh. Dieser wiederum wurde nach dem weißen Pferd benannt, mit dem Königin Mary oft am Gasthaus vorbeiritt.

Auf den Etiketten steht als Gründungsjahr 1742, was sich aber auf diesen Gasthof beziehen dürfte. Am realen Anfang der Whiskygeschichte von White Horse stand James Logan Mackie, der 1856 die Firma Mackie & Co gründete und 1867 mit dem Erwerb der Islay-Destillerie Lagavulin ins Brennereigeschäft einstieg. Doch erst sein umtriebiger Neffe Peter Mackie begann mit der Produktion eines eigenen Blends. Der in Edinburgh geborene Peter Mackie hatte das Whiskygeschäft nicht – wie es meist der Fall war – als Händler, sondern direkt in der Brennerei seines Onkels kennen gelernt. Er gründete 1883 in seiner Heimatstadt Edinburgh seine eigene Firma, ließ aber erst 1891 seine Marke »Mackie's White Horse Cellar Scotch Whisky« registrieren. Nach dem Tod seines Onkels im Jahr 1889 erbte Peter Mackie die Lagavulin-Destillerie und erbaute 1892 im Zentrum der Speyside-Region die Craigellachie-Destillerie. Peter Mackie machte in vielen Bereichen von sich reden und brachte es als einer der fünf Whiskybarone zum Adelstitel. Als er 1924 starb hinterließ er ein blühendes Unternehmen, das zwei Jahre nach seinem Tod nochmals für Aufsehen sorgte. Als erstes Unternehmen ersetzte man bei White Horse den bis dahin üblichen Korken durch den Schraubverschluss und verdoppelte damit innerhalb von sechs Monaten den Flaschenabsatz. Im Jahre 1927 wurde White Horse Teil der Distillers Company Limited (DCL), dem Vorgänger der heutigen Diageo. Führende Malt Whiskys im White Horse sind heute Talisker, Craigellachie, Linkwood und immer noch Lagavulin.

White Horse
Alter ohne Altersangabe
Alkoholgehalt 40 % vol
Duft ausgewogen, mit starker Malt-Note und Torf- und Raucharoma
Geschmack nachhaltig und voll, ein traditioneller »old style« Blend auf hohem Niveau
Preis €

Johnnie Walker

In der südlich von Glasgow gelegenen Stadt Kilmarnock gründete John Walker 1820 eine Kolonialwarenhandlung, aus deren Ursprüngen sich mit dem Johnnie Walker die mit Abstand größte Scotch-Whiskymarke entwickelte.

In den Jahren, in denen John Walker das Geschäft betrieb, verkaufte er zwar auch Whisky, dieser spielte wie bei vielen anderen Händlern aber nur eine Nebenrolle. Das änderte sich, als sein Sohn Alexander 1856 in die Firma eintrat. Mit dem neuen Gesetz von 1860, das das Blenden von Malt mit Grain ermöglichte, begann dann der Aufstieg zur schottischen Whiskydynastie. Alexander Walker beschäftigte sich mit dieser neuen Möglichkeit und entwickelte seinen eigenen Blend.

Unterstützt von seinen drei Söhnen stieg das Unternehmen rasch zu einem der damals schon größten Whiskyvermarkter auf. Man war mit den ersten Walker-Marken Old Highland White Label, Special Red Label und Special Black Label so erfolgreich, dass man im Jahr 1893 zur Nachschubsicherung die Speyside-Destillerie Cardow (heute Cardhu) erwerben konnte.

Born 1820 – still going strong

1908 erschien erstmals die von Tom Browne gezeichnete Johnnie-Walker-Figur, und aus der munteren Gestalt mit Zylinder, Frack, Einglas und Spazierstock entwickelte sich der größte Teil der Werbung. Zusammen mit dem Slogan »Born 1820 – still going strong« schuf man damit ein eindrucksvolles Markenbild. In diesem Jahr ließ man auch den Namen schützen, und seither werden auch die viereckigen Flaschen und das rote und schwarze Etikett verwendet. Der einfachere White Label wurde eingestellt, und Red Label und Black Label entwickelten sich zu den großen Blended-Scotch-Marken. 1925 gab man die Eigenständigkeit auf und fusionierte mit

Black Label
Alter 12 Jahre
Alkoholgehalt 40 % vol
Duft komplex und von großer Vielfalt, angenehm trockene Rauchigkeit, Rosinen-, Apfelsinen- und Zitrustöne
Geschmack weicher, voller und eigenständiger Charakter, rauchige, malzige und torfige Noten, verhaltene Vanille- und Rosinentöne
Preis €€

Red Label
Alter ohne Altersangabe
Alkoholgehalt 40 % vol
Duft frische, ausgeprägte charakteristische Aromen, subtile Vanilletöne, kräftiger, rauchiger Malzton
Geschmack weich mit zarter Süße und viel rauchigem Malz, harmonische Vanille- und Gewürztöne
Preis €

Gold Label
Alter 18 Jahre
Alkoholgehalt 40 % vol
Duft rund, voll und intensiv, nach Toffee und frischem Malz
Geschmack vollmundig, nach frischem Malz und Honig, nach Gewürzen, Mandeln und Marzipan, zart rauchig. Empfohlen wird: eiskalt im geeisten Glas, schmeckt dadurch noch samtiger und erinnert an Honig
Preis €€€

Blue Label
Alter ohne Altersangabe
Alkoholgehalt 40 % vol
Duft sehr harmonisch mit wenig Rauchtönen, ausgeprägter Sherrycharakter, ein Hauch von gerösteten Nüssen, keine ausgeprägte Aromendominanz
Geschmack stark und eindeutig, ausgeprägte torfige und rauchige Töne, mit Spuren von Gewürzen und Schokolade
Preis €€€€€

der DCL (Distillers Company Limited), blieb aber als eigenständiges Unternehmen innerhalb des Konzerns erhalten. Seit dieser Zeit erlebten die Marken einen phänomenalen Aufschwung, der sie an die Weltspitze katapultierte. Johnnie Walker Red Label war im Jahr 2005 mit rund 100 Millionen verkauften Flaschen die absolut führende Scotch-Blended-Marke und nach dem Jack Daniel's die zweitgrößte Whiskymarke überhaupt. Der edle Johnnie Walker Black Label belegt mit rund 53 Millionen Flaschen die Spitzenposition bei den 12-jährigen De-luxe-Blends. Eine Marke, die von der ursprünglichen Flaschenform abweicht, ist der Swing, der in manchen Ländern auch Celebrity heißt. Er erhielt seinen Namen durch die Flaschenform, die nur an zwei Enden aufsitzt und dadurch bei Berührung schwingt. Entwickelt wurde der Swing in den 1920er Jahren für die großen Ozeandampfer, und seine Form sollte verhindern, dass die Flasche bei starkem Seegang umfiel. Weitere Abfüllungen sind die beiden 18-jährigen Blended Scotch Gold Label und der 2012 eingeführte Platinum. Dazu kommt seit 2011 der Double Black, der intensiver und rauchiger als der ehrwürdige Black Label ist und bisher nur im Duty-Free-Handel erhältlich war. Das Nonplusultra ist der 1992 eingeführte Blue Label. Dieser Whisky mit Seltenheitswert wird aus bis zu 60 Jahre alten Malts und Grains nach einer alten Rezeptur von Alexander Walker zusammengestellt.

Whyte & Mackay

Wie viele schottische Whiskyhäuser erlebte auch Whyte & Mackay viele Höhen und Tiefen, Verkäufe und Übernahmen. Seit 2003 sind die Wogen geglättet, und man kann sich wieder in Ruhe mit der eigenen Marke und den Whiskys der angeschlossenen Brennereien beschäftigen.

Aus einer 1844 in Glasgow gegründeten Firma ging nach der Übernahme durch James Whyte und Charles Mackay im Jahr 1882 die dann nach ihnen benannte Firma hervor. Fast ebenso alt ist die Blended-Scotch-Marke Whyte & Mackay. Diese erzielte ihre ersten Erfolge in den englischsprachigen Ländern USA, Kanada, Australien und Neuseeland. In Großbritannien wurde der Whyte & Mackay Whisky erst nach dem Zweiten Weltkrieg bekannt. Heute zählt sie auch auf dem schwierigen und heiß umkämpften schottischen Markt zu den führenden Marken.

Im Jahr 1960 kaufte man die in den Northern Highlands gelegene Dalmore-Destillerie, und in den 1970er Jahren kamen die zwischen Dundee und Aberdeen gelegene Fettercairn- sowie die in der Speyside-Region gelegene Tomintoul-Destillerie dazu.

Die Jahre der Unruhe

1972 endete die Selbstständigkeit, und nach einigen Besitzerwechseln landete man beim US-Konzern American Brands (Jim Beam). Unter dessen Ägide erfolgten Käufe und Verkäufe von Destillerien und der Erwerb mehrerer Blended-Marken. Man übernahm 1994 die Firma Invergordon Distillers mit den Malt-Destillerien Isle of Jura, Bruichladdich, Tamnavulin und Tullibardine und legte die drei letztgenannten still. In diesen Jahren nahm Whyte & Mackay die Scotch-Interessen der Muttergesellschaft wahr, und 1997 übertrug American Brands alle Spirituoseninteressen an die neu eingerichtete Jim Beam Brands (JBB), deren Muttergesell-

Special
Alter ohne Altersangabe
Alkoholgehalt 40 % vol
Duft seidig, voll und ausgewogen, ein perfekter Blend
Geschmack mit Honig- und Fruchtaromen, weich, mit reichen, ansprechenden Hintergrund
Preis €

Der rote »Lion«, das Emblem von Whyte & Mackay

schaft heute Fortune Brands heißt. Diese beendete im Jahr 2001 das »Schottland-Abenteuer« von JBB, und zum Jahresende 2001 übernahm das schottische Management von JBB Whyte & Mackay und die Invergordon Distillers. Man firmierte erst als Kyndal Group, seit 2003 aber wieder als Whyte & Mackay. Zum Unternehmen gehören die Destillerien Dalmore und Fettercairn und über die Invergordon Distillers die Brennereien Isle of Jura, Tamnavulin, Bruichladdich, Tullibardine und Deanston sowie eine große Zahl an Blended-Marken.

Eine Besonderheit ist das Blending (Double Marriage Process) bei Whyte & Mackay. Hier werden zuerst die verschiedenen Malts (führend Dalmore und Fettercairn) und Grains jeweils getrennt vermischt und dann in Sherryfässern nochmals für einige Monate gelagert. Dann erst erfolgt das endgültige Blending und eine weitere Lagerung. Neben den abgebildeten Abfüllungen gibt es noch den außergewöhnlichen Thirty Years Old und seit 2008 den Forty Years Old.

The Thirteen, 13 Years
Alter 13 Jahre
Alkoholgehalt 40 % vol
Duft stabiles, reiches Bouquet, elegante erkennbare Weichheit
Geschmack mit großer Substanz, exquisite Aromen und perfekt harmonisch
Preis €€

Old Luxury, 19 Years
Alter 19 Jahre
Alkoholgehalt 40 % vol
Duft reich, samtige Struktur, perfekt harmonisch, mit einer Spur Sherry im Hintergrund
Geschmack komplex, rund und weich, mit perfekter Balance
Preis €€€

Supreme, 22 Years
Alter 22 Jahre
Alkoholgehalt 40 % vol
Duft majestätische Malt-Töne, elegant und samtig, perfekt harmonisch, mit leichter Eiche im Hintergrund
Geschmack reich, mit vollem Körper und klassischem langem Nachklang
Preis €€€€

Weitere Marken

Auf den vorhergehenden Seiten wurden die großen, den Weltmarkt dominierenden Scotch-Blended-Marken vorgestellt. Die Zahl der Blended Whiskys ist fast unüberschaubar. Sie werden oft nur für bestimmte Länder hergestellt und sind im Nachbarland schon wieder unbekannt.

Nachfolgend eine Auflistung größerer Scotch-Blended-Marken und Angaben zum Markeninhaber. Für die im Buch vorgestellten Marken ist die Seitenzahl angegeben.

Ainslie's Bruggemann
Ambassador Pernod Ricard
The Antiquaray (Seite 120)
Bailie Nichol Jarvie Moët
Ballantine's (Seite 121)
Baxter's Barley Bree Diageo
Bell's (Seite 122)
Beltane The Beltane Whisky Co.
Ben Alder Gordon & MacPhail
Beneagles Scottish & Newcastle
Benmore Diageo
Big T Takahara Shuzo
Black Bottle (Seite 123)
Black & White (Seite 124)
Black Douglas Pernod Ricard
Black Dog Whyte & Mackay
Black Prince CL World Brands
Black Shield Ian MacLeod
Black Watch Pernod Ricard
Blue Hanger Berry Bros. & Rudd
Buchanan Diageo
Bulloch Lade Diageo
Campbeltown Loch Mitchell
Catto's InterBev
Clan Ben Angus Dundee
Clan Campbell (Seite 125)
Clan MacGregor Grant & Sons
Clan Munro Bacardi-Martini
Chivas Regal (Seite 126)
Cutty Sark (Seite 128)
Dean's (Seite 129)
Defender Dalaruan
Dewar's (Seite 130)
Dew of Ben Nevis Nikka
Dimple (Seite 132)
Doctor's Special Pernod Ricard
Dream of Barley Pernod Ricard
The Dundee Angus Dundee
Dunhill The 1887 Group
Edinburgh Castle Whyte & Mackay
Eternity Eternity Co.

Happy Family auf der großen, aber fast unbewohnten Isle of Jura

Schottlands wilde Küsten und das blaue Meer faszinieren jeden Besucher

The Famous Grouse (Seite 133)	**Lochranza** Isle of Arran
Findlater's Whyte & Mackay	**Long John** Pernod Ricard
Five Lords Whyte & Mackay	**Lowrie's** Diageo
Glen Catrine Glen Catrine	**Old Angus** Diageo
Glendarroch Duncan Taylor	**Old Argyll** CL World Brands
Glen Eagle Whyte & Mackay	**Old Barrister** Glen Catrine
Grant's (Seite 134)	**Old Parr** Diageo
Haig (Seite 135)	**Old Smuggler** (Seite 138)
Hankey Bannister InterBev	**Passport** (Seite 139)
High Commissioner Glen Catrine	**Pig's Nose** Whyte & Mackay
Highland Bird Grant & Sons	**Pinwinnie Royal** InterBev
Highland Breeze Inver House	**Queen Anne** Pernod Ricard
Highland Clan Pernod Ricard	**Robbie Dhu** Grant & Sons
Highland Club Diageo	**Rob Roy** Morrison Bowmore
Highland Nectar Diageo	**Royal Household** Diageo
Highland Queen Moët Hennessy	**Royal Island** Isle of Arran
Highland Reserve Grant & Sons	**Scottish Leader** CL World Brands
House of Lords Pernod Ricard	**Scottish Prince** Speyside Distillery
Highland Rose CL World Brands	**Seagram's 100 Pipers** (Seite 140)
Highland Supreme Whyte & Mackay	**Something Special** Pernod Ricard
Inverness Cream Whyte & Mackay	**Stewart's Cream of the Barley** PR
Islay Mist MacDuff	**Stewart's Finest Old** Whyte & Mackay
Isle of Skye Ian MacLeod	
Jamie Stuart Whyte & Mackay	**Teacher's** (Seite 141)
J & B (Seite 136)	**Thistle Dhu** Speyside Distillery
John Begg Diageo	**Usher's Green Stripe** Diageo
King Charles Grant & Sons	**VAT 69** (Seite 142)
King Edward I. Bacardi-Martini	**White Heather** Pernod Ricard
King George IV. Diageo	**White Horse** (Seite 143)
Lang's Ian MacLeod	**Johnnie Walker** (Seite 144)
William Lawson's (Seite 137)	**Whyte & Mackay** (Seite 146)
Lauder's MacDuff	**Ye Monks** Diageo

WEITERE MARKEN

Irish Whiskey

Der Auferstandene

Kein anderer Whisky und Whiskey hat eine so bewegte Geschichte wie der irische. Der Irish Whiskey war einmal der gefragteste unter allen Whiskeys und Whiskys der Welt, stürzte dann jedoch dramatisch ab. Erst seit den 1980ern spielt er eine zunehmend bedeutende Rolle.

Vielleicht haben die Iren tatsächlich das erste »Wasser des Lebens« aus Getreide gebrannt, wie sie gerne und oft behaupten – aber es gibt keinen Beweis dafür. Destilliert haben sie zwar schon sehr früh, doch Gerste als Rohstoff zum Destillieren wurde erst 1556 offiziell erwähnt. In jenem Jahr warnte die Regierung auch zum ersten Mal vor der Gefahr des »aqua mortis«; so nannte sie abschreckend das *aqua vitae*. Allerdings können sich die Iren der ersten Lizenz zum Brennen von Whisky (auch der Irish schrieb sich anfangs ohne das e) rühmen: Im Jahr 1608 vergab König James I. die Genehmigung an einen gewissen Sir Thomas Phillipps; der lebte in der Region, in der später die Old Bushmills Distillery gegründet wurde. Die führt ihre Wurzeln daher auf das Jahr 1608 zurück, obwohl sie nachweislich erst 1784 erbaut wurde. In der Geschichte des Irish Whiskey ist noch manches andere nicht eindeutig geklärt, beispielsweise die Frage, ob anfänglich tatsächlich nur Gerstenmalz destilliert wurde oder der Whiskey der Grünen Insel nicht einfach nur ein Schnaps aus beliebigen Rohstoffen war. Für die Vermutung spricht ein Gesetz von 1759, das für die Herstellung von Whiskey nur noch Malz, Getreide, Kartoffeln und Zucker zuließ. Das Gesetz wurde möglicherweise auch als Reaktion auf das weit verbreitete Schwarzbrennen erlassen: Seit einer ersten Besteuerung von Whiskey im Jahr 1661 wurde in Irland zwischen legalem Parliament's Whiskey und illegalem Poitín unterschieden. Weil kaum ein Ire gewillt war, für seinen hausgebrannten Whiskey Steuern zu zahlen, wurde das Schwarzbrennen quasi zum Volkssport. Die Qualität der illegalen Brände war natürlich oft unzureichend, und so wurden zur »Verbesserung« allerlei Hilfsmittel eingesetzt. Im Jahr 1822 hatte das Schwarzbrennen offensichtlich den Höhepunkt erreicht: Den 20 legalen Brennereien in ganz Irland standen allein auf der Halbinsel Inishowen mehr als 800 illegale gegenüber.

Der Excise Act aus dem Jahr 1823 dämmte auch in Irland – ebenso wie in Schottland – das Schwarzbrennen ein: Wer zehn Pfund für die Lizenz bezahlte und eine Brennblase mit einem Fassungsvermögen von 160 Liter oder mehr besaß, konnte ab jenem Jahr legal Whiskey brennen. Eine von England, dem ganz Irland damals noch unterstand, verordnete Malzsteuer führte dann schließlich zu dem Whiskey, der heute als der klassische Irish gilt, zum **Pure Pot Still Whiskey (seit 2011 Single Pot Still).** Um wenigstens einen Teil dieser Steuer zu sparen, gaben die irischen Brenner mehrheitlich ungemälzte Gerste in die Maische und fügten lediglich einen kleineren Teil Malz zum besseren Verzuckern der Stärke bei. Anfangs wurden zum Teil auch noch andere Rohgetreide – Weizen, Roggen und Hafer – zu der Gerste in die Maische gegeben. Das ungemälzte Getreide ergab Whiskey von ganz eigener Art, der schon bald auch außerhalb von Irland geschätzt wurde. Im 19. Jahrhundert stieg die Whiskeyproduktion in Irland auf das Vierfache der bisherigen Menge an. Aber schon bald ging es nur bergab. Als sich im Jahr 1878 John Power, John Jameson, William Jameson und George Roe – die vier größten Brenner Irlands – zusammentaten, um vor gepanschten Nachahmungen ihrer gefragten Whiskeys zu warnen, zeichnete sich der Niedergang schon ab. Die Temperenzler hatten so gegen »Demon Drink« gekämpft, dass die Zahl der Kneipen in Irland innerhalb von nur sechs Jahren von 21.000 auf 13.000 gesunken war. Auch die Erfindung ihres Landsmannes Aeneas Coffey geriet den Iren zum Schaden: Als die Schotten anfingen, den in der *Coffey still* destillierten, leichteren Grain mit Malt

Die Bushmills Distillery im nordirischen County Antrim

Whisky zu mischen, überholte dieser »gefällige« Blended Whisky sehr schnell den fülligeren Irish Whiskey: Der Scotch Blended war zum einen billiger, zum anderen traf er besser den Zeitgeschmack als der klassische irische Pure Pot Still Whiskey. Als sich die Iren endlich entschlossen, auch Grain Whiskey zu brennen und diesen mit Pure Pot Still Whiskey zu leichterem Blend zu mischen, hatten die schottischen Konkurrenten schon einen fast nicht mehr einzuholenden Vorsprung in den Märkten der Welt. Im irischen Unabhängigkeitskrieg verloren die Brenner auf der Grünen Insel dann ihren bislang wichtigsten Markt: das ganze Commonwealth. Schließlich gab die Prohibition in den USA der irischen Whiskeyindustrie den Rest. Während die Schotten und Kanadier ihre Whiskys in gewaltigen Mengen in die »trockengelegten« Vereinigten Staaten schmuggeln ließen, taten die Iren nichts dergleichen. Aber es gab in den USA Kriminelle genug, die Fusel übelster Art als Irish Whiskey etikettierten und damit den Ruf des echten irischen Whis-

Unberührte irische Landschaft mit klaren, sauberen Quellen

keys nachhaltig schädigten. Als die Prohibition 1933 zu Ende war, hatten die Iren erneut das Nachsehen: Die auf diesen Tag vorbereiteten Schotten und Kanadier konnten umgehend – und jetzt legal – ausreichend Whisky in die USA schaffen, deren eigene Brennereien noch für Jahre lahmgelegt waren – die Iren hatten zu wenige oder gar keine Vorräte für diesen Markt.

In den folgenden Jahrzehnten wurde der irische Whiskey zur Randfigur im Weltmarkt der Whiskys und der Whiskeys. Namhafte Brennereien mussten schließen: Die in den 20er Jahren stillgelegte Coleraine Distillery in Nordirland war 1938 zwar wieder in Betrieb genommen, jedoch wegen Getreidemangels im Zweiten Weltkrieg endgültig dichtgemacht worden. 1953 schloss die Locke's Distillery in Kilbeggan und im Jahr darauf im nahen Tullamore auch die dortige Brennerei gleichen Namens. Im Jahr 1966 gab es auf der Grünen Insel noch vier aktive Brennereien statt jener 28, die Alfred Barnard in den 1880er Jahren auf seiner Tour durch sämtliche Destillerien des Vereinigten Königreichs besucht und beschrieben hatte. Drei der vier verbliebenen – Jameson, Power und Cork Distillers – schlossen sich in jenem Jahr zur Irish Distillers Group zusammen. Zu Beginn der 1970er trat auch die im nordirischen County Antrim ansässige Old Bushmills Distillery dem Verbund bei. Dieser errichtete 1975 in Midleton nahe der Stadt Cork eine Zentralbrennerei, in der alle Whiskeys der Gruppe – bis auf Bushmills, die weiterhin in dem gleichnamigen Ort im Norden ihren Malt Whiskey brannte – nach dem originalen Rezept erzeugt wurden. Das war (und ist bis heute) möglich, weil diese Brennerei entsprechend ausgestattet ist. Dafür schloss die IDG ihre beiden Brennereien in der Hauptstadt Dublin und legte auch die alte Brennerei in Midleton still. Die von dem Zusammenschluss wie von der zentralen Brennerei erhoffte wirtschaftliche Stärkung blieb aber aus. Im Jahr 1987 wurde die Irish Distillers Group (IDG) – nach einer wahren Übernahmeschlacht, an der sich Unternehmen von Weltgeltung beteiligt hatten – schließlich von der französischen Groupe Pernod Ricard übernommen. Die ließ der irischen Tochter weitgehend freie Hand, und so stellte die Irish Distillers Limited (IDL), wie sie mittlerweile firmiert, in Midleton Pure Pot Still, Grain und Blended Whiskeys her, während sich The Old Bushmills Distillery auf Malt spezialisierte, der für die dortigen Blends auch nach Midleton geliefert wurde. Midleton schickte im Gegenzug Grain nach Bushmills für die Blends aus jener Brennerei.

Das Monopol, das die Franzosen mit ihren zwei Destillerien nun in Irland hatten, passte manchem Iren nicht, obwohl das weltweite Vertriebsnetz der Groupe Pernod Ricard dem Irish Whiskey sicherlich wieder zu einem Platz unter den großen Spirituosen der Welt würde verhelfen können. Zu denen, die den irischen Whiskey viel lieber in irischen als in fremden Händen gesehen hätten, zählte auch der Geschäftsmann John Teeling. Er war einer jener, die beim Bieten um die Irish Distillers Group unterlegen waren. Darauf erwarb er gemeinsam mit einigen Partnern von der irischen Regierung eine Brennerei, die zuvor Industriealkohol produziert hatte. Er installierte zur vorhandenen Coffey-Still-Anlage noch zwei Pot Stills aus der längst stillgelegten Old Comber Distillery in Belfast und nannte die Firma in Riverstown bei Dundalk nahe der Grenze zu Nordirland nach den benachbarten Bergen Cooley Distillery plc. Außerdem kaufte er noch die 1757 gegründete und 1953 stillgelegte John Locke's Distillery in Kilbeggan, die zu einem Museum umgewandelt wurde. Die dortigen Lager werden zum Reifen aller Cooley-Destillate verwendet. Dazu erwarb die Cooley Distillery noch die Rechte an einigen traditionellen irischen Whiskeymarken, die nicht mehr produziert, aber von dem noch jungen Unternehmen im Laufe der Jahre »wiederbelebt« wurden.

Die Whiskeys aus Irland

Im Gegensatz zu den Schotten, die nur die zwei Whiskytypen Malt und Grain destillieren und daraus die Sorten Single und Blended Malt sowie Blended Whisky und – aber kaum von Bedeutung – Single Grain machen, destillieren die Iren drei Whiskeytypen: Malt, Single Pot Still und Grain Whiskey. Als **Pure (heute Single) Pot Still Whiskey** galt lange Zeit nur der aus einer Maische von mehrheitlich ungemälzter und weniger gemälzter Gerste in der traditionellen Pot Still destillierte Whiskey. Dann brachte die Cooley Distillery ihren Single Malt Whiskey The Tyrconnell mit der zusätzlichen Angabe »Pure Pot Still Irish Whiskey« auf den Markt und begründete dies damit, dass der Malt Whiskey ebenfalls in Pot Stills destilliert worden sei. Da

The Irish »Water of Life«

bis zur Änderung der Vorschriften im Jahr 2011 auch ein in den traditionellen Brennblasen – den Pot Stills – nur aus Gerstenmalz gebrannter Whiskey als Pure Pot Still bezeichnet werden durfte, wurde der klassische Whiskey dieser Art – aus ungemälzter und aus gemälzter Gerste meist als **Traditional Pure Pot Still Whiskey** bezeichnet.

Diese klassische Sorte, der Malt- und auch der Grain Whiskey werden unverschnitten abgefüllt, zusätzlich wird aus allen drei oder allein aus Malt und Grain auch Irish Blended Whiskey gemischt. Der Letztere ist zweifellos die populärste irische Whiskeysorte, was sicher mit zu dem verbreiteten Irrtum führte, Irish Whiskey sei grundsätzlich Blended Whiskey. Ein Irrtum ist es zudem, dass ein irischer Whiskey dreifach destilliert sein müsse: Nach Alfred Barnards Berichten (*The Whisky Distilleries of The United Kingdom*, Reprint 2000, Raschediti*on*) wurde zumindest im vorletzten Jahrhundert in einigen irischen Brennereien nur zweifach destilliert. Heute wird bei Cooley ebenfalls zweifach gebrannt. Dritter Irrtum: Das Malz für irischen Whiskey wird nicht über Torffeuer gedarrt. Ursprünglich wurde der in Irland reichlich vorkommende Torf sowohl zum Beheizen der Stills als auch für das Feuer unter den Darren benutzt. Irgendwann aber stiegen die Brenner um auf Kohle, vermutlich, weil diese sich als Brennstoff besser eignete als der Torf. Wahrscheinlich verzichteten sie dann auch auf das »Torfen« des trocknenden Malzes, um ihren Whiskey noch deutlicher vom Scotch zu unterscheiden. Der Irish Whiskey *war* nicht getorft, bis die Cooley Distillery, die ohnehin mit einigen Traditionen brach, für den Connemara Peated Irish Single Malt getorftes Malz verwendete.

Die Vielzahl der irischen Whiskeys, die heute wieder erhältlich ist, wird in nur drei Brennereien hergestellt: Midleton, Bushmills und Cooley; in Coole's Locke's in Kilbeggan, feierte man im Jahr 2007 das Jubiläum »250 Jahre John Locke's Distillery« und nahm mit neuen Anlagen die Brennerei wieder in Betrieb. Dem einzigen irischen Brennereibesitzer, Cooley Distillery plc mit den zwei Brennereien Cooley und Locke's, stehen im kleinen Irland die beiden mächtigsten Alkoholkonzerne der Welt gegenüber: Die Groupe Pernod Ricard ist als Muttergesellschaft der Irish Distillers Limited Eigentümer der **Midleton Distillery** und damit einer ganzen Reihe von Marken, zu denen so bekannte wie die Blended Whiskeys Jameson, Powers und Paddy sowie auch die seit 2011 neu vorgestellten Single Pot Still Whiskeys Redbreast und Green Spot zählen. Der vor allem in Deutschland sehr beliebte Tullamore Dew wird nach wie vor in Midleton erzeugt, die Marke ist aber seit 2010 in schottischem Besitz (Grant/Glenfiddich). Auch die Marke und die Brennerei **Bushmills** gehören nicht mehr den Irish Distillers – sie wurden Anfang 2005 an Diageo, den weltgrößten Hersteller alkoholischer Getränke, verkauft, vermutlich auf Druck der Kartellbehörden. Die Kooperation mit Midleton sei allerdings durch langfristige Verträge gesichert, wie Branchenkundige berichten. Also wird The Old Bushmills Distillery wohl auch weiterhin Malt Whiskey für Blends nach Midleton in die Republik Irland liefern und die ehemalige Schwester Grain in das britische County Antrim, damit die Bushmills Blends gesichert sind.

Da jede der drei Brennereien ihre eigene Vorgehensweise hat, wird der Irish Whiskey – im Gegensatz zu den Whiskys und Whiskeys der anderen Länder – nicht nach Sorten vorgestellt, sondern nach Erzeugern, Brennerei für Brennerei:

Midleton Hinter dieser Brennerei stehen die berühmtesten Namen der irischen Whiskeyindustrie. Als sich drei der vier verbliebenen Hersteller 1966 zur IDG zusammenschlossen, brachte jeder der Beteiligten einige bekannte Namen mit: **Dunphy's, Green Spot, Hewitt's, Jameson, Murphy's, Paddy, Powers** sowie **Redbreast** und den später wieder verkauften **Tullamore Dew.** Damit diese Marken, die ursprünglich aus verschiedenen Brennereien kamen, in der Zentralbrennerei Midleton auf die gewohnte Art hergestellt werden konnten, wurden dort vier Pot Stills sowie sechs Säulenbrennapparate (Coffey Stills) installiert. Mit dieser Ausstattung lassen sich im Wechsel mehr als ein Dutzend verschiedener Destillate herstellen, die entweder unverschnitten als Traditional Pure Pot Still Whiskey abgefüllt werden oder zusammen mit Malt Whisky und Grain oder nur mit Grain in einen von den vielen Irish Blended Whiskeys der IDL fließen. In den Pot Stills von Midleton wird meist traditioneller Pure Pot Still gebrannt, von Fall zu Fall aber auch ein Malt als Alternative oder

Casks in Midleton

als Ergänzung zu dem, den Bushmills liefert. Beide Sorten werden auf die gleiche Weise destilliert, lediglich die Maische ist unterschiedlich: In den ersten beiden Pot Stills wird die Wash zu Rohbrand mit je nach Marke etwa 25 bis 50 % Alkoholgehalt destilliert. In Pot Still Nummer drei wird dieser Rohbrand ein zweites Mal gebrannt; das Destillat hat jetzt zwischen 50 und 80 %. In der vierten Brennblase wird dann der Feinbrand mit knapp über 60 bis 85 % erzeugt. Die unterschiedlichen Zusammensetzungen der Maischen – verschieden hohe Anteile an nicht gemälzter bzw. an gemälzter Gerste – und das Brennen auf verschiedene Alkoholstärken ergeben Destillate, die sich deutlich unterscheiden.

Auch Midletons Grain Whiskeys sind verschieden. Sie werden aus Mais, zum Teil aber auch aus Gerste und Weizen hergestellt; der Anteil an gemälzter Gerste in der Maische variiert von 5 bis etwa 20 %.

Whiskeytransport bei Jameson im frühen 20. Jahrhundert

Die Destillate von Midleton reifen größtenteils in Ex-Bourbon-Fässern; daneben werden aber auch Fässer eingesetzt, die unter Aufsicht von IDL in Spanien angefertigt wurden und mit – vorgegebenem – Sherry gefüllt waren, bevor sie zukünftigen Whiskey (vorwiegend Jameson, den weltweit meistverkauften irischen Whiskey) zum Reifen aufnehmen. Außerdem haben die Irish Distillers noch einen Vorrat an Portwein- und Madeirafässern für die Alterung von einigen speziellen Abfüllungen.

Bushmills Diese Brennerei an der Küste Nordirlands brannte bis vor etwa 100 Jahren traditionellen Pure Pot Still Whiskey. Erst seitdem sie nach einem Großbrand im Jahr 1885 wieder aufgebaut wurde, hat sie sich auf Malt Whiskey spezialisiert. Der floss lange Zeit nur in Blends, für die Grains aus anderen Brennereien verwendet wurden. Als die Groupe Pernod Ricard die Irish Distillers – zu denen Bushmills bis 2005 noch gehörte – übernommen hatten, kam **Bushmills Malt** auch als Single auf den Markt. Mittlerweile gibt es den bereits in einer stattlichen Anzahl von Abfüllungen, wenngleich nicht alle davon überall erhältlich sind.

Der Malt wird dreifach destilliert. Dafür stehen vier *wash*- und fünf *spirit stills* bereit. Das *beer* wird mit 8 bis 9 % in eine *wash still* gefüllt und darin auf etwa 21 % gebrannt. Im zweiten Durchlauf werden die sogenannten *weak feints* mit ihrem geringen Alkoholgehalt abgetrennt und mit dem nächsten Rohbrand erneut destilliert. Die *strong feints* mit etwa 70 % werden ein drittes Mal gebrannt; der Mittellauf mit etwas über 80 % wird aufgefangen, Vor- und Nachlauf werden erneut destilliert. Für seine Blends bezieht Bushmills Grain Whiskeys aus der Midleton Distillery. Der Anteil an Malt Whiskey in diesen Blends ist je nach Qualitätsstufe unterschiedlich hoch. So hat z. B. der völlig zu Recht hoch gelobte **Black Bush** ein Malt-Grain-Verhältnis von 4:1, wobei dem hauseigenen Malt im Alter von etwa neun Jahren lediglich zwei Grains gegenüberstehen.

The Old Bushmills Distillery wurde übrigens erst 1784 gegründet. Die Jahreszahl 1608, die auf dem Etikett angegeben ist, bezieht sich auf das Jahr, in dem eine Brennlizenz für jene Region im County Antrim, zu der auch der Ort Bushmills gehört, vergeben wurde.

Cooley Die Zahl der Marken, die aus dieser Brennerei stammen, lässt sich kaum noch überschauen. Neben den Malts **Connemara, Tyrconnell** und **Locke's,** den Blends **Kilbeggan, Inishowen** sowie (noch einmal) **Locke's** und dem Single Grain **Greenore** stellt diese am Fuße der Cooley Mountains (woher sie auch ihr Wasser hat) gelegene Brennerei eine Vielzahl von Handelsmarken her. Obwohl sie einige berühmte Irish-Whiskeymarken sozusagen wiederbelebt hat, weicht Cooley von irischen Gepflogenheiten ab: So wird generell nur zweifach gebrannt und auch getorftes Malz eingesetzt. Die Grain Whiskeys entstehen in der

Pot Stills in der Zentralbrennerei in Midleton

Rektifikationskolonne, die schon in der Brennerei vorhanden war, als diese von John Teeling und seinem Partner gekauft wurde. Und nie hat jemand diese oft verkannte Sorte wirksamer in Szene gesetzt als die noch vergleichsweise junge Firma Cooley Distillery mit ihrem famosen Single Grain Whiskey Greenore. Für die Malts von Cooley stehen in dieser Brennerei zwei Pot Stills. Für ihren bereits mehrfach mit Preisen bedachten Single Malt Connemara verwendet Cooley getorftes Malz. Da die Lagerkapazität in Riverstown bei weitem nicht ausreicht, erwarb die Firma auch die stillgelegte **John Locke's Distillery** in Kilbeggan und nutzt seither deren Lagerhäuser zum Reifen ihrer Destillate. Dort finden auch *blending* und Abfüllung statt. Im Grunde genommen kommt also der Cooley Whiskey aus Kilbeggan. Zu Beginn des Jahres 2012 wurde das erfolgreiche Unternehmen für 95 Mio. US $ an Beam Global verkauft. Damit kam nach 24 Jahren die gesamte irische Whiskeyproduktion (Irish Distillers Group/Pernod Ricard und Bushmills/Diageo) wieder in ausländische Hände.

Bushmills

Old Bushmills erhebt den Anspruch, die älteste Whiskeybrennerei der Welt zu sein. Die Brenngenehmigung stammt zwar aus dem Jahr 1608, doch diese bezog sich auf die ganze Region. Erst 1784 wurde Bushmills registriert, und da gibt es in Irland und Schottland ältere.

Die Lizenz von 1608 war freilich die weltweit erste amtliche Erlaubnis zum Brennen von Whiskey. Verständlich, dass man für sich den Titel »älteste legale Destillerie« in Anspruch nehmen wollte. Es steht allerdings fest, dass in Bushmills schon weit früher Getreide in »Wasser des Lebens« verwandelt wurde. Der Name leitet sich ab vom Fluss Bush, der das Wasser für die Mühlen (mills) lieferte. Die Bushmills-Destillerie liegt im County Antrim an der Nordküste Nordirlands, nur einige Kilometer entfernt vom wohl berühmtesten Naturschauspiel Irlands, dem Giant's Causeway, einem von der Natur geformten Basaltmassiv an der Küste. Bushmills ist heute die einzige arbeitende Destillerie Nordirlands und schloss sich 1972 der Irish Distillers Group an. Diese wurde 1988 vom französischen Spirituosenmulti Pernod Ricard übernommen, und aus kartellrechtlichen Gründen musste Bushmills 2005 an den britischen Multi Diageo abgegeben werden.

Die Whiskeys von Bushmills

Der bekannteste Bushmills Whiskey war lange der Old Bushmills, den man wegen seines weißen Etiketts auch White Bush nannte. Dieser wurde auf den internationalen Märkten seit den 1990er Jahren durch den Black Bush ersetzt. Als Single Malt gibt es Bushmills erst seit 1984. Großen Erfolg haben seit der Einführung der 10jährige Bushmills Single Malt und auch der 16jährige Three Wood Single Malt. Mit diesem begegnete man dem in Schottland immer mehr angewandten Wood Finishing«. Verwendet werden zu gleichen Teilen Malts aus Bourbon- und Sherryfässern,

Black Bush
Alter ohne Altersangabe
Alkoholgehalt 40 % vol
Duft sehr leicht, süß, schön ausgewogene Aromen
Geschmack seidig und angenehm süß, faszinierend fruchtig, mit Schokoladen- und Gewürztönen
Preis €€

die dann ein weiteres Jahr in ehemaligen Portweinfässern reifen. Erst seit 2006 wird der Bushmills Rare Single Malt 21 Years Madeira Finish angeboten. Der 21-jährige Malt ist ein äußerst seltener irischer Single Malt Whiskey, der in drei unterschiedlichen Fässern reift. Das Ergebnis dieses besonderen Reifeprozesses ist ein reicher und ausgewogener Malt Whiskey mit faszinierenden Aromen und Madeirafass Finish. Zum 400. Geburtstag der Whisky-Herstellung kam 2008 der »Original« auf den Markt – dem Anlass entsprechend in exquisiter Verpackung. Begehrte Sonderabfüllungen sind der 25 Jahre alte Millennium von 1975, der knapp 20 Jahre

Der berühmte Giant's Causeway an der irischen Atlantikküste

alte Jahrgang 1985 Single Sherry Cask, der 1988 Rum Cask und der 15 Years Bourbon Cask. Bushmills Whiskeys wurden vielfach ausgezeichnet und konnten Titel wie »Best Irish Whiskey«, sowie Silber- und Gold-Medaillen, der Bushmills Black Bush und Bushmills Malt 16 Years sogar eine Double Gold-Medaille erringen.

10 Years Single Malt
Alter 10 Jahre
Alkoholgehalt 40 % vol
Duft süßes malziges Aroma, weiche Note von Oloroso-Sherry, Vanille- Honig- und Malztöne
Geschmack süß, körperreich, mit vielfältigen Gewürztönen
Preis €€

Three Wood 16 Years
Alter 16 Jahre
Alkoholgehalt 40 % vol
Duft nach Honig, Mandeln, Vanille, Malz und Portwein
Geschmack wunderbar komplex nach Honig, Nuss und süßem Portwein
Preis €€€

Original
Alter ohne Altersangabe
Alkoholgehalt 40 % vol
Duft leicht, delikat und fruchtig, ein typischer Bushmills
Geschmack angenehm mild und warm, nach Gerste, ein »Allrounder« für jede Gelegenheit
Preis €

Connemara

Connemara ist benannt nach der im Westen von Irland liegenden Landschaft, die von atemberaubender Schönheit ist, mit schroffen Bergen, klaren, sauberen Seen und heidebedeckten Torfmooren. Dazu passt dieser einzigartige Whiskey.

Im Jahr 1966 schlossen sich alle irischen Brennereien zur Irish Distillers Group (IDG) zusammen, der 1972 auch die nordirische Bushmills beitrat. Man entschied sich dafür, alle Marken mit Ausnahme von Bushmills in einem neuen Destillierkomplex zu produzieren, der 1975 in Midleton bei Cork in Betrieb genommen wurde. Die anhaltenden Absatzprobleme führten im Jahre 1988 zur Übernahme durch den französischen Spirituosenmulti Pernod Ricard. Dieser verhalf mit seinem weltweiten Vertriebsnetz dem Irish Whiskey wieder zu Ansehen und den dringend benötigten Absatzzahlen. Um einer Monopolisierung zu begegnen tat sich 1987 eine Gruppe irischer Unternehmer zusammen und gründete die Cooley Distillery.

Die neuen Marken

Man erbaute in Riverstown, Dundalk, nahe der irischen See und nahe der Grenze zu Nordirland eine moderne, leistungsfähige Brennerei und sicherte sich durch den Erwerb der Konkursmasse von Andrew A. Watt und John Locke (Kilbeggan) die Rechte an alten irischen Marken. Den zuerst produzierten Marken The Tyrconnell und Kilbeggan folgte im Jahr 1993 der Locke's und 1995 der Connemara. Die inzwischen drei Connemara-Abfüllungen sind in mehrfacher Hinsicht außergewöhnlich. Sie sind die einzigen irischen Malt Whiskeys, die getorftes Gerstenmalz zur Basis haben. Außerdem orientiert man sich auch beim Brennen an Schottland und destilliert nur zweimal, und

Peated Single
Alter ohne Altersangabe
Alkoholgehalt 40 % vol
Duft typisch rauchig, nach Leder und Kaminfeuer
Geschmack vollmundig und weich
Preis €€

Cask Strength
Alter ohne Altersangabe
Alkoholgehalt um die 60 % vol
Duft intensiv torfig und rauchig
Geschmack große Aromenvielfalt, nach Früchten, Gewürzen, Pfeffer und Schokolade
Preis €€

12 Years
Alter 12 Jahre
Alkoholgehalt 40 % vol
Duft ausdrucksvoll nach Leder und Kaminfeuer, mit einem starken Anklang nach Torf
Geschmack weich und samtig, nach Früchten und Torf, stark würzig, mit Mandel- und Marzipantönen
Preis €€€

nicht dreimal wie in Irland üblich. Des Weiteren bietet Connemara einen Cask Strength an, der neben dem 2011 eingeführten Red Breast, der bis dahin einzige Irish Whiskey war, der in Fassstärke abgefüllt wurde. Nachdem man bei Cooley mit dem Tyrconnell schon einen ungetorften Malt Whiskey im Programm hatte, verfolgte man mit dem Connemara die Absicht, einen Whiskey anzubieten, der den schweren schottischen Islay Malt Whiskys ebenbürtig war.

Inzwischen ist Cooley zu einem stattlichen Unternehmen herangewachsen und nicht nur in Irland, sondern auch auf den Auslandsmärkten sehr erfolgreich. Die wichtigsten Marken, Tyrconnell, Kilbeggan, Locke's, Greenore und der Connemara, sind auch in Deutschland etabliert und werden mit großem Erfolg angeboten. Außerdem produziert Cooley Eigenmarken für britische und französische Handels- und Supermarktketten.

Connemara wird in drei Peated-Single-Malt-Abfüllungen (peat = Torf) angeboten: Der erste war Connemara Peated Single Malt, diesem folgten der in Fassstärke abgefüllte Connemara Cask Strength und der Connemara 12 Years Old.

Ansicht der alten Kilbeggan Distillery, das Herz von Cooley Distillers

Greenore

Cooley bietet mit dieser Whiskeyspezialität etwas sehr Seltenes an. Mit acht Jahren Reifezeit ist dieser außergewöhnliche Whiskey, der seit 2005 auch in einer neuen Ausstattung angeboten wird, unbedingt einen Versuch wert.

Im Jahre 1987 wurde die Cooley Distillery gegründet, um der Monopolisierung auf dem irischen Whiskeymarkt zu begegnen. Man übernahm u. a. auch die gesamten Namensrechte von John Locke sowie die Überreste der alten Destillerie in Kilbeggan, die nun neu erbaut als Lager für alle Cooley Whiskeys genutzt wird. Den ersten und inzwischen etablierten Marken Kilbeggan, The Tyrconnell, Locke's und Connemara folgten der Inishowen sowie der Greenore. Greenore ist ein einzigartiger Irish Whiskey. Er ist nicht wie allgemein üblich ein Blend aus Malt und Grain, sondern ein reiner Grain Whiskey. Noch dazu ein Single Grain, da alle Whiskeys aus einer Destillerie stammen. Reine Grain Whiskeys gibt es üblicherweise nicht als eigene Abfüllungen, und auch in Schottland werden nur drei hergestellt. Der Grain stellt in der Regel die mengenmäßig dominierende Zutat im Blended Whiskey und es ist schwierig ihn so hinzubekommen, dass er als Solist bestehen kann. Grain Whiskey wird aus rohem Getreide kontinuierlich in einer Patent Still destilliert, und es bedarf einer großen Könnerschaft des Brennmeisters, um einen harmonischen Grain Whiskey herzustellen.

Greenore ist zudem acht Jahre alt, was auch sehr ungewöhnlich ist, denn nur den Grains, die zum Blenden von Whiskeys mit Altersangabe eingesetzt werden, wird so viel Zeit zum Reifen gewährt. In den acht Jahren Reifezeit entwickelte sich Greenore zu einem feinen und ausgewogenen Whiskey mit einem subtilen Geschmack.

Greenore ist in gut sortierten Fachgeschäften und bei den »Whiskyspezialisten« zu finden.

Greenore
Alter 8 Jahre
Alkoholgehalt 40 % vol
Duft nach Honig und Eichenholz
Geschmack ausgewogen, nach Getreide, Honig, Mandeln und Gewürzen
Preis €€

Green Spot

Eine lebende Legende aus dem alten Irland und Whiskeyhistorie in flüssiger Form. Ein fruchtiger Single Pot Still Whiskey für die Genießer des Seltenen. Wenn Sie ihn sehen, greifen Sie zu! Er ist zu gut und zu selten, um ihn zu ignorieren.

Green Spot ist selbst in Irland eine Rarität, allerdings ist das nicht verwunderlich, wenn man weiß, dass pro Jahr nur etwa 25.000 Flaschen abgefüllt werden. Der heutige Green Spot wird aus acht Jahre altem Whiskey aus Midleton hergestellt. Immerhin fast ein Viertel davon im Sherryfass gelagert! Wie der Redbreast ist er ein reiner irischer Single Pot Still Whiskey, obwohl es lange auf dem Flaschenetikett gar nicht vermerkt war. Green Spot ist sozusagen der jüngere und sanftere Bruder des Redbreast, leichter und fruchtiger im Geschmack als dieser und durch den höheren Anteil an Bourbon-Fässern auch geschmeidiger.

Das 1805 gegründete Handelshaus Mitchell & Son bezog seit den 1920er Jahren frisch gebrannten Whiskey bei Jameson, lagerte ihn in Sherryfässern und füllte auch selbst ab. Mit dem neuen Yellow Spot folgt man der alten Mitchell & Son Tradition, die früher schon Yellow, Blue und Red Spot anboten. Yellow Spot reift mindestens 12 Jahre in unterschiedlichen Fasstypen: in Bourbon Barrels, in Sherry Butts und in Malaga Casks. Auch wenn die Mitchell Whiskeys heute in Midleton von Jameson hergestellt und abgefüllt werden, sind sie eine Reverenz an die Verdienste der Mitchells um den irischen Whiskey.

Yellow Spot
Alter 12 Jahre
Alkoholgehalt 46 % vol
Duft reich und voluminös, nach Heu, Pfeffer und Gewürznelken
Geschmack würzige Noten wechseln mit süssen, fruchtigen Honig-, Pfirsich- und Apfelaromen. Langer Nachklang mit feiner Schokoladennote
Preis €€€

Green Spot
Alter ohne Altersangabe, etwa acht Jahre
Alkoholgehalt 40 % vol
Duft wundervoll fruchtig, malzig
Geschmack fruchtig und angenehm mild, dezent trocken, nach Gewürzen, Malz und Honig
Preis €€

Jameson

Jameson ist einer der ältesten Namen unter den Whiskeyproduzenten Irlands. Die 1780 von dem Schotten John Jameson gegründete Destillerie verkauft erst seit 1968 ihren Whiskey in Flaschen, bis dahin hatte man ihn nur fassweise an andere Abfüller abgegeben.

Jameson ist heute die tragende Säule der Irish Distillers Group (IDG). Diese entstand 1966 durch den Zusammenschluss der beiden Dubliner Brennereien Jameson und Powers sowie der in Midleton, Cork, beheimateten Cork Distilleries. Nötig wurde diese Fusion durch den stetigen Verlust an Marktanteilen im internationalen Geschäft. Man wollte die Aktivitäten bündeln und errichtete in Midleton einen modernen Destilleriekomplex, in dem man alle Marken in ihrer ursprünglichen Form herstellen konnte. Im Jahr 1972 schloss sich auch die nordirische Bushmills-Brennerei der IDG (Irish Distillers Group) an.

Die neuen Herren

1988 wurde die IDG vom französischen Spirituosenmulti Pernod Ricard übernommen. Entgegen den Befürchtungen führt Pernod Ricard die IDG an der langen Leine, und die Eigenständigkeit blieb weitgehend erhalten. Aufgrund der finanziellen Stärke und des weltweiten Vertriebsnetzes der Franzosen kann man sogar von einem Glücksfall reden, denn Irish Whiskey ist wieder weltweit salonfähig und begehrt.

Von den zur IDG gehörenden Marken ist Jameson die wichtigste und er belegt mit jährlich über 40 Millionen Flaschen unter den TOP 100 Spirituosen der Welt einen Spitzenplatz. Damit ist er einer der weltweit meist verkauften Whisk(e)ys überhaupt. Neben diesem Klassiker gibt es den Jameson »Select«, der 2011 den 12-jährigen ersetzte, sowie ältere und Spezialabfüllungen. Der 15-jährige Whiskey, der nur einmal zum Millennium abgefüllt wurde, ist längst nur noch von Sammlern zu haben, aktuell sind aber der Jameson Gold und Jameson 18 Years. Jameson Gold

Standard
Alter ohne Altersangabe
Alkoholgehalt 40 % vol
Duft leicht, nach Holzfeuer, mit Sherrynote
Geschmack sehr mild und süß, nach frischen Früchten mit leicht holziger und kräftiger Note
Preis €

Die alte Midleton-Brennerei ist heute ein Visitor Centre

wurde ursprünglich kreiert, um den asiatischen Markt zu erobern. Jameson Gold besteht aus Whiskeys, die zwischen 13 und 15 Jahre alt sind. Er wird nur zweimal pro Jahr abgefüllt und ist somit immer knapp. Der Jameson 18 Years Master Selection ist das Nonplusultra der Brennerei. Erstmals kam dieser Whiskey Ende 2002 auf den Markt und ist nach wie vor schwer zu bekommen, da die Amerikaner und Asiaten fast alle Bestände aufgekauft haben und weiter kaufen. Die Whiskeys für den 18 Years sind bis zu 23 Jahre alt, und nur drei Fässer wurden für die erste Abfüllung ausgewählt. Mit ihm haben die Blender bei den Irish Distillers einen ungewöhnlich komplexen und aromareichen Whiskey kreiert und damit aufgezeigt, welche Qualitäten Irish Whiskey bieten kann.

Select Reserve
Alter ohne Altersangabe
Alkoholgehalt 40 % vol
Duft reichhaltig und intensiv, nach exotischen Früchten
Geschmack mild, vollmundig, mit fruchtiger Süße, geprägt von exotischen Früchten und leichtem Vanillearoma
Preis €€

Gold
Alter ohne Altersangabe
Alkoholgehalt 40 % vol
Duft nach Rosinen und Honig
Geschmack nach Zitrusfrüchten, frischem Getreide, Honig und Beerenfrüchten, fruchtig, würzig und langer Nachklang
Preis €€€

18 Years
Alter 18 Jahre
Alkoholgehalt 40 % vol
Duft nach Sherry, Toffee, mit leichter Holznote
Geschmack nach Karamell, Haselnuss, kraftvollem Sherry, würzig und intensiv
Preis €€€€

Kilbeggan

Im Jahre 1987 wurde die Cooley Distillery gegründet, um der Monopolisierung auf dem irischen Whiskeymarkt zu begegnen. Cooley erwarb u. a. die Namensrechte und auch die Überreste der alten John Locke Distillery in Kilbeggan.

Der Ursprung von Kilbeggan liegt in der John Locke Distillery, die in Kilbeggan, nahe Tullamore, als Brusna Distillery begann. Diese arbeitete nachweislich bereits seit 1757 und streitet sich mit Bushmills um die Ehre, die älteste im Land zu sein. Tatsache ist, dass Kilbeggan länger ununterbrochen existierte. Mitte des 19. Jahrhunderts wurde sie von John Locke übernommen und zu einem florierenden Unternehmen ausgebaut. Bis nach dem Zweiten Weltkrieg blieb sie im Besitz der Familie, dann geriet sie zweimal hintereinander in die Hände unseriöser Betreiber, und 1953 wurde die Produktion eingestellt. Seit dem Kauf durch Cooley befinden sich dort die neu errichteten Lagerhäuser für alle Cooley-Marken, eine Küferei und ein kleines Whiskeymuseum. Zum Frühjahr 2007 wurde anlässlich des 250. Jubiläums die Brennerei neu ausgerüstet und wieder in Betrieb genommen. Zu diesem Anlass wurde der Kilbeggan Aged 15 Years (etwa 60 €) limitiert auf 5.000 Flaschen abgefüllt. Die Whiskeys von Cooley aber werden in Riverstown, Dundalk, nahe der irischen See, und nahe der Grenze zu Nordirland, hergestellt. Aus dieser modernen, leistungsfähigen Brennerei kommen die Marken The Tyrconnell, Connemara, Greenore, Inishowen, Locke's und vorerst weiterhin der Kilbeggan. Dieser 1992 eingeführte Blended Irish Whiskey, der sich eher am Scotch Blended Whisky als am traditionellen irischen Whiskey orientiert, ist die erfolgreichste Marke des Unternehmens und auch international sehr erfolgreich.

Kilbeggan
Alter ohne Altersangabe
Alkoholgehalt 40 % vol
Duft harmonisch, mit reichem Bouquet
Geschmack große Geschmacksfülle und Harmonie
Preis €

Locke's

1987 gründeten irische Unternehmer die Cooley Distillery und übernahmen die bereits 1757 gegründete John Locke Distillery in Kilbeggan. Auf dem Gelände der alten Anlage werden heute alle Cooley Whiskeys gelagert.

Nachdem der Spirituosenmulti Pernod Ricard im Jahre 1988 die IDG (Irish Distillers Group), zu der alle irischen Destillerien (auch die nordirische Bushmills) gehörten, übernommen hatte, bestand ein Monopol in der Hand der Franzosen. Dem wollte man mit der Gründung der Cooley Distillery begegnen und begann als Konkurrenz dazu mit der Whiskeyherstellung und der Vermarktung unter alten, früher bekannten Namen.

Dazu zählen heute Locke's, Greenore, The Tyrconnell, Kilbeggan, Connemara, Inishowen. Die Whiskeys von Cooley werden in Dundalk, an der irischen See, nahe der Grenze zu Nordirland hergestellt. Aus dieser modernen, leistungsfähigen Brennerei kommt auch der Locke's. Diese von Cooley wieder zum Leben erweckte Marke erschien 1993 zunächst als Blended und wird seit 1997 als Single Malt angeboten. Locke's Single Malt, 8 Years Old, wird in Flaschen und identisch in Keramikkrügen angeboten. Diese etwas nostalgischen Keramikkrüge sind Repliken der früher verwendeten und entsprechend teurer als die Flaschen.

Locke's (gilt für beide)
Alter 8 Jahre
Alkoholgehalt 40 % vol
Duft fruchtig, nach Gerste und Früchtebrot
Geschmack mild, intensiv und malzig, ausgewogenes Malzaroma
Preis Flasche €€/Krug €€€

Midleton

Wenn man von Midleton spricht, ist heute fast immer der 1975 erbaute Brennereikomplex gemeint. Doch bereits 1825 wurde dort eine Brennerei erbaut. Aus dieser entstand die Cork Distilleries Company, die später durch ihren Paddy Whiskey berühmt wurde.

Im Jahr 1966 schlossen sich die Brennereien Jameson, Powers und Cork Distilleries zur Irish Distillers Group (IDG) zusammen. Man wollte gemeinsam stark sein und den Niedergang des irischen Whiskeys aufhalten. 1972 stieß auch die nordirische Bushmills-Brennerei dazu. 1975 errichtete man in Midleton, nahe Cork, einen modernen Destilleriekomplex, und außer Bushmills werden dort alle zur IDG gehörenden Marken hergestellt. Jameson und Powers in Dublin wurden stillgelegt, nur die Cork Distilleries mussten nicht umziehen, ihr Paddy Whiskey kam schon immer aus Midleton. Die 15 Marken (ohne Bushmills), die in Midleton von der IDG hergestellt werden, erfuhren in ihrer Eigenständigkeit keine Veränderung. Sie werden von den Brennmeistern der einzelnen Marken in genau festgelegter Sequenz destilliert. Sie haben dabei die einzigartige Chance, Pot Stills und Coffey Stills in jeder Kombination und Reihenfolge zu benutzen.

Seit dem Jahre 1984 gibt es auch einen Whiskey mit dem Namen Midleton. Er ist einer der exklusivsten und feinsten irischen Whiskeys. Für ihn wählt der Masterdistiller jedes Jahr kleine Mengen der besten Fässer aus. Nach fünf Jahren werden diese erneut selektiert, und nach insgesamt etwa zehn Jahren Reifezeit werden letztendlich 50 Fässer zur Abfüllung bestimmt. Der Midleton Very Rare wird nicht mit Jahrgang, sondern mit dem Abfülljahr angeboten. Jede Flasche der limitierten Edition trägt eine eigene Registriernummer und die Signatur von Masterdistiller Barry Crockett auf dem Etikett.

> **Midleton**
> **Alter** ohne Altersangabe, aber mit dem Abfülljahr
> **Alkoholgehalt** 40 % vol
> **Duft** kräftig, würzig nach Kräutern
> **Geschmack** samtig weich, ein Hauch von Mandeln, saftigen Früchten und Honig
> **Preis** €€€€€

Midleton Barry Crockett Legacy

In Midleton, nahe Cork, im Süden Irlands gelegen, befindet sich das Brennereizentrum Irlands. Alle großen alten Whiskeymarken Irlands, mit Ausnahme des nordirischen Bushmills, werden seit 1975 hier hergestellt. Dazu kam im Jahre 1984 mit dem Midleton einer der exklusivsten Whiskeys der Insel.

Seit jeher tragen die Midleton Whiskeys den Namenszug des legendären Master Distillers Barry Crockett. Barry Crockett folgte seinem Vater, der bereits in der alten Midleton Distillery in dieser Position tätig war, und destilliert nun schon seit fast fünfzig Jahren. Er kam im Midleton Distillery Cottage, in dem seine Eltern wohnten, zur Welt und wurde somit in die Welt des Whiskeys hineingeboren. Der im Juli 2011 vorgestellte Midleton Barry Crockett Legacy wurde zu seinen Ehren geschaffen und von ihm selbst kreiert. Damit wurde ihm die höchste Anerkennung, die das Whisk(e)ygeschäft zu bieten hat, ausgesprochen. Zur Verfügung stand alles was bei Midleton an edlen Destillaten vorhanden war und aus diesen wählte Barry Crockett die ältesten und gehaltvollsten Single Pot Still Whiskeys aus. Es entstand ein klassischer Midleton der absoluten Oberklasse, den eine bemerkenswerte Komplexität und Finesse auszeichnet. Er ist mit fast 200 € einer der teuersten handelsüblichen Whiskeys der Irish Distillers und mit nur etwa 2.000 Flaschen ist die jährliche Abfüllmenge entsprechend limitiert. Die Flaschen sind einzeln nummeriert und werden in einer aufwändigen Holzschatulle angeboten.

> **Midleton Barry Crockett Legacy**
> **Alter** ohne Altersangabe
> **Alkoholgehalt** 46 % vol
> **Duft** Vanille- und Zitrusnoten, nach Birnen und Beeren
> **Geschmack** angenehm und intensiv, feine Gewürznote, nach Zitrusfrüchten, mit einem grandiosen Finish
> **Preis** €€€€€

Powers

Three Swallows (drei Schwalben) – markant auf der Flasche erkennbar, sind zugleich Markenzeichen und Spitzname dieses Whiskeys. Swallow bedeutet Schwalbe als auch Schluck. Powers Gold Label und Jameson sind die meistverkauften Whiskeys in Irland.

Powers Gold Label trägt den Namen der berühmten Destillerie, die 1791 von John Power gegründet und 1809 von seinem Sohn in John Power & Son umbenannt wurde. Die Brennerei in der ehrwürdigen John's Lane entwickelte sich unter John Power allmählich zum erfolgreichsten Unternehmen neben dem Konkurrenten Jameson vom anderen Ufer des Liffeys in Dublin. Powers war 1877 die erste irische Destillerie, die ihren Whiskey nur noch in Glasflaschen verkaufte, außerdem führte sie als erste eine als Baby Power bezeichnete Miniaturflasche ein. Eine Innovation, die später ihren Siegeszug um die Welt antrat. 1966 gründete man die IDG (Irish Distillers Group), die 1975 die neue Midleton Distillery nahe Cork erbaute. Die anderen Destillerien, so auch Powers, wurden stillgelegt, und seither kommt auch der Powers aus diesem Brennereikomplex. Der Whiskey von Powers ist ein sehr charaktervoller Blend mit einem sehr hohen, über 70 % liegenden Single-Pot-Still-Whiskey-Anteil. Powers 12 Years Special Reserve ist ein Blended Whiskey der Premiumklasse. Gereift in amerikanischen Eichenfässern, besteht er aus mindestens zwölf und bis zu 23 Jahre alten Whiskeys.

Powers Gold Label
Alter ohne Altersangabe
Alkoholgehalt 40 % vol
Duft mit Honigsüße und kräftigen, fast pfeffrigen Noten
Geschmack sehr würzig, angenehm intensiv, nach Honig und leicht malzig
Preis €

Powers 12 Years
Alter 12 Jahre
Alkoholgehalt 40 % vol
Duft dezent mit elegantem Körper, nussig, nach Vanille
Geschmack samtig und trocken, mit weicher Holznote und nach Honig und Kakao
Preis €€

Powers John's Lane Release

Powers war berühmt für seine Pure Pot Still Whiskeys. Mit diesem Powers erinnert man an diese Zeit und mit dem Namen an den Ort, an dem bis 1975 die alte Destillerie stand. In der Dubliner John's Lane kann man heute noch die drei alten Pot Stills von Powers bewundern.

Die Irish Distillers Group entstand 1966 durch die Fusion von Jameson und Cork Distilleries. Man erbaute 1975 die Midleton Distillerie und unter deren Dach sind heute alle klassischen Irish Whiskey Marken zusammengeschlossen. In dem riesigen Brennereikomplex schuf man die Möglichkeit, jeden irischen Whiskeyklassiker nach seinen Rezepten und Vorgaben herzustellen und auch die Powers Whiskeys werden in Midleton produziert. Seit der Wiederaufnahme der neuen Single Pot Still Reihe der Irish Distillers im Mai 2011 erfreut sich der neueste Powers, der Single Pot Still Powers John's Lane Release einer stetig steigenden Beliebtheit und er verursachte in der Whiskeywelt ein beträchtliches Aufsehen. Hoch bewertet und ausgezeichnet zum »Irish Whiskey of the Year 2012« ist er definitiv einer der außergewöhnlichsten Single (früher Pure) Pot Still Irish Whiskeys. In dieser einzigartigen Whiskeygattung finden sich neben dem Powers John's Lane nur Redbreast, Midleton Barry Crockett Legacy, Green Spot und Yellow Spot. Es ist zu erwarten, dass die Irish Distillers diese erfolgreiche Whiskeykategorie in den kommenden Jahren mit weiteren Abfüllungen kontinuierlich weiter ausbauen werden.

Powers John´s Lane Release
Single Pot Still
Alter 12 Jahre
Alkoholgehalt 46 % vol
Duft erdig, nach Schokolade und Toffee
Geschmack wuchtig und würzig, süßer Körper mit Honig- und Vanillearomen und langem Nachklang
Preis €€€

Paddy

Die Cork Distilleries, die als Gründungsjahr 1779 angeben, hatten in den 1920er Jahren einen Starverkäufer. Dieser, Patrick (Paddy) O'Flaherty, brachte »seinen« Whiskey so großzügig unter die Kunden, dass man bald vom Paddy Whiskey sprach.

Im Jahr 1966 schlossen sich die Brennereien Jameson, Powers und Cork Distilleries zur Irish Distillers Group (IDG) zusammen. Man wollte gemeinsam stark sein und den Niedergang des irischen Whiskeys aufhalten. 1972 stieß auch die nordirische Bushmills-Brennerei dazu. 1975 errichtete man in Midleton, bei Cork, einen modernen Destilleriekomplex, und außer Bushmills werden dort alle zur IDG gehörenden Marken hergestellt. Jameson und Powers in Dublin wurden stillgelegt, nur die Cork Distilleries mussten nicht umziehen, denn ihr Paddy Whiskey kam schon immer aus Midleton. Doch erst die Übernahme durch den französischen Spirituosenmulti Pernod Ricard im Jahr 1988 bremste den Absatzschwund und verhalf dem irischen Whiskey wieder zu altem Glanz. Entgegen der Befürchtungen, dass man alle Eigenständigkeit verliere, konnten die Iren relativ unbeeinflusst an der langen Leine selbstständig weiterarbeiten.

Der Whiskey der Cork Distilleries hieß bis in die 1930er Jahre Cork Distilleries Co. Old Irish Whiskey, und dieses Wortungetüm für eine Whiskeymarke wurde durch den besagten Paddy ersetzt. Zuerst setzten sie den Namen Paddy O'Flaherty unten auf das Etikett, und später entschied man sich für Paddy als Markennamen. Dieser Name war umso besser, da Paddy die Koseform von Patrick ist, und dieser ist der Schutzheilige Irlands. Unnötig zu erwähnen, dass Paddy auch der meistverbreitete Vorname in Irland ist. Paddy Whiskey ist ein klassischer und sehr leichter Whiskey und besonders in Irland beliebt.

Paddy
Alter ohne Altersangabe
Alkoholgehalt 40 % vol
Duft angenehm leicht und blumig, mit Getreidearomen
Geschmack leicht, fruchtig, süß am Anfang und trockener im Nachklang, mit Getreidenoten
Preis €

Redbreast

Der irische Spitzname des Redbreast ist »The Priests' Bottle«, und es hält sich die Mär, dass wenn ein Prister auftauchte, auch eine Flasche Redbreast nicht weit war. Die Single Pot Still Whiskeys von Redbreast sind Kult und heiß begehrt.

Single Pot Still ist die Bezeichnung für eine eigene Whiskeygattung wie Single Malt, Blended oder Grain Whiskey. Er wurde in Irland aus der Not heraus geboren, als die Engländer im 19. Jahrhundert beschlossen, das Malz zu besteuern. Und um die Malzsteuer zu umgehen, destillierte man fortan die Single Malts mit einer Mischung aus gemälzter und ungemälzter Gerste.

Die Kultmarke Redbreast wurde ursprünglich von Jameson für die Firma Gilbey's produziert, die ihn in ihren eigenen Fässern lagerte und abfüllte. Das Geburtsjahr war 1939, und 1985 stellte Gilbey's die Produktion ein. Somit verschwand Redbreast kurzfristig vom Markt, bis ihn die Irish Distillers wieder zum Leben erweckten. Im Jahr 2005 folgte der Redbreast 15 Years, der aber außerhalb Irlands nur in Frankreich und Deutschland zu finden war. Diese Spitzenmarke der Irish Distillers ist ein Whiskey mit enormer Tiefe und Substanz. Er hat einen sehr hohen Sherryfassanteil und eine große Bandbreite an feinen Geschmacksnuancen.

Dazu kam im Herbst 2011 mit dem 12 Years Cask Strength, 57,7 % vol, erstmals auch eine Fassstärke-Abfüllung.

15 Years
Alter 15 Jahre
Alkoholgehalt 46 % vol
Duft fruchtig, wuchtig, nach Sherry
Geschmack beeindruckend intensiv, dezente Holznoten, nach dunklen Beerenfrüchten
Preis €€€

12 Years
Alter 12 Jahre
Alkoholgehalt 40 % vol
Duft fruchtig, malzig, nach Sherry
Geschmack urig und kernig, mächtig und vielschichtig, perfekt ausbalanciert, nach Honig, Malz und Gewürzen
Preis €€

The Irishman

The Irishman Whiskeys sind ein Produkt der alteingesessenen Familie Walsh, die in Waterford, im Südosten Irlands im Jahre 1999 die Hot Irishman Ltd. gründete. Dem ersten Produkt, dem Hot Irishman Irish Coffee folgten drei Irish Whiskey-Abfüllungen.

Da man bei Walsh selbst nicht destilliert, wird vermutet, dass die Fässer bei der Midleton Distillery – zu der auch Bushmills gehört – im südlich liegenden Cork ausgewählt wurden. Näheres ist darüber nicht zu erfahren, da angeblich Stillschweigen vereinbart wurde. Angeboten werden drei Abfüllungen: The Irishman 70, The Irishman Single Malt und The Irishman Cask Strength. The Irishman 70 hat seinen Namen von seinen 70 % Malt-Anteil. Die weiteren 30 % sind Pure Pot Still Whiskey. The Irishman Single Malt ist ein klassischer irischer Malt mit einer über zehnjährigen Fassreife. The Irishman Cask Strength wird aus bis zu 21 Jahren gereiften Whiskeys komponiert und ist nur in limitierter Zahl verfügbar. Im Jahr 2010 wurden von diesem Fassstärke-Whiskey nur 2.850 Flaschen abgefüllt. Alle drei Sorten wurden bereits vielfach ausgezeichnet und mit den höchsten Preisen bedacht.

The Irishman Single Malt
Alter keine Altersangabe
Alkoholgehalt 40 % vol
Duft prächtiger Duft mit floralen Noten
Geschmack würzige Aromen mit einem Hauch Vanille und Karamell
Preis €€

The Irishman 70
Alter ohne Altersangabe
Alkoholgehalt 40 % vol
Duft Karamell, grüner Apfel, Honig und Ingwer
Geschmack ausgeprägter Malzcharakter mit Vanille und Honignote
Preis €€

The Irishman Cask Strength
Alter keine Altersangabe
Alkoholgehalt 53 % vol
Duft weiche Bourbon-Noten, leicht malziger Unterton und ein Hauch von Ingwer
Geschmack samtig und ölig, lang anhaltend und schokoladig
Preis €€€€

The Tyrconnell

The Tyrconnell war der Name eines Rennpferds, das 1876 als großer Außenseiter den Queen-Victoria-Pokal gewann. Die Familie der damals noch bestehenden Destillerie A. A. Watts war Besitzer des Pferdes und benannte einen Whiskey nach ihm.

Ihren Ursprung hatte The Tyrconnell in der Andrew A. Watt Distillery, die in Londonderry, im heutigen Nordirland, ansässig war und bereits um 1760 Whiskey brannte. Diese einstmals größte Brennerei Irlands kam durch die Prohibition in den USA in Schwierigkeiten und stellte 1925 den Betrieb ein. Die Whiskeys von A. A. Watt, und auch The Tyrconnell, wurden dann noch von einem anderen Unternehmen angeboten, aber auch dieses gab 1970 auf. Als 1987 die Cooley Distillery gegründet wurde, übernahm man auch die Rechte am Namen Watt und der Whiskeymarken Tyrconnell und Inishowen. Heute werden beide Whiskeys in der Cooley Distillery in Riverstown, Dundalk, nahe der irischen See und nahe der Grenze zu Nordirland hergestellt. 1992 brachte Cooley den ersten »neuen« Tyrconnell auf den Markt. Er ist ein Single Malt und wird im Gegensatz zum sonst in Irland üblichem dreifachen Brennen wie in Schottland nur zweimal gebrannt. Verwendet wird ausschließlich Gerste, die ohne Torffeuer gemälzt wurde. The Tyrconnell ist neben dem Bushmills, dem 1997 auf den Markt gebrachten Connemara und dem seit 2000 angebotenen Greenore Grain Single Malt (siehe Connemara und Greenore) einer der wenigen Single Malt Whiskeys Irlands. Im Jahr 2007 wurde das Sortiment um die 10-jährigen Single Malts mit Sherry-, Port- und Madeira-Finish sowie den Single Cask 14 Years (jetzt 15) erweitert. Das 6-12-monatige Finish in den Weinfässern bringt diesen Whiskeys ein Bouquet der Weine, der 15 Years präsentiert sich komplex und rund.

The Tyrconnell
Alter ohne Altersangabe
Alkoholgehalt 40 % vol
Duft volles, malziges, leicht würziges Bouquet
Geschmack süffiger Malt mit weichem Geschmack und trockenem Finish
Preis €€

Tullamore Dew

Tullamore Dew – der (Morgen-)Tau von Tullamore – mit seinem berühmten Werbeslogan »Give every man his dew« ist ein sehr heller, leichter und weicher Irish Whiskey, und in Deutschland von jeher die bekannteste Marke.

Neben Dublin und Cork war die fast in der Mitte des Landes, im County Offaly, liegende kleine Stadt Tullach Mhór früher ein Zentrum der irischen Whiskeyherstellung. In Tullach Mhór, wie es gälisch heißt, wurde 1829 die Destillerie gegründet. 1887 wechselte die Brennerei den Eigentümer, und Leiter wurde Daniel E. Williams, auf den der Namenszusatz »Dew« zurückgeht. Er nutzte die Abkürzung seiner Initialen geschickt für die Werbung und machte Tullamore zu einer der berühmtesten Whiskeymarken Irlands. Wie viele irische Destillerien geriet auch Tullamore nach dem Zweiten Weltkrieg in Schwierigkeiten und wurde 1954 geschlossen. Sie wurde von John Power übernommen und kam mit dieser 1966 zur IDG (Irish Distillers Group) und damit 1988 zum französischen Spirituosenmulti Pernod Ricard.

Alle unter einem Dach

Zum Zeitpunkt der Gründung der IDG waren alle Brennereien Irlands (ohne die nordirische Bushmills) unter einem Dach vereint, und alle wurden in dem 1975 erbauten Destilleriekomplex in Midleton hergestellt. 1993 wurde Tullamore Dew vom irischen Spirituosenproduzenten Cantrell & Cochrane übernommen und 2010 an William Grant & Sons (Glenfiddich) verkauft. Tullamore wurde und wird aber weiterhin in Midleton produziert.

Während Tullamore Dew heute in Irland fast bedeutungslos ist, spielt er auf den Exportmärkten eine führende Rolle. Es bestehen allerdings Pläne, ihm auch in Irland wieder zu seiner alten Größe zu verhelfen.

Tullamore Dew
Alter ohne Altersangabe
Alkoholgehalt 40 % vol
Duft zart, mild nach Gewürzen, nach Zitrusfrüchten und Malz
Geschmack ausgewogen, komplex, weich, nach süßen Gewürzen, mit Honignote
Preis €

Im Birr Castle in der Grafschaft Offaly stand ab 1845 das größte astronomische Teleskop der Welt

Alle Tullamore Dew Whiskeys gelten als weich und leicht, und besonders die klassische Abfüllung ist in Deutschland untrennbar mit dem Irish Coffee verbunden. Dieser erlebte in den 1960er und 1970er Jahren seine große Zeit und war das beliebteste noble Kaffeegetränk. Tullamore Dew war damals in Deutschland die präsente und bekannte irische Whiskeymarke und ist es bis heute geblieben.

Zum Erfolg der letzten Jahre trug auch die Ausweitung des Sortiments und die starke Präsenz in den Duty-Free-Shops bei. Mitte des Jahres 2000 kamen der 12 Years und der Tullamore Dew Heritage auf den Markt. Tullamore Dew Heritage wurde anlässlich der Eröffnung des Tullamore Dew Heritage Centers in den alten Brennereigebäuden in Tullach Mhór im Jahr 2000 mit 20 Fässern und den daraus entstandenen 8.000 Flaschen erstmals angeboten. Das Zentrum veranschaulicht das Leben und die Whiskeyherstellung zur Zeit der Gründung der Brennerei und beherbergt ein Museum, Shops, eine Bar und ein Restaurant.

12 Years
Alter 12 Jahre
Alkoholgehalt 40 % vol
Duft süße Nussigkeit, nach Zitrone und Holz
Geschmack komplex, weich und rund, mit nussiger Süße, Malz- und Sherrynote
Preis €€

Heritage
Alter ohne Altersangabe
Alkoholgehalt 40 % vol
Duft frisch, malzig, nach Holz, mit Zitrusnote
Geschmack mittelschwer, nach Malz und Gewürzen, Holz und Vanille
Preis €€

Tullamore Krug/wie das Original
Alter ohne Altersangabe
Alkoholgehalt 40 % vol
Duft zart, mild nach Gewürzen, nach Zitrusfrüchten und Malz
Geschmack ausgewogen, komplex, weich, nach süßen Gewürzen, mit Honignote
Preis €€

Mehrheit für Mais

Der Bourbon gilt heute zwar als der amerikanische Whiskey überhaupt, aber er ist nicht der einzige und war nicht der erste Whiskey in der Neuen Welt. Zwischen dem, was die Einwanderer aus Europa brannten, und den Straight Whiskeys, die wir kennen, liegt ein langes Stück Weg.

Der amerikanische Whiskey wurzelt in Europa. Vornehmlich irische und schottische Einwanderer brannten in der neuen Heimat die Schnäpse, die sie von zu Hause gewohnt waren, und passten sie den Gegebenheiten an, die sie auf dem Kontinent jenseits des Atlantiks vorfanden. Doch nicht Whiskey war die erste kommerziell hergestellte Spirituose in der Neuen Welt, sondern Rum und Applejack, ein Brandy aus Äpfeln. Während der Whiskey noch nichts weiter war als der Hausbrand von Siedlern, die auf diese Weise ihr überschüssiges Getreide verwerteten, wurde mit den Inseln der Karibik ein reger Handel getrieben: Zunächst wurde der Rum importiert, später nur noch die weit billigere Melasse, die dann auf dem Kontinent zu Rum destilliert wurde.

Die Wiege des American Whiskey stand aber nicht in Kentucky, wie es dessen heutige Bedeutung in Sachen Bourbon vermuten ließe. Kentucky war bis zu seiner Selbstständigkeit im Jahr 1792 ein Teil des westlichen Virginia. Die brennkundigen Siedler ließen sich aber zunächst im Osten nieder: In Pennsylvania, Maryland und im östlichen Virginia wurden die ersten Whiskeys gebrannt. Statt der gewohnten Gerste mussten die Einwanderer den hier reichlich wild wachsenden Roggen verwenden: So war der **Rye** und nicht der **Bourbon** eindeutig der erste US-Whiskey.

Mit den Siedlern zog der Whiskey Richtung Westen. Der spätere Staat Kentucky war im 18. Jahrhundert Ziel vieler Bauern, die sich von dem fruchtbaren Boden jenes »Bluegrass Countys« angezogen fühlten. Meist waren es ausgewanderte Schotten und Iren, die sich dort niederließen. Der Whiskey, den sie brannten, war keine definierte Spirituose, so wenig wie jener, der von ihren Landsleuten in Pennsylvania, in Maryland sowie im Osten Virginias in primitiven *pot stills* hergestellt wurde. Es gab im 18. und bis weit ins 19. Jahrhundert keine gesetzlichen Vorschriften zur Herstellung von Whiskey; so konnte praktisch jeder Getreideschnaps als Whiskey bezeichnet werden. Eine Steuer auf Spirituosen gab es jedoch schon seit 1791: die Federal Excise Bill. Die führte drei Jahre später zu jenem Aufstand der Brenner, der als »Whiskey Rebellion« in Amerikas Geschichte einging: Sie ging von

Pennsylvania aus, wo sich der erste Widerstand gegen eine Besteuerung des Whiskeys regte, und zog immer größere Kreise. Als sich Präsident George Washington, selbst Besitzer einer Roggenbrennerei, schließlich gezwungen sah, die Rebellion mit 12.000 Soldaten niederzuschlagen, flohen viele der Aufständischen von Pennsylvania nach Kentucky, das seit 1792 als ein eigener Bundesstaat den Vereinigten Staaten angehörte. Dort hatte das Brennen inzwischen beträchtliche Ausmaße erreicht. Der Mais spielte bereits eine wesentliche Rolle im Whiskey, aber es wurden neben diesem noch Roggen und zum Teil andere Getreide verwendet. Ein wesentlicher Grund dafür, dass die Brenner Kentucky schätzten, waren die vielen Quellen, die aus dem das Land wie ein Gürtel durchziehenden Kalkgestein entspringen. Die stetige Versorgung mit frischem, sauberem Wasser war für die Viehhaltung so notwendig wie für das Einmaischen von überschüssigem Getreide zum Brennen von Whiskey. Auf diesem Limestone Belt gedieh außerdem das Indian Corn, der Mais, besonders gut. Der löste dann in Kentucky den Roggen als wichtigstes Getreide für Whiskey allmählich ab. Der Brenner Harrison Hall stellte in seinem Buch »*Distiller*« im Jahr 1818 fest, es sei produktiver, beim Maischen Roggen mit Mais zu vermischen, das ergebe *spirit* besserer Qualität. Von einem Bourbon Whiskey war damals aber noch keine Rede. Diesen Begriff las man erstmals am 26. Juni 1821 im »*Western Citizen*«. In dieser Zeitung des Städtchens Paris in Kentucky bot die Firma Stout & Adams aus Maysville ausdrücklich Bourbon Whiskey an. Das war zu jener Zeit aber noch keine Sortenbezeichnung, sondern lediglich ein Hinweis auf die Herkunft: Ein **Bourbon County** gab es in Kentucky schon seit den 80er Jahren des 19. Jahrhunderts. Bei einer Aufteilung des damaligen County Kentucky (noch als Teil von Virginia) benannte man einen Teil nach dem Herrschergeschlecht der Bourbonen – als Dank für die Hilfe, die Frankreich den aufständischen Kolonien im Unabhängigkeitskrieg gegen die Engländer von 1775 bis 1783 geleistet hatte. Als Kentucky ein eigener Bundesstaat war, wurde das einst größere Bourbon County zu einem von 120 Landkreisen in diesem US-Staat. Zwar ist in diesem Teil von Kentucky heute nicht eine

Mais, der Grundstoff für den US-amerikanischen Bourbon Whiskey

Das Ausflammen frischer Eichenholzfässer für US-Whiskey

aktive Brennerei mehr zu finden, in der Anfangszeit des kommerziellen Kentucky Whiskeys war Bourbon County aber durchaus wichtig für dessen Entwicklung. Maysville am Ohio z. B. war der größte Hafen in diesem County und damit für den Transport des Whiskeys von ganz entscheidender Bedeutung.

Dennoch spielte der in Pennsylvania aus Roggen gebrannte Rye Whiskey noch für längere Zeit die Hauptrolle in Amerika. Besonders der Rye aus der nach ihrem Fluss Monogahela benannten Region wurde weitum geschätzt und getrunken. Das war mit großer Wahrscheinlichkeit der erste US-Whiskey, der – wenn auch inoffiziell – als eigenständiger Stil galt. Von dem Monogahela Whiskey wusste jeder Käufer, dass dieser aus Roggen in einem ganz bestimmten Gebiet hergestellt wurde – wogegen die Whiskeys, die in den westlichen Gebieten erzeugt wurden, mehr oder weniger von dem abhingen, was ihre Erzeuger eben an Getreide zur Hand hatten. 1810 wurde in Pennsylvania noch dreimal mehr Whiskey erzeugt als in Kentucky – nach Jim Murray, einem Fachmann für US-Whiskeys und deren Geschichte, 6,5 Millionen Gallonen; das waren – umgerechnet auf die heutige Gallone – nahezu 25 Millionen Liter Whiskey.

Im 19. Jahrhundert gab es in einigen Staaten der USA bereits zahlreiche Brennereien; in den 30ern wurden in Pennsylvania, in Kentucky und drei weiteren Staaten gut 7.000 gezählt. Zwar war es damals noch gang und gäbe, Whiskey frisch von der still zu verkaufen, aber es wurde wohl auch schon gereifter angeboten: In Kentucky beispielsweise wurde 1814 für einen zwei Jahre alten Whiskey geworben. Holzfässer wurden schon benutzt, aber vorwiegend nur zum Einmaischen und Vergären der zum Brennen bestimmten Getreide. Harrison Hall hatte in seinem Buch schon die amerikanische Weißeiche als das ideale Holz für diese Zwecke empfohlen und auch bereits zu dem Ausbrennen der Fässer geraten, um Verunreinigungen zu beseitigen, die sich auf die Gärung möglicherweise negativ auswirken könnten. Eine der zahlreichen Anekdoten, die sich um den Whiskey der USA ranken, nennt Elijah Craig als »Erfinder« des heute vorgeschriebenen Ausflammens von Whiskeyfässern. Der Reverend habe eines Tages nicht genug Fässer zum Transport seines Whiskeys gehabt und habe deshalb auf Heringsfässer zurückgreifen müssen, heißt es. Um den Fischgestank aus denen herauszubekommen, habe er diese Fässer ausgebrannt. Wie viel an Wahrheit in dieser Anekdote steckt, ist so wenig herauszufinden wie die Antwort auf die Frage, wer den amerikanischen Whiskey »erfunden« hat. Zwar gibt es eine Reihe von Namen, die von den verschiedensten Quellen als die Wegbereiter des Whiskeys in den USA genannt werden. Tatsächlich ist dieser aber quasi von selbst aus den Hausbränden von zahllosen Einwanderern (zu denen nicht allein Schotten und Iren gehörten) im Lauf von vielen Generationen entstanden: Amerikanischer Whiskey ist keine »Erfindung«, sondern Ergebnis einer langen Entwicklung. In die griff der Staat – abgesehen von Besteuerung – relativ spät mit Verordnungen ein. Das erst 1897 erlassene »Bottled in Bond«-Gesetz war eigentlich nur als Steuererleichterung für die Brenner gedacht, wurde dann aber zu einer Art Qualitätsgarantie. Nach diesem Erlass durfte ein Whiskey zoll- und steuerfrei unter Zollverschluss (engl. *in bond*) lagern, wenn er mindestens vier Jahre reifte, wenigstens 50 % vol

(100 Proof) Alkoholgehalt aufwies und außerdem nur aus einer einzigen Brennperiode einer Brennerei (heißt: nur aus einem Jahrgang) stammte. Der Whiskey musste erst am Ende seiner Reifezeit versteuert werden, also erst, wenn er verkauft wurde.

Die nächsten Gesetze, die sich mit Whiskey befassten, sollten diesem schon nicht mehr nützen, sondern so viel wie möglich schaden. Nachdem sich um 1900 viele Temperenzler zur Anti-Saloon-Liga vereinigt und neun Jahre später die Schließung von 120.000 Saloons durchgesetzt hatten, galt bereits in mehreren der US-Staaten die Prohibition. In dem 1913 erlassenen »Webb Kenyon«-Gesetz wurde dann die Einfuhr von Whiskey in die »trockenen« Staaten verboten. Weitere sechs Jahre später galt die Prohibition schon in 31 von (damals) 48 US-Staaten. Schließlich trat am 17. Januar 1920, 00.01 Uhr, das bundesweite Alkoholverbot in Kraft: Alkohol durfte nur noch für medizinische Zwecke produziert werden, Verkauf und der öffentliche Konsum waren unter Strafe gestellt. Die Brennereien mussten schließen, weil keine nur von der Herstellung medizinischen Alkohols bestehen konnte. Stattdessen blühten sowohl das Schwarzbrennen als auch das Schmuggeln, und es bildete sich das organisierte Verbrechen aus, das sich in den USA bis heute hielt. Namen wie Al Capone erinnern an die Zeit des Alkoholverbots, das auf alle nur denkbaren Arten umgangen

Mais – das amerikanische Korn für den Bourbon Whiskey

wurde. Was als »Noble Experiment« gedacht gewesen war, wurde zum größten Flop in der Wirtschaftsgeschichte der Vereinigten Staaten. Die unter dem demokratischen Präsidenten Woodrow Wilson eingeführte und 14 Jahre später – am 5. Dezember 1933 – unter Franklin D. Roosevelt, auch ein Demokrat, abgeschaffte Prohibition hatte den jeweiligen Regierungen in jedem Jahr einen Verlust von rund 500 Millionen Dollar an entgangenen Steuern für Alkohol eingetragen. Und sie hatte zur Weltwirtschaftskrise und damit zum Zusammenbruch der Börse am 24. Oktober 1929 beigetragen. (Das war ein Donnerstag – der in diesem Zusammenhang häufig zur Sprache gebrachte »Schwarze Freitag« war am 9. Mai 1873; er war der Beginn der Gründerjahre-Wirtschaftskrise, nicht der Weltwirtschaftskrise.) Für die Whiskeyindustrie der USA hatte die Prohibition in mehrerlei Hinsicht katastrophale Folgen: Brenner und weitere Fachleute waren in andere Branchen abgewandert, was einen Verlust an Erfahrungen bedeutete. Die Brennereien waren durch den gut 14 Jahre – in einzelnen Staaten sogar noch länger – andauernden Stillstand heruntergekommen, ihre Einrichtungen zum Teil abgebaut und unwiederbringlich verloren. Es gab keinerlei Kontakte mehr zu den Lieferanten von Getreide und auch keine Vertriebsnetze. Die Branche der amerikanischen Brenner war am Ende, als die Prohibition endete. Sie hätte sich wahrscheinlich schneller von dem misslungenen Experiment erholt, wenn sich die Amerikaner in diesen 14 Jahren nicht notgedrungen vom heimischen Whiskey entfernt und anderen zugewandt hätten:

Während die Brennereien der USA stillgelegt waren, ließen es Kanadier und Schotten zu, dass ihre Whiskys in unvorstellbaren Mengen in dieses »ausgetrocknete« Land geschmuggelt wurden. Die Amerikaner, die bis zur Prohibition bevorzugt den ziemlich würzigen Rye Whiskey getrunken hatten, gewöhnten sich im Laufe der »trockenen Jahre« an die leichteren Whiskys der nördlichen Nachbarn und der Schotten. Bis heute wird in den USA mehr Canadian Whisky als heimischer Whisky getrunken. Die Gewöhnung an im Körper leichteren Whiseky ließ den einst favorisierten Rye Whiskey auch hinter Bourbon- und Tennessee Whiskey abfallen, als sich die Whiskeyindustrie in den USA nach dem Zweiten Weltkrieg allmählich wieder erholte: Seither ist der ursprüngliche, aus Roggen hergestellte Whiskey nur noch eine Randfigur im Markt der USA und im Weltmarkt. Dass die Prohibition auch wesentlich zum Niedergang des Irish Whiskey (siehe ab Seite 152) beigetragen hat, sei nur noch der Vollständigkeit halber erwähnt.

Der American Whiskey heute

Es ist erstaunlich, dass ein Whiskey mit einer derart langen Tradition wie der amerikanische offiziell erst im letzten Jahrhundert definiert wurde. Der Tennessee Whiskey wurde von den Steuerbehörden der USA 1941 als eigenständige Sorte anerkannt – lange vor dem Bourbon Whiskey. Den definierte das American Bureau of Alcohol, Tobacco and Firearms erst 1964, als es Richtlinien für die Herstellung von Whiskey generell erließ. Danach darf jeder Whiskey – ob **Bourbon, Tennessee** oder **Rye** – Straight Whiskey genannt werden, wenn er diese Bedingungen erfüllt:

- gebrannt in den USA aus einer
- Getreidemaische, die mindestens
- 51% Mais für Bourbon oder
- 51% Roggen für Rye enthält,
- auf höchstens 160 Proof (80%) Alkoholgehalt destilliert wurde,
- mit maximal 62,5% zum Reifen in
- neue, innen ausgebrannte Fässer aus dem Holz der amerikanischen Weißeiche gefüllt wurde und
- mindestens zwei Jahre in diesen Fässern alterte. Da eine Reifung von unter vier Jahren auf dem Etikett zu vermerken ist, sind Whiskeys ohne Altersangaben immer

mindestens vier Jahre alt, wobei – wie überall – nur die im Fass verbrachte Zeit für die Altersangabe maßgeblich ist.

Neben diesen Straights werden in den USA auch Blended Whiskeys hergestellt, die allerdings in unseren Märkten keinerlei Bedeutung haben und daher nur der Vollständigkeit halber erwähnt werden:

Blended Straight Bourbon besteht nur aus Straight Bourbon Whiskeys,
Blended Straight Rye besteht nur aus Straight Rye Whiskeys,
Blended Bourbon mindestens 51% Straight Bourbon, verschnitten mit verschiedenen anderen Bourbons,
Blended Rye aus mindestens 51% Straight Rye Whiskey, verschnitten mit verschiedenen anderen Ryes,
Blended American Mischung von mindestens 20% Straight Whiskey und Neutralsprit aus Getreide.

Wenn man die Liste der »Top 100 Premium Spirit Brands Worldwide« von ImpactInternational als Maßstab nimmt, rangierte der US-Whiskey in 2005 auf Rang zwei unter den Whiskys und Whiskeys der Welt: Insgesamt brachten es damals vier Marken aus den USA auf gut 218 Millionen 0,7-Liter-Flaschen. Zum Vergleich: Von den 18 schottischen Whiskys auf der Weltrangliste wurden alles in allem 701,9 Millionen Flaschen verkauft. Die führenden vier US-Marken sind, in dieser Reihenfolge, der *Tennessee Whiskey* Jack Daniel's, der *Bourbon* Jim Beam, der *American Blended Whiskey* Seagram's 7 Crown sowie der *Bourbon* Evan Williams. Alles in allem ist allerdings der Bourbon die unangefochten führende Sorte.

Bourbon Whiskey Die Vielfalt an Bourbon-Marken täuscht eine Zahl von Brennereien vor, die es längst nicht mehr gibt. Tatsächlich lassen sich die Destillerien in Kentucky, in Virginia und Indiana an den Fingern von vier Händen abzählen. Dass die wenigen Hersteller es auf so viele Marken bringen, ist zum einen eine Folge der Konzentrationen in der amerikanischen Whiskeyindustrie: Whiskeys von einst eigenständigen Brennereien werden heute unter dem Dach des neuen Eigentümers hergestellt, aber weiterhin unter dem alten, gewohnten Namen gehandelt. Zum anderen ist es in den USA auch Usus, verschiedenen Whiskeys aus nur einer Brennerei jeweils eigene Markennamen zu geben. Zu diesem Zweck werden Namen von – längst nicht mehr existierenden – Firmen, von stillgelegten Brennereien sowie von berühmten Brennern sozusagen gesammelt und bei Bedarf einfach wieder benutzt. So kommt es zu der verwirrenden Vielzahl von Marken. Es trägt außerdem nicht gerade zur Transparenz des US-Whiskeymarkts bei, dass Brennereien von Zeit zu Zeit ihre Namen wechseln. So war z. B. Ancient Age auch als Leestown Distillery bekannt – und heißt neuerdings Buffalo Trace ...

Der Bourbon Whiskey ist leichter zu durchschauen als die Industrie, die ihn produziert: Mindestens 51 % Mais muss die Maische für einen Whiskey dieser Sorte haben. In der Regel ist das Zweitgetreide Roggen, nur in wenigen Brennereien – z. B. bei Maker's Mark – wird anstelle von Roggen Weizen in die Maische gegeben. Das ergibt einen weicheren Whiskey. Den Rest der Maische macht das unverzichtbare Gerstenmalz aus, das dank seiner Enzyme die Umwandlung der im Rohgetreide enthaltenen Stärke in vergärbaren Zucker möglich macht. Die Qualität der Rohstoffe und die individuelle Zusammenstellung der Maische (die *mash bill*) machen, im Verbund mit weiteren Faktoren, die oft großen Unterschiede zwischen den einzelnen Bourbons aus.

Die Getreidesorten werden getrennt gemahlen und nacheinander in die Maische gegeben. Der Mais muss gekocht werden, damit er die Stärke freigibt. Der Roggen oder, seltener, der Weizen wird erst zugegeben, wenn die Maische etwas abgekühlt ist. Erst ganz zum Schluss kommt das empfindliche Gerstenmalz in die Mash. Die vierte »Zutat« schließlich ist kein Getreide, sondern *backset,* der auch *setback* oder *thin stillage* genannte, alkoholfreie Rückstand der vorangegangenen Destillation. Nach Zusatz dieses Rückstands ist die Maische dann eine *sour mash,* weshalb das Verfahren – das in Kentucky nur üblich, in Tennessee aber vorgeschrieben ist – auch Sour Mash-Verfahren genannt wird. Der von festen Bestandteilen getrennte Backset senkt bei der Vergärung der Würze die Säurewerte so weit, dass die unerwünschten Organismen am Wachsen gehindert werden. Damit wird die Gärung kontrollierbarer. Außerdem hat die Sour Mash noch die Eigenschaft, den Charakter des Whiskeys immer weiterzugeben, so wie das der restliche Sauerteig beim Backen eines neuen Brotes auch tut. Der Backset wird je nach Hausstil entweder in den Maischebottich oder mit der Hefe in den Gärbottich oder auch erst nach der Gärung in das Beer gegeben. Vereinzelt wird der Zusatz auch auf die drei Phasen des Brauens verteilt. **Hefe** löst, wie beim Herstellen jedes Whiskys oder Whiskeys, die Gärung aus, an deren Ende das Beer steht. Im Gegensatz zu anderen Ländern, in denen schon die unvergorene Maische von ihren festen Bestandteilen getrennt wird, kommt das *beer* in US-Brennereien ungefiltert zum Destillieren.

Gebrannt wird üblicherweise nach der Methode, die in Europa als eine Erfindung von Stein und Coffey gilt, die allerdings in den USA schon seit mindestens 1790 bekannt war. Denn in dem Jahr führte ein Mann namens (Colonel) Alexander Anderson seine Erfindung Thomas Jefferson vor, zu jener Zeit Außenminister der USA. Er benutzte Dampf, um den Alkohol aus dem Beer »herauszuziehen«. Im Prinzip hat sich an dem Verfahren – das sich im Laufe von Generationen allerdings erst einmal gegen die *pot stills* der Einwanderer durchsetzen musste – bis heute nichts geändert: In der *beer still* trifft die von oben eingefüllte vergorene Würze auf von unten eingeleiteten Dampf. Dieser nimmt den Alkohol aus dem Beer mit, wenn er nach oben steigt. Der alkoholisierte Dampf kondensiert und wird als *low wines* in der Regel in den *doubler* geleitet. Dieses Gerät arbeitet wie eine

Destilleriegelände von Maker's Mark

Pot Still und erhöht den Alkoholgehalt des Destillats auf 65 bis 72 %. Der Mittellauf des auf diese Weise gewonnenen Destillates wird *white dog* genannt und ergibt den späteren Bourbon Whiskey. In wenigen Brennereien wird statt des *doublers* ein *thumper* verwendet: In dieses Gerät kommt nicht der wieder kondensierte Rohbrand, sondern der mit Alkohol angereicherte Dampf – das Ergebnis ist jedoch dasselbe. Es ist also eine zweifache Destillation, die zum Bourbon führt; da die aber in einem geschlossenen System – im Gegensatz zum Pot Still-Verfahren, wo für jede Phase die Stills jeweils neu beschickt werden – stattfindet, kann man durchaus auch von einer kontinuierlichen Destillation reden. Eine Ausnahme ist die Woodford Reserve Distillery, früher Labrot & Graham genannt: Sie destilliert den Bourbon in drei Pot Stills.

Der *white dog* muss in jedem Fall auf 62,5 % Alkoholgehalt verdünnt werden, bevor er in die Reifefässer gefüllt wird. Dass diese Fässer neu und aus dem Holz amerikanischer Weißeichen gefertigt sein müssen, war ursprünglich zweifellos auch deshalb beschlossen worden, um die Holzwirtschaft in den waldreichen Staaten der USA zu unterstützen, in Arkansas und Missouri etwa. Doch dieses Holz hat einige Vorteile: Die amerikanische Eiche, *Quercus alba*, wächst schneller als die europäische, *Quercus robur*, und kann bereits im Alter von 80 Jahren eingeschlagen und zu Fässern verarbeitet werden – eine europäische Eiche hingegen braucht 200 Jahre, bis sie einschlagreif ist. Die Eiche hat sich generell als das beste Holz für die Reifung von Destillaten erwiesen. Es enthält Stoffe, die sich positiv auf das Destillat auswirken, wie z. B. Hemizellulose und Tannine, und es ist porös genug, um das Destillat »atmen« zu lassen. Frisch geschnittenes Holz muss erst trocknen, bevor es zu Fässern wird. Auf die traditionelle Art an der Luft dauert dieses Trocknen 18 Monate, deshalb wird heute bereits häufig in Kammern getrocknet, was nur etwa drei Wochen dauert. Wenn das Fass noch keinen Boden und Deckel hat, wird es innen zunächst »getoastet«, d. h., so weit erwärmt, dass der Holzzucker karamellisiert. Erst nach dem Anbringen der Bilgeringe wird es richtig ausgebrannt. Das dauert – je nach Vorgaben der Whiskeyfirma – unterschiedlich lange und ist auch unterschiedlich intensiv; Boden und Deckel des Fasses werden separat behandelt. Die für einen Bourbon typische Vanillenote stammt ebenso vom ausgebrannten Fass wie die Farbe: In den USA sind Farbzusätze für Straight Whiskeys nicht erlaubt. Die neuen Fässer, die mehr wichtige Stoffe an das Destillat abgeben als bereits benutzte, und das Klima in den Whiskeystaaten der USA sind der Grund dafür, dass Bourbon und andere Straight Whiskeys weniger lange Reifezeiten brauchen als ihre verwandten Spirituosen in Europa.

Small Batch Bourbon ist Bourbon, der nur in einer begrenzten Menge angeboten wird. Das kann sowohl

Farmhaus-Gebäude mit Mais-Silo in Kentucky, dem Whiskey-Staat der USA

ein **Single Barrel** (abgefüllt nur aus einem einzigen Fass) sein als auch eine Mischung jener Bourbons, die sich am besten entwickelt haben.
Rye Whiskey Diese Sorte wird von wenigen Brennereien erzeugt – meist zusätzlich zum Bourbon und nicht regelmäßig wie jener. Der Rye wird auf die gleiche Weise gemacht wie der Bourbon, nur seine Maische ist anders: Der Roggen hat mit mindestens 51 % Anteil die absolute Mehrheit, das Zweitgetreide ist Mais oder Weizen; außerdem enthält auch die Rye-Maische Gerstenmalz.
Tennessee Whiskey Bis 1941, dem Jahr seiner amtlichen Definition als eigenständiger Whiskeytyp, wurde der Whiskey aus Tennessee auch als Bourbon bezeichnet. Tatsächlich hat er die gleichen Rohstoffe wie jener und wird auch auf die gleiche Weise destilliert. Der Unterschied liegt im Filtern: Während Bourbon wie alle Whiskeys und Whiskys erst vor der Abfüllung gefiltert wird, läuft in Tennessee der *white dog,* das frische Destillat, durch eine fast vier Meter dicke Schicht Holzkohle. Das höchst aufwändige Filtern dauert vier Tage, wird als *Lincoln County Process,* als *charcoal mellowing* oder *leaching* bezeichnet und ergibt einen überaus reinen *spirit,* der allerdings auch um einige Aromen ärmer ist als andere. Andererseits nimmt dieses gänzlich saubere Destillat aber auch Aromen aus der Holzkohle mit ins Fass und ist in der Reifezeit empfänglicher für die Geschmacksstoffe aus dem Holz als Destillate, die ungefiltert in das Reifefass gegeben werden.
In Tennessee stellen heute nur noch zwei Brennereien Whisk(e)y her: Der Whiskey von Jack Daniel's ist der meistverkaufte Whiskey aus den Vereinigten Staaten; der Whisky (!) von George Dickel spielt auf dem deutschen Markt derzeit leider nur eine untergeordnete Rolle.

Jim Beam's Small Batch

Der Begriff »Small Batch« wurde 1989 vom Bourbon-Multi Jim Beam eingeführt und bezeichnet seltene und außergewöhnliche Bourbon-Abfüllungen, die aus besonders gut entwickelten Fässern zusammengestellt werden.

Nachdem man in Schottland mit den Single Malts immer größeren Erfolg hatte, wollten die US-Hersteller diesem Erfolg etwas entgegensetzen. US-Whiskey muss in neuen, innen ausgekohlten Fässern aus amerikanischer Weißeiche lagern, und da Destillate in neuem Holz schneller reifen, bringen es US-Whiskeys nie auf ein so hohes Alter wie die schottischen Whiskys. Dadurch kann er auch nicht – wie beim Scotch möglich – das Aroma des vorher darin gereiften Bourbon Whiskeys oder das von Sherry oder Port annehmen. Trotzdem bleibt den US-Herstellern ausreichend Spielraum. Die teilweise enormen Unterschiede zwischen den einzelnen Marken beruhen größtenteils auf der Mash Bill, der Getreidemischung. Mais bringt Süße ein, Roggen eine fruchtbetonte und kräftige Würze, und Weizen anstelle von Roggen bewirkt eine spürbare Weichheit. Die Anteile der verwendeten Getreidesorten – und auch das für die Vergärung unerlässliche Gerstenmalz – prägen den späteren Whiskey.

Knob Creek
Alter 9 Jahre
Alkoholgehalt 50 % vol
Duft süß, an Erdnüsse, Eiche und Korn erinnerndes Aroma
Geschmack kräftig, vollmundig, fruchtig, mit langem und reichem Abgang
Preis

Die Reifezeit

Die entscheidende Phase ist freilich die Reifezeit im Fass. Die Sommer in Kentucky können sehr heiß sein, die Winter sehr kalt. Je nachdem wie die Reifelager (Warehouses) erbaut sind, ist der Whiskey kräftigen

Temperaturschwankungen ausgesetzt. Die Reifung geht umso schneller, je mehr Hitze der Whiskey ausgesetzt ist. Um eine gleichmäßige Reife aller Whiskeys zu erreichen, lässt man die Fässer in den Lagerhäusern von innen nach außen und von oben nach unten rotieren. Bei diesem Vorgang stellt man auch fest, welche Fässer sich optimal entwickelt haben, und von da war es kein weiter Weg mehr zur Schaffung der »Auslesewhiskeys«.

Die Beam Collection

Der Erfolg dieser Whiskeys bei anderen Brennereien veranlasste Beam dazu, Whiskeys in relativ kleiner Auflage auf den Markt zu bringen und sie als Small Batch Bourbons zu etikettieren (Batch bedeutet Stapel oder Stoß). Mit Baker's, Basil Hayden's und Knob Creek schuf man ein Trio, das dann mit dem Single Barrel Booker's zum Quartett und zur »Small Batch Bourbon Collection« wurde. Booker's ist ein reinrassiger Single Barrel, je nach Fass abgefüllt mit zwischen sechs und acht Jahren und 60 bis 63 % vol. Die anderen drei dagegen sind eine Mischung von einzelnen Whiskeys aus verschiedenen Fässern der allerersten Wahl. Benannt wurden sie nach großen Namen der Beam-Bourbon-Geschichte, und Knob Creek verkörpert den Bourbon-Stil der Ära vor der Prohibition. Sowohl Single Barrels als auch Small Batch Whiskeys sind naturgemäß nur in begrenzter Auflage zu bekommen und natürlich teurer als die Standardmarken.

Baker's
Alter 7 Jahre
Alkoholgehalt 53,5 % vol
Duft angenehm fruchtig, opulent und seidig
Geschmack charaktervoll, würzig, trocken, mittelschwer, nach Früchten und gerösteten Nüssen
Preis €€€

Basil Hayden's
Alter 8 Jahre
Alkoholgehalt 40 % vol
Duft gut ausgewogen, mild mit würziger Note
Geschmack delikat, fast himmlisch, pfeffrig mit einem Hauch Honig, charaktervoll und würzig
Preis €€

Booker's
Alter 6 bis 8 Jahre
Alkoholgehalt 60 bis 63 % vol
Duft voller fruchtiger Körper, tief und reichhaltig, nach Eiche, Vanille und Rauchnoten
Geschmack exzellent, intensiv, ähnlich wie der Duft, fruchtig, nach Tabak
Preis €€€

Jim Beam

Beam ist der große Name im Bourbon-Geschäft, und man besitzt zwei Destillerien in Clermont und Boston, Kentucky. Berühmte Bourbon-Marken, wie Old Crow, Old Grand-Dad, sowie die Jim Beam Small Batch Collection werden in diesem Buch beschrieben.

Jim Beam ist mit rund 65 Millionen (2005) jährlich verkauften Flaschen nach Jack Daniel's die zweitgrößte US-Spirituosenmarke und als Bourbon die Nummer eins. Das unter den amerikanischen Whiskeyproduzenten wichtigste Unternehmen geht zurück auf den Deutschen Jacob Böhm, der um 1795 in Clermont, Kentucky, mit dem Whiskeybrennen begann. Aus Böhm wurde Beam, und 1933 wurde die James B. Beam Distilling Company gegründet. Seit 1942 gibt es die Marke Jim Beam. 1967 schloss man sich mit dem Mischkonzern American Brands (heute Fortune Brands) zusammen, behielt aber die Kontrolle über die eigenen Marken. Unter dem Namen Jim Beam Brands (JBB) ist man außerdem für die gesamte Spirituosenproduktion des Konzerns zuständig. Angeboten werden bei uns außer dem klassischen Jim Beam Kentucky Straight Bourbon Whiskey die Sorten Jim Beam Black, Jim Beam Choice Green Label – Aged 5 Years – Charcoal Filtered, 40 % vol, der Rye Whiskey Yellow Label, 40 % vol, Red Stag – mit Schwarzkirschenaroma, 40 % vol, der außergewöhnliche Devil´s Cut mit 45 % vol und Jim Beam Honey mit 35 % vol.

Jim Beam Orig.
Alter ohne Altersangabe
Alkoholgehalt 40 % vol
Duft volles Aroma, mit Blumen- und Holznoten
Geschmack trocken und voll, attraktive Maisnote
Preis €

Jim Beam Black
Alter 8 Jahre
Alkoholgehalt 43 % vol
Duft üppig, mit vielen Aromen und subtiler Holznote
Geschmack hervorragend ausgewogen, mit Holznoten, Vanille- und Karamellaromen
Preis €

Bernheim Wheat Whiskey

Die Bernheim-Destillerie in Louisville, Kentucky, ist im Besitz von Heaven Hill, dem letzten unabhängigen Whiskyproduzenten der USA. Namensgeber war Issac Wolfe Bernheim, dessen Marke I. W. Harper (siehe dort) bis 1999 dort hergestellt wurde.

Issac Wolfe Bernheim war erst als Whiskeyhändler und dann mit seiner Marke I. W. Harper so erfolgreich, dass er 1897 in Louisville seine eigene Destillerie erbauen konnte. 40 Jahre später wurde die große Marke vom Schenley-Konzern übernommen, und wiederum 40 Jahre später kam sie zusammen mit Schenley in den Besitz der damaligen United Distillers. Da die alte Bernheim-Distillerie zu klein wurde und den modernen Ansprüchen nicht mehr genügte, wurde 1992 eine neue Destillerie erbaut.

Heaven Hill besaß zu dieser Zeit die größten Whiskeyvorräte der USA, doch durch einen Blitzschlag im Jahr 1996 wurden Millionen Liter Whiskey ein Raub der Flammen. Durch den Rückzug der Diageo im Jahr 1999 konnte man die Bernheim-Destillerie erwerben, und seither werden u. a. die berühmten Marken Old Charter, Old Fitzgerald, W. L. Weller und Rebel Yell in dieser Destillerie hergestellt. Auch der Bernheim Wheat stammt von dort. Der Bernheim Original – Small Batch Wheat Whiskey – ist ein würziger Whiskey der oberen Preisklasse. Stefan Gabányi schreibt in seinem »Schumann's Whisk(e)y Lexikon«, dass man den seit 2005 angebotenen Bernheim Wheat als Vertreter einer neuen Whiskeykategorie ansehen könnte, denn der Weizenanteil übersteigt den üblicherweise dominierenden Mais.

Bernheim Wheat
Alter ohne Altersangabe
Alkoholgehalt 45 % vol
Duft sehr aromatisch, mit zarten Fruchtnoten
Geschmack ölig und mächtig, mild, komplex, nach Gewürzen
Preis €€€

Blanton's

Blanton's war der erste Single Barrel Bourbon Whiskey der neueren Zeit, und mit ihm begann 1984 eine neue Bourbon-Ära. Als Konkurrenz zum schottischen Single Malt setzen seither viele amerikanische Whiskeyhersteller auf diese Einzelfassabfüllungen.

Die Geschichte der heutigen Buffalo Trace Distillery geht zurück bis 1865, und die vielen Namens- und Inhaberwechsel erfordern einen ausführlichen Rückblick in die Vergangenheit dieser berühmten Brennerei. Am Anfang stand Benjamin Blanton, der die Destillerie im damals noch existierenden Ort Leestown, am Rande von Kentuckys Hauptstadt Frankfort, erbaute. Bereits vier Jahre später verkaufte er an Edmund Taylor, der zu dieser Zeit schon mehrere Brennereien betrieb. Später hieß sie dann wieder Blanton, nach Albert, dem Sohn des Erbauers, der unter mehreren Besitzern über 50 Jahre von 1897 bis 1953 in der Destillerie arbeitete.

Die Jahre des Albert Blanton

Er hatte noch im vorletzten Jahrhundert als Büroangestellter begonnen und leitete die Destillerie von 1912 bis zu seinem Ausscheiden im Jahr 1953. In den 40 Jahren als Masterdistiller prägte er die Brennerei und rettete die Geheimnisse seiner Zunft über die bitteren Jahre der Prohibition hinweg und gab sein Wissen an seinen Nachfolger weiter. Dieser war Elmer T. Lee, der seit 1998 im Ruhestand ist, aber immer noch als Ratgeber fungiert. Elmer T. Lee, der wie Albert Blanton den Bourbon wie wenig andere prägte, wurde 1992 mit einer Single-Barrel-Abfüllung, die seinen Namen trägt, geehrt.

1969 wurde die Destillerie in Ancient Age Distilling

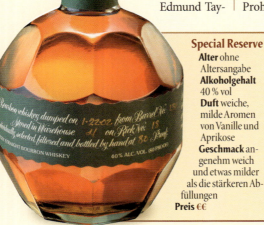

Special Reserve
Alter ohne Altersangabe
Alkoholgehalt 40 % vol
Duft weiche, milde Aromen von Vanille und Aprikose
Geschmack angenehm weich und etwas milder als die stärkeren Abfüllungen
Preis €€

The Original
Alter ohne Altersangabe
Alkoholgehalt 46 % vol
Duft sehr aromenintensiv, mit Karamell- und Gewürznoten
Geschmack herrlich ausbalanciert, kräftig und voll
Preis €€

Gold Edition
Alter ohne Altersangabe
Alkoholgehalt 51,5 % vol
Duft mannigfache subtile Aromen im Geruch wie auch im Geschmack
Geschmack ein wahres Geschmacksfeuerwerk, mit Vanillen-, Schokolade-, Nüsse- und Rosinennote
Preis €€€

Straigth from the Barrel
Alter ohne Altersangabe
Alkoholgehalt variiert zwischen 64 bis 70 % vol
Duft reiche Aromen von Toffee, Rosinen, Nüssen und Honig
Geschmack feine Balance, als Einzelfasswhiskey stets eine Überraschung
Preis €€€

Company umbenannt, und 1982 übernahm die in New Orleans ansässige Spirituosenfirma Sazerac das Unternehmen (siehe Buffalo Trace und Sazerac). Neben dem seit 1999 angebotenen Buffalo Trace werden die berühmten Ancient Age Bourbons und die Sazerac Whiskeys hergestellt.

Für den Blanton's, diesen bis heute erfolgreichsten Single Barrel, werden nur die besten Fässer verwendet, und die auch nur auf ihrem Höhepunkt, in der Regel nach zehn bis zwölf Jahren. Auf jedem Etikett wird penibel Fass- und Flaschennummer, Lagerhaus, Ricknummer (Schober), Abfülldatum und Alkoholgehalt vermerkt. Blanton's erhielt mittlerweile zahlreiche Auszeichnungen und wird als Whiskey mit vollem Körper und bestechender Balance gerühmt. Er wird in mehreren Qualitäten und Alkoholstärken angeboten und mit der Stärke variiert auch die Farbe des Etiketts. Auch die Flaschenform ist außergewöhnlich. Die runde, oben und unten achteckige Flasche wird mit Siegelwachs verschlossen, und ein Pferd mit Reiter krönt den Verschluss. Blanton's wird in fünf Abfüllungen angeboten. Es gibt die Sorten Special Reserve, The Original, Silver Edition, Gold Edition und den Blanton's Straight from the Barrel, mit je nach Fass 64 bis 70 % vol. Der hier nicht abgebildete Blanton's Silver (49 % vol) ist ein vollmundiger Whiskey mit rauchiger Note und Tönen von Gewürzen, Zartbitterschokolade, Rosinen und Nüssen. Für Sammler interessant ist, dass die Pferde auf dem Verschluss immer einen der Blanton's-Buchstaben tragen.

Buffalo Trace

Der Straight Bourbon Buffalo Trace ist eine noch junge Marke. Er wurde 1999 anlässlich der Umbenennung der Leestown Distillery in Buffalo Trace erstmals angeboten. Dort, wo heute die Destillerie steht, überquerten einst die Büffel zu Tausenden den Kentucky River.

Die Geschichte der Destillerie geht zurück bis 1865, und die vielen Namens- und Inhaberwechsel erfordern einen ausführlichen Rückblick in die Vergangenheit dieser berühmten Brennerei. Am Anfang stand Benjamin Blanton, der die Destillerie am Rande von Kentuckys Hauptstadt Frankfort, im damals noch existierenden Ort Leestown, erbaute. Bereits vier Jahre später verkaufte er an Edmund Taylor, der zu dieser Zeit schon mehrere Brennereien betrieb. Dieser renovierte sie 1873 zusammen mit George T. Stagg, der sie später übernahm und ihr seinen Namen gab. Später hieß sie dann wieder Blanton, nach dem Sohn des Erbauers, der unter mehreren Besitzern über 50 Jahre, bis 1953, die Destillerie leitete und prägte.

1969 wurde sie in Ancient Age Distilling Co. umbenannt, und 1982 übernahm die in New Orleans ansässige Spirituosenfirma Sazerac das Unternehmen. Zehn Jahre später kam es zu einer Neustrukturierung. Der japanische Spirituosenproduzent Takara Shuzo übernahm Ancient Age und beteiligte sich mit Sazerac an der neu gegründeten Leestown Distilling Company. Die Brennerei blieb bei Sazerac, und diese stellt im Auftrag der Japaner einige Marken her. Seit 1999 heißt die Destillerie nun Buffalo Trace. Neben dem Buffalo Trace werden die Ancient Age Bourbons und die Sazerac Whiskeys angeboten. Im Sortiment ist auch der berühmte Blanton's, der 1984 als erster amerikanischer Single Barrel auf den Markt gebracht wurde. Weitere exzellente Marken sind Elmer T. Lee, Hancock's, Rock Hill Farms und George T. Stagg.

Buffalo Trace
Alter ohne Altersangabe
Alkoholgehalt 45 % vol
Duft komplex, süß, mit Vanille-, Minze- und Karamellnoten
Geschmack weich und mild, mit süßer Note, nach Holz und Gewürzen
Preis €€

Dickel

Der »andere«, zweite Tennessee Whiskey, ist anders und schreibt sich ohne e. Dieser ewige Geheimtipp im Schatten des großen Bruders Jack Daniel's wurde bis vor einigen Jahre offiziell nach Deutschland importiert, ist seither aber noch über spezialisierte Shops zu haben.

Der deutsche Einwanderer George Dickel stammte aus der Gegend um Frankfurt und war seit 1866 in Nashville/Tennessee im Whiskeyhandel tätig. 1888 übernahm er zusammen mit seinem Schwager die 1877 in Tullahoma, Tennessee, erbaute Cascade-Destillerie. Nach George Dickel's Tod im Jahre 1894 wurde die Firma bis 1910 weitergeführt. Als in Tennessee – zehn Jahre vor der USA-weiten Prohibition – das Alkoholverbot eingeführt wurde, verlegte man die Produktion in die Stitzel-Weller-Destillerie in Louisville. Obwohl nun in Kentucky destilliert wurde, hielt man am Lincoln County Process fest, bei dem der Whiskey langsam durch eine dicke Zuckerahorn-Holzkohleschicht gefiltert wird. Nach dem Ende der Prohibition in den USA wurde die Marke Cascade von Schenley gekauft und in deren Ancient-Age, heute Buffalo-Trace-Destillerie, in Frankfort, Kentucky, hergestellt. 1958 wurde in der Nähe des ursprünglichen Geländes eine neue Destillerie errichtet, und ab 1964 wurde der Whiskey mit neuem Namen angeboten. Da in diesem Teil von Tennessee das Alkoholverbot weiterhin bestand (und besteht), musste erst eine Volksabstimmung durchgeführt werden. Man durfte wieder destillieren, aber bis heute bekommen Besucher keine Kostprobe. 1987 wurde Dickel zusammen mit dem damaligen Besitzer Schenley von den United Distillers übernommen und kam so in den Besitz des Nachfolgers Diageo. Dickel Abfüllungen gibt es als Old Nr. 8, Old Nr. 12, als 10-jährigen und auch als 10-jährigen Special Barrel Reserve.

Dickel Old Nr. 12
Alter ohne Altersangabe
Alkoholgehalt 45 % vol
Duft rund und ausgewogen mit vielen Aromen
Geschmack weich, harmonisch, mild und rund, mit Eleganz, Klasse und Komplexität
Preis €€

Elijah Craig

Heaven Hill ist der letzte große unabhängige Whiskeyproduzent der Vereinigten Staaten. Seit Ende der 1950er Jahre bringt man herausragende Whiskeys mit den Namen von Whiskeypionieren auf den Markt. Zu diesen zählt auch Elijah Craig.

Die Marke trägt den Namen des Baptistenpredigers Elijah Craig (1743 – 1808), der auch als Brenner tätig war und als einer der Ersten Whiskey (oder was man damals so bezeichnete) herstellte. Überliefert ist, dass Elijah Craig der Erste war, der mit innen ausgekohlten Fässern arbeitete, und häufig wird er auch als »Erfinder« des Bourbon genannt. Diese Legende entstand wohl zum Ende des 19. Jahrhunderts, um die bigotten Alkoholgegner damit zu ärgern, dass ausgerechnet ein Mann der Kirche für die Entstehung des bekämpften Teufelszeugs verantwortlich war. Wie dem auch sei, Elijah Craig ist ein ganz besonderer Bourbon, der nach höchsten Qualitätskriterien von Heaven Hill in der Bernheim-Destillerie in Louisville, Kentucky, hergestellt wird. Elijah Craig gibt es in zwei Abfüllungen: Als 12-jährigen Straight Bourbon, für den nur jeweils rund 100 Fässer gemischt werden, und als außergewöhnlichen 18-jährigen Single Barrel, der leicht an Cognac erinnert.

Elijah Craig 12 Years
Alter 12 Jahre
Alkoholgehalt 47 % vol
Duft wunderbares Aroma, trocken mit ausgleichenden süßen Noten, mit einer Anmutung von Heu und Leder, aber auch von Orangen und Vanille
Geschmack samtig-fruchtiger Körper, mit einem Hauch von Karamell, Datteln und Eiche
Preis €€

Elijah Craig 18 Years Single Barrel
Alter 18 Jahre
Alkoholgehalt 45 % vol
Duft üppig und voll, nach Vanille und Honig
Geschmack mittelschwer, fast Cognac-ähnlich, trocken und nach Karamell
Preis €€€

Evan Williams

Heaven Hill (siehe auch Elijah Craig) bringt seit Ende der 1950er Jahre herausragende Whiskeys unter den Namen von Whiskeypionieren heraus. Evan Williams war 1783 der erste Destillateur, der in Kentucky eine Brennerei kommerziell betrieb.

Unter den vielen Marken, die Heaven Hill herstellt, gilt Evan Williams als das Flaggschiff. Mit ihm und Elijah Craig gelang Heaven Hill der Einstieg in die Bourbon-Oberliga und mit dem Evan Williams 7 Years auch der Aufstieg zu den meistverkauften Marken. Die siebenjährige Standardmarke mit dem schwarzen Etikett kam 1957 auf den Markt und steht in den USA auf dem zweiten Platz unter den Bourbons. Weitere Sorten auf dem US-Markt sind der Green und der White Label. Die Abfüllungen Red Label und Blue Label sind nur für den Export. Eine Spitzenmarke ist auch der »1783«, der mit zehn Jahren angeboten wird. Des Weiteren gibt es den in einem Porzellankrug abgefüllten Master Distillers Select. Das Spitzenprodukt ist der Evan Williams Single Barrel Vintage 17 Years: Diese Einzelfasswhiskeys nennen das Jahr der Destillation, und es gibt sie seit dem Jahrgang 1986. In Deutschland werden die Evan Williams Whiskeys von spezialisierten Fachgeschäften angeboten.

Evan Williams 1783
Alter 10 Jahre
Alkoholgehalt 43 % vol
Duft üppig und typisch, mit Vanille und Minzehintergrund
Geschmack ungeheuer komplex, mit köstlicher Aromavielfalt
Preis €€€

Evan Williams Single Barrel Vintage 17 Years
Alter 17 Jahre – mit Angabe des Destillationsjahrs
Alkoholgehalt 43,3 % vol
Duft bestens ausbalanciert, nach Karamell, Vanille und Kräutern
Geschmack wunderbar strukturiert, weich und mild, individuell je nach Jahrgang
Preis €€€

Four Roses

Die um 1910 in Lawrenceburg, Kentucky, errichtete Four-Roses-Destillerie überrascht mit einem im spanischen Stil erbauten Hauptgebäude. Nirgends auf der Welt gibt es eine derartige Destillerie, und niemand kennt den Anlass für diese Bauweise.

Paul Jones, der Mann, der die Marke Four Roses populär machte, war in Georgia im Tabak- und Whiskeyhandelgeschäft. Nachdem um 1886 in Georgia ein allgemeines Alkoholverbot angeordnet wurde, siedelte er nach Kentucky über und ließ die Marke 1888 registrieren. Am heutigen Standort der Destillerie wurde schon lange vorher Whiskey gebrannt, und die Marke gehörte ab 1902 zu den damaligen Besitzern, den Frankfort Distillers. Im Jahr 1943 kaufte Seagram die Marke und die Destillerie. Diese trägt aber erst seit 1986 auch den Namen Four Roses. Erstaunlicherweise werden alle Four Roses Bourbon Whiskeys nur für den Export produziert, in den USA selbst ist er nur als Blended Whiskey erhältlich. In Europa zählt Four Roses seit den 1950er Jahren zu den meistverkauften Bourbons. Nach der Auflösung von Seagram im Jahr 2000 wurde Four Roses – Brennerei und Marke – von dem japanischen Bierbrauer und Whiskyproduzenten Kirin übernommen. Außer dem Blend für den US-Markt stellt Four Roses den altbekannten Straight Bourbon, den Fine Old, den Super Premium und den Single Barrel Reserve her.

Four Roses
Alter ohne Altersangabe
Alkoholgehalt 40 % vol
Duft sehr fruchtig, mit Noten von Holz, Honig, Vanille und Malz
Geschmack mild und vollmundig, mit Aromen von Blüten, Früchten und Roggen
Preis €

Single Barrel
Alter ohne Altersangabe
Alkoholgehalt 43 % vol
Duft üppig und ausgewogen, nach Vanille und Malz,
Geschmack wunderbar ausbalanciert, etwas Süße, exzellente Weltklasse
Preis €€

I. W. Harper

I. W. Harper geht zurück auf den aus Deutschland eingewanderten Issac Wolfe Bernheim. Harper war der Name eines Freundes, und als er für seinen Whiskey einen amerikanischen Namen suchte, bildete er ihn aus Harper und den Initialen seiner Vornamen.

Harper ist einer der ältesten Whiskynamen Amerikas und die Hauptmarke ist der Gold Medal – so genannt, wegen der fünf Goldmedaillen auf dem Etikett. Issac Wolfe Bernheim (1848–1945) war als Whiskeyhändler erfolgreich und bot als einer der ersten seinen Whiskey nicht nur in Fässern und Krügen, sondern auch in Flaschen an. Bereits 1879 ließ er seine eigene Marke registrieren, und 1897 erbaute man in Louisville, Kentucky, eine eigene Brennerei. 40 Jahre später wurde die damals schon große Marke vom Schenley-Konzern übernommen, und 1987 kam sie mit Schenley zusammen in den Besitz der damaligen United Distillers, der heutigen Diageo. Unter deren Regie wurde 1992 eine neue Destillerie errichtet und diese 1999 an Heaven Hill verkauft. In diesem Jahr zog sich Diageo fast ganz aus den USA zurück und behielt nur I. W. Harper und die Tennessee-Destillerie George Dickel. Seither lässt Diageo den Whisky für den I. W. Harper bei Four Roses herstellen. Die I. W. Harper Whiskys gibt es in folgenden Abfüllungen: den Klassiker Gold Medal, den I. W. Harper 12 Years (dieser, in einer Karaffenflasche abgefüllte Harper ist der meistverkaufte Bourbon in Japan), den I. W. Harper 15 Years und den erst vor kurzem erschienenen I. W. Harper President's Reserve. Die deutsche Filiale der Diageo hat die Marken I. W. Harper und Dickel nicht offiziell im Programm, man findet sie aber bei spezialisierten Händlern. Alle Sorten werden jedoch unverhältnismäßig teuer angeboten.

I. W. Harper
Alter ohne Altersangabe
Alkoholgehalt 43 % vol
Duft wundervolles Aroma, gut strukturiert, mit zarten Vanille-, Malz- und Gewürztönen
Geschmack mittelschwer, komplex, angenehm würzig, mit fruchtiger Süße
Preis €€€

Jack Daniel's

Mit fast 110 Millionen (2005) jährlich verkauften Flaschen ist Jack Daniel's Tennessee Whiskey die weitaus größte Spirituoseneinzelmarke der USA und die viertgrößte der Welt. Ihm folgt bei den US-Whiskeys Jim Beam mit rund 65 Millionen Flaschen.

Zu Recht stolz ist man bei Jack Daniel's darauf, dass der Gattungsbegriff »Tennessee Whiskey« auf Grund der Initiative des Unternehmens von der Regierung anerkannt und gesetzlich verankert wurde. Seit 1941 wird Whiskey aus Tennessee als eigenständige Sorte anerkannt. Ausschlaggebend dafür war der Prozess des Charcoal Mellowing, bei dem das frische Destillat über Holzkohle gefiltert wird, bevor es in die Reifefässer kommt. Dieses auch Lincoln County Process genannte Verfahren, soll auch in Lynchburg, wo die Destillerie steht, erfunden worden sein. Ansonsten ist Jack Daniel's natürlich ein Bourbon, nur eben etwas anders (neben Jack Daniel's gibt es nur Dickel in Tennessee).

Die Marke geht zurück auf Jack Daniel (1846 – 1911), der schon im Alter von 14 Jahren als Brenner arbeitete. 1866 gründete er Lynchburg, Tennessee, seine eigene Brennerei und ließ diese – angeblich als erster Destillateur – offiziell registrieren. Seinen ersten Whiskey nannte er Bell of Lincoln und 1884 erschien mit dem Green Label der erste Jack Daniel's. Diesen gibt es bis heute, er ist aber nur in den USA zu finden. Seit 1895 wird »Jack Daniel's« in den typischen eckigen Flaschen angeboten. Da Jack Daniel kinderlos geblieben war, überließ er seinem Neffen Lem Motlow 1906 das Unternehmen.

Das »trockene« Tennessee

Als Tennessee 1910 (10 Jahre vor dem Rest der USA) die Prohibition beschloss, wich man nach St. Louis aus, und 1920, mit dem Beginn der

Jack Daniel's
Alter ohne Jahrgang
Alkoholgehalt 40 % vol
Duft komplex, mit leichtem Vanille- und Mandelaroma
Geschmack kräftig und robust, harmonisch, mit dem typischen Geschmack rauchiger Holzkohle
Preis €

Jack Daniel – einer der erfolgreichsten Destillateure der USA

US-weiten Prohibition musste man auch diese Destillerie stilllegen. Nach 1933 behielten manche Countys in Tennessee das Verbot jedoch bei und sind bis heute »trocken«. Lem Motlow erhielt 1938 die neue Brenngenehmigung mit der Auflage, keinen Tropfen Whiskey im »trockenen« Teil von Tennessee auszuschenken oder zu verkaufen.

Nach Lem Motlow's Tod im Jahr 1947 übernahmen seine vier Söhne das Unternehmen, und diese verkauften 1956 an die Brown-Forman unter der Bedingung, dass Unternehmensentscheidungen weiterhin von den Nachfahren der Motlow-Familie getroffen würden. Auf den Etiketten wird auch bis heute Lem Motlow als Inhaber geführt.

Jack Daniel's ist in den Bars der Welt zu Hause und auch bei uns ist Jack Daniel's Old No. 7 eine führende Marke. Neben diesem gibt es mit dem Green Label einen weiteren No. 7 Brand. Dieser war der ursprüngliche Jack Daniel's, und als Jack Daniel 1911 starb, brachte Lem Motlow einen älteren Whiskey zu seinen Ehren heraus, diesen dann zum Zeichen des Respekts mit einem schwarzen Etikett.

Jack Daniel's Single Barrel

Bereits im Jahr 1984 wurde der erste Bourbon Single Barrel (Einzelfasswhiskey) angeboten (siehe Blanton's), und auch bei Jack Daniel's setzt man seit 1997 auf diese Art der Vermarktung. Single Barrel Whiskeys sind das Produkt eines einzigen Fasses. Diese Fässer werden aus bevorzugten Sektoren der Lagerhäuser ausgewählt und nicht mit anderen vermischt.

Jack Daniel's Gentleman Jack

Gentleman Jack wurde 1988 der Hauptmarke Jack Daniel's, dem seit 1998 meistverkauften US-Whiskey zur Seite gestellt. Anders als dieser wird Gentleman Jack vor und nach der Lagerung durch Holzkohle gefiltert. Dies macht den Gentleman Jack deutlich milder.

J. D. Single Barrel
Alter Ohne Altersangabe
Alkoholgehalt 45 % vol
Duft nach Eichenholz und Rauch, mit Vanille- und Karamellnoten
Geschmack kräftig und vollmundig, mit dezenter Gewürznote
Preis €€

J. D. Gentleman Jack
Alter ohne Altersangabe
Alkoholgehalt 40 % vol
Duft sanft und rauchig, nach Vanille, Karamell und Johannisbeere
Geschmack komplex, mild und warm, mit zarten Eichenholz- und Gewürznoten
Preis €€

Maker's Mark

Ein Bourbon mit Kultstatus. Maker's Mark Whisky (Schreibweise ohne e) kommt aus der kleinen, einsam gelegenen Star Hill Distillery in Happy Hallow, in der Nähe des kleinen Ortes Loretto im Süden von Kentucky.

Sie ist eine der kleinsten Destillerien des Landes und produziert nur rund 50 Fässer pro Tag. Die heutige Destillerie war schon lange außer Betrieb, als William Samuels sie 1953 erwarb. Er war ein Nachkomme von Robert Samuels, der bereits um 1780 in Kentucky Whiskey brannte. 1959 wurde Maker's Mark erstmals angeboten. Er wird als der mildeste Bourbon gerühmt, und dem Umstand, dass man der Getreidemischung Weizen anstelle von Roggen zusetzt, wird dies zugeschrieben. Maker's Mark reift sechs Jahre und wird dann in seine markanten Flaschen abgefüllt. Diese werden von Hand verkorkt und mit Plastikwachs versiegelt. Der Name bezieht sich auf die Meistersiegel, die auf Silber- oder Zinngeschirr eingestanzt werden. Bei Maker's Mark zeigt das Siegel auf dem Etikett einen Stern (für Star Hill Distillery), den Buchstaben S (für den Namen Samuels) und die römische Ziffer IV (für die vierte Generation im jüngeren Brennereigeschäft). Als 1980 ein Bericht auf der Titelseite des Wallstreet Journals erschien, wollte jeder Maker's Mark haben, und ganz besonders die Konkurrenz. 1981 verkaufte man an Hiram Walker und kam damit zu Allied Domecq, und nach deren Auflösung 2005 zu Beam. Trotz des Verkaufs blieb ein Samuel Präsident der Firma, und ohne große Zugeständnisse an die neuen Inhaber blieb alles so wie vorher.

Der bekannteste Maker's Mark ist der etwa sechsjährige Red Seal, den es mit 43 und 45 % vol gibt. Diese Stärke haben auch die weiße und die blaue Version. Die Limited Edition ist mit goldenem Wachs versiegelt und hat 101 Proof, 50,5 % vol.

Maker's Mark
Alter ohne Altersangabe, etwa sechs Jahre alt
Alkoholgehalt 45 % vol
Duft herrlich reiches Aroma von Holz und Nelken, mit Andeutung von Honig und Malz
Geschmack mild, kräftig am Anfang, lang, reich und warm, mit Karamellnote
Preis €€

AMERICAN WHISKEY

Michter's

Unter dem Dach der 1935 in Bardstown/Kentucky gegründeten Kentucky Bourbon Distillers wird Michter's und eine große Zahl Bourbon und Rye Whiskys abgefüllt. Darunter die Whiskeys von Willett und viele inzwischen etablierte neu geschaffene Marken.

Bei Michter's liegt vieles im Dunklen, doch dass bereits 1753 destilliert wurde, ist belegt. Die Geschichte von Michter's begann als Farmbrennerei in Schaefferstown/Pennsylvania und bis zu ihrer Schließung im Jahr 1989 war man die älteste ununterbrochen arbeitende US-Brennerei. Bis dahin erfuhr die Destillerie viele Inhaberwechsel und erhielt auch mehrfach neue Namen. Nach ihrer Schließung reiften die Whiskeys in den Lagerhäusern weiter und wurden an die neuen Besitzer weiter gegeben.

Seit 2002 kommen die Michter's-Whiskeys aus Bardstown/Kentucky von Kentucky Bourbon Distillers, die Bourbon und Rye Whiskeys unter den Namen Michter's abfüllen. Man verfügt zum Teil noch über alte Bestände, destilliert selbst, und weiterer Whiskey wird von der benachbarten Heaven Hill Distillery zugekauft. Michter's präsentiert mit seinen Whiskeys große US-Destillierkunst und ausnahmslos höchste Qualität. Die aktuellen Sorten sind Michter's US*1 Single Barrel Straight Rye (42,4 % vol), Michter's 10 Years old Single Barrel Rye (46,4 % vol), Michter's US*1 Small Batch Bourbon (45,7 % vol), Michter's 10 Years old Single Barrel Bourbon (47,2 % vol) und Michter's Unblended American Whiskey (41,7 % vol). Des Weiteren gibt es eine große Zahl Rye und Bourbon Whiskeys in Altersstufen bis zu 25 Jahren.

Michter's US*1 Single Barrel Straight Rye
Alter ohne Altersangabe, etwa sechs Jahre alt
Alkoholgehalt 42,4 % vol
Duft ein traditioneller Rye, Aroma von Roggen, Haselnuss und frischem Heu
Geschmack weich, würzig und ausgewogen, nach Eichenholz und Ahornsirup
Preis €€€

Noah's Mill

Noah's Mill heißt ein Bourbon Whiskey der in Bardstown/Kentucky beheimateten Kentucky Bourbon Distillers (KBD). Er ist ein Produkt von Willett (siehe Willett Seite 222) und wurde in seinen ersten Jahren aus ausgewählten Willett-Bourbon-Beständen komponiert.

Auf den Etiketten des Noah's Mill, die eine Zeichnung einer kleinen hölzernen Mühle schmückt, ist »Handmade in den Hills of Kentucky« zu lesen. Handmade trifft für diesen exzellenten Bourbon zu, hergestellt wird er aber von Willett bei den Kentucky Bourbon Distillers. Früher wurden die bis 1980 destillierten Willett-Whiskeys verwendet, da aber bei Willett die eigene Produktion von 1980 bis 1997 ruhte, enthalten die derzeitigen Abfüllungen wahrscheinlich keinen der alten Whiskeys mehr. Es fehlt zwar eine Altersangabe, man darf aber von bis zu 15 Jahren Reifung ausgehen. Noah's Mill ist einer der vier Top-Whiskeys der »small batch«-Serie im umfangreichen Angebot der KBD. Die weiteren sind Rowan's Creek (Seite 215), sowie Pure Kentucky XO und Kentucky Vintage. Alle vier sind unterschiedlich komponiert, es vereint sie jedoch ihre Komplexität und Qualität. Mit diesen Spitzenqualitäten lässt sich die Welt des Bourbon Whiskeys wunderbar erkunden, da Whiskeys dieser Art von den großen Herstellern nicht angeboten werden können. Diese Nischen-Whiskeys werden seit einigen Jahren auch nach Europa importiert und finden überall Zustimmung.

Noah's Mill wurde mehrfach ausgezeichnet, zuletzt 2011 mit einer Goldmedaille bei der »San Francisco World Spirits Competition«, dem wichtigsten Maßstab der Spirituosenbranche.

Noah's Mill
Alter ohne Altersangabe
Alkoholgehalt 57,15 % vol
Duft mild und ausgewogen, feine Aromen von Trockenfrüchten, Vanille-, Kakao- und Kaffeenoten
Geschmack pfeffrig-schokoladig mit feinen Aromen, im Nachklang intensiv und anhaltend.
Preis €€€

Old Crow

Old Crow (die alte Krähe) ist eine der ältesten Whiskeymarken der USA. Sie wurde jedoch nicht nach dem Vogel benannt, der heute die Etiketten ziert, sondern nach Dr. James Crow, der sich mit wissenschaftlichen Methoden um den Bourbon verdient gemacht hatte.

Der schottische Chemiker und Arzt Dr. James Crow kam 1820 nach Amerika und ließ sich ein paar Jahre später in Frankfort, Kentucky, nieder. Dort traf er auf den Destillateur Willis Field, der ihm in seiner Destillerie Arbeit bot. Crow nutzte seine Erkenntnisse als Chemiker und war der Erste, der Standards in allen Stufen des Destillationsprozesses setzte. Es waren in dieser Zeit schon Instrumente zur Kontrolle der Gär- und Destillationsprozesse vorhanden, doch erst Crow lehrte den richtigen Gebrauch in der industriellen Anwendung. Vor Crow waren die Ergebnisse jedes Brennvorgangs unterschiedlich und durch seine Methoden ließen sich nun konstant hohe Qualitäten erzielen. Er revolutionierte die Whiskeyherstellung in allen ihren Bereichen von der Getreidemischung, dem Einsatz der Sour Mash, der Gärung über die Destillation bis hin zur Whiskeyalterung. Sein weiterer Weg führte ihn zu Peppers Labrot & Graham Distillerie, die er dann etwa 20 Jahre leitete und den Peppers mit nach seinen Methoden hergestelltem Whisky zu einem Vermögen verhalf. Crow's Name war in der Whiskeybranche einer der berühmtesten seiner Zeit. Er selbst besaß nie eine Destillerie, und als er 1856 starb, war durch ihn der Bourbon Whiskey auf dem Weg zu dem, was er heute ist. Die Peppers bauten 1872 eine neue Destillerie, die sie nach Dr. Crow benannten. Diese wurde dann später an Taylor verkauft, der dann einige Jahre später die Old-Taylor-Brennerei gründete. Zusammen mit dieser gelangte Old Crow 1947 zu den National Distillers. 1987 wurden diese von Beam übernommen.

Old Crow
Alter ohne Altersangabe
Alkoholgehalt 40 % vol
Duft vortrefflich komplex, zart-fruchtig, mit Malz- und Zitrusnoten
Geschmack leicht bis mittelschwer, angenehm und gut ausgewogen
Preis €

Old Fitzgerald

Die zu Heaven Hill, dem letzten großen und unabhängigen Whiskyproduzenten der USA gehörende Bernheim-Destillerie in Louisville, Kentucky, ist Hersteller der Old Fitzgerald Whiskeys. Die altbekannte Marke gibt es seit 1870.

Als Ursprung der Marke Old Fitzgerald wird 1870 angegeben. In diesem Jahr soll die Old Judge Distillery in Frankfort, Kentucky, eröffnet worden sein. Diese spätere Old Fitzgerald Distillery belieferte anfangs nur Privatklubs und Schifffahrtslinien. Um 1900 vergrößerte man die Kapazitäten, und die Marke wurde sehr populär und sogar in Europa verkauft. Während der Prohibition übernahm Stitzel-Weller das in diesen Jahren stillgelegte Unternehmen. Die W.L. Weller Distillery gab es bereits seit 1849 und Stitzel seit 1872. Die beiden Unternehmen waren schon seit 1912 vertraglich verbunden und fusionierten dann im Jahr 1933, und ab 1935 produzierte man in einer neu erbauten Brennerei. Bis in die 1960er Jahre erlebten die Marken unter Julian »Pappy« Van Winkle, dem Besitzer von Stitzel-Weller, einen großen Aufschwung, und Old Fitzgerald war das führende Produkt des Unternehmens. 1972 wurde Stitzel-Weller und auch die Marke Old Fitzgerald an eine Großhandelsfirma verkauft, und 1984 wurde diese von der damaligen DCL übernommen. Man erbaute 1992 die neue Bernheim-Destillerie in Louisville, und nach dem Rückzug der Diageo im Jahr 1999 erwarb Heaven Hill die Anlagen. Seither werden die Old-Fitzgerald-Marken und weitere dort hergestellt. Von Old Fitzgerald gibt es die Marken Very Special, den Prime Bourbon, einen Bottled in Bond, einen 12 Years und den abgebildeten Old Fitzgerald 1849. Dieser außergewöhnliche Whiskey enthält nach wie vor Weizen anstelle von Roggen. Die Whiskeys von Old Fitzgerald und W.L. Weller sind bei spezialisierten Händlern zu finden.

Old Fitzgerald
Alter ohne Altersangabe
Alkoholgehalt 43 % vol
Duft reiches und vielfältiges Aroma, mit vollem Körper
Geschmack leicht fruchtig und herrlich ausgewogen
Preis €€

Old Grand-Dad

Old Grand-Dad, der »alte Großvater« und Namensgeber dieses Whiskeys, war Basil Hayden, der schon im 18. Jahrhundert in Kentucky Whiskey brannte. Sein Antlitz ziert bis heute die Flaschen dieser bekannten Bourbon-Marke.

Basil Hayden begann um 1785 mit dem Whiskeybrennen, und unter seinem Namen wird bei Beam, den heutigen Inhabern, ein Whiskey in deren Small-Batch-Reihe (siehe dort) angeboten. Die Nachkommen von Basil Hayden erbauten 1882 eine neue Destillerie und gaben ihrem Whiskey den Namen Old Grand-Dad. 1899 wurden Brennerei und Marke verkauft, und 1987 kam die Marke zu Beam. Er wird seither in den Beam-Brennereien in Clermont und Boston, Kentucky, hergestellt. Old Grand-Dad gilt als einer der Whiskeys, die mit den höchsten Roggenanteil aufweisen, und bei Beam weist man darauf hin, dass bei ihm trotz mehrerer Inhaberwechsel der ursprüngliche Stil beibehalten wurde. Auch die noch aus der Zeit vor der Prohibition stammende Hefekultur soll immer noch verwendet werden. Old Grand-Dad gibt es in drei unterschiedlichen Versionen: Den Standard mit 43 % vol, dem Bottled in Bond mit 100 Proof/50 % vol und den 114 Proof/57 % vol.

In den 1990er Jahren wurde für den Standard und den neu auf den Markt gebrachten 114 Proof die neue breite, gedrungene Flaschenform eingeführt.

Old Grand-Dad
Alter ohne Altersangabe
Alkoholgehalt 43 % vol
Duft würzig mit Fruchtnoten, nach Vanille und Zimt
Geschmack stilvoll, komplex, weich und mittelschwer
Preis €

Old Grand-Dad 114 Proof
Alter ohne Altersangabe
Alkoholgehalt 57 % vol
Duft komplexe Mischung nach Vanille und Tabak, außergewöhnlich
Geschmack voluminös, äußerst gut strukturiert, würzig, mit Vanille- und Trockenobsttönen
Preis €€

Old Overholt

Die Geschichte des Old Overholt Rye Whiskeys reicht bis 1810 zurück. Er ist einer der großen alten Namen in der amerikanischen Whiskeygeschichte. Seinen Ursprung hatte Old Overholt wie viele andere Rye Whiskeys in Pennsylvania.

Die Marke Old Overholt hatte ihren Ursprung in dem aus Deutschland eingewanderten Abraham Overholt. Er ließ sich 1730 in Pennsylvania nieder, und die Nachkommen erbauten 1810 eine erste kleine Destillerie. Diese wurde 1834 erweitert, und da das Unternehmen zu einer beachtlichen Größe herangewachsen war, übernahm man 1880 und 1907 zwei weitere Destillerien. Bedingt durch die Prohibition verkaufte man die Whiskeyvorräte an das Spirituosenunternehmen Schenley und die Namensrechte an

Neue Eichenholzfässer für die Jim-Beam-Whiskeys

National Distillers, die dann 1987 von American Brands (Jim Beam) übernommen wurden. Bis vor einiger Zeit wurde Old Overholt in den beiden Beam-Destillerien in Clermont und Boston, Kentucky, in der klassischen Qualität als Rye hergestellt. Wie zu hören war, wird aber seit Mitte 2005 nicht mehr abgefüllt, wohl deshalb, weil man mit dem Jim Beam Rye eine eigene Marke hat.

Von den wenigen Rye Whiskeys sind in diesem Buch neben dem Old Overholt noch der Pikesville Supreme, der besagte von Jim Beam, der Rye von Sazerac und der Wild Turkey Rye beschrieben.

> **Old Overholt**
> **Alter** 4 Jahre
> **Alkoholgehalt** 40 % vol
> **Duft** voll und ausgeprägt, typisch old Style, würzig
> **Geschmack** vollmundig, ausgewogen, trocken und sehr aromatisch
> **Preis** €€

American Whiskey

Pikesville Supreme

Pikesville Supreme Straight Rye ist eine der großen alten Rye-Marken. Ihren Ursprung hatte sie in Maryland, und dort liegt bis heute das Hauptabsatzgebiet. Erfreulicherweise wird dieser hoch gelobte Rye von spezialisierten Whiskyshops in Deutschland angeboten.

Aus Maryland, neben Pennsylvania die ursprüngliche Whiskeyregion der USA, kam früher der Pikesville Supreme. Benannt wurde er nach dem Ort im Baltimore County, in dem einst die Destillerie ansässig war. Pennsylvania, Maryland und Virginia waren lange vor Kentucky die Staaten, die am Beginn der amerikanischen Whiskeygeschichte standen. Heute werden die alten Namen, mit Ausnahme des Virginia Gentleman (siehe dort), nicht mehr in ihren Heimatländern hergestellt. Einige der früher großen Marken werden nun in Kentucky nach den alten Verfahren produziert. So auch der Pikesville Supreme, der seine neue Heimat bei Heaven Hill fand. Heaven Hill ist der einzige große und unabhängige Whiskeyproduzent der Vereinigten Staaten und hat unzählige Marken in seinem Portfolio. Darunter auch die in diesem Buch beschriebenen Marken Bernheim Wheat, Rebel Yell, Old Fitzgerald, W.L.Weller und Elijah Craig. Die Geschichte von Heaven Hill begann erst 1935, kurz nach dem Ende der Prohibition, und alles in diesem Unternehmen ist riesig. Unglaubliche Mengen an Vorräten und Lagerkapazitäten sowie ein Destillierkomplex ermöglichen die Herstellung der unterschiedlichen Whiskeys nach ihren Originalformeln. Trotz eines verheerenden Feuers, das, ausgelöst durch einen Blitzschlag im November 1996, die Destillerie und die Lagerhäuser mit 90.000 Fässern vernichtete, konnte Heaven Hill weiterproduzieren und auch die alten Marken im Programm halten. Erhältlich ist er in spezialisierten Shops.

Pikesville Supreme
Alter ohne Altersangabe
Alkoholgehalt 40 % vol
Duft frischer, fruchtiger Rye, süß und leicht würzig
Geschmack samtweich, nach Roggen, zartbitterer Abgang mit Vanille und Karamell
Preis €€

Rebel Yell

Als dieser Weizen-Bourbon 1936 eingeführt wurde, stand auf den Etiketten »Especially for the Deep South«, und er war auch nördlich der Mason-Dixon-Linie, der einstigen Grenze zwischen den Nord- und Südstaaten, nicht anzutreffen.

Rebel Yell wurde 1936 von Stitzel-Weller eingeführt und tatsächlich lange nur im Süden verkauft. Dort genoss er Kultstatus. W.L.Weller wurde 1849 gegründet und Stitzel 1872. Beide waren seit 1912 miteinander verbunden und stellten die Stitzel-Weller Whiskeys her, ab 1935 produzierte man in einer neu erbauten Brennerei auch die erfolgreiche Marke Old Fitzgerald. Rebel Yell wurde 1936 auf den Markt gebracht. Das Etikett zeigt zwar die Jahreszahl 1849, aber diese bezieht sich auf das Gründungsjahr von W.L. Weller.

Er wurde, wie einige Stitzel-Weller Whiskeys, mit Weizen anstelle des üblichen Roggens in der Getreidemischung produziert. Er fällt dadurch sehr weich und mild aus. Ob dies die Ursache des Erfolgs war oder der Umstand, dass er nur in den Südstaaten verkauft wurde, liegt im Dunkel der Geschichte. Nach einem Besitzerwechsel im Jahr 1984 ließ er sich aber im Rest der USA und auch in Europa gut verkaufen. Vorher wurde Stitzel-Weller, im Jahr 1972, mit ihren Marken an eine Großhandelsfirma verkauft, und 1984 übernahm die damalige DCL das Unternehmen. Man produzierte in der alten Bernheim-Destillerie und zog 1992 in die neu errichtete Brennerei um. Nach dem Rückzug der Diageo im Jahr 1999 erwarb Heaven Hill die Brennerei und übernahm auch die Marke Old Fitzgerald. Die W.-L.-Weller-Marken gingen an Sazerac, und Rebel Yell kam zu Luxco, einem Spirituosenunternehmen, das ihre zum Teil großen Marken in ungenannten Brennereien produzieren lässt.

Rebell Yell
Alter ohne Altersangabe
Alkoholgehalt 40 % vol
Duft ein außergewöhnliches Aroma, mit Vanilleton und einer Spur Trockenheit
Geschmack großartig, komplex, angenehme Balance zwischen süß und trocken
Preis €€

Rowan's Creek

Rowan's Creek ist wie Noah's Mill (Seite 208) einer der vier »small batch« Whiskeys der Kentucky Bourbon Distillers (KBD). Die auf den Etiketten angegebene Rowan's Creek Distillery existiert nicht, sie ist einer der für US-Whiskey gerne verwendeten Phantasienamen.

Rowan's Creek heißt der kleine Wasserlauf, der an der Destillerie vorbeifließt. Benannt ist dieser nach John Rowan, der gegen Ende des 18. Jahrhunderts als einer der ersten Siedler nach Bardstown kam. Er machte sich einen Namen als talentierter Destillateur und wurde später ein anerkannter Richter und Politiker. Da die Kentucky Bourbon Distillers (KBD) neben Rowan's Creek weitere drei »small batch« anbieten, mussten sich diese auch unterscheiden. Hier ist die Kunst des Master Distillers bei der Auswahl der Fässer gefragt. Die daraus entstehenden Whiskeys müssen immer den jeweiligen Charakter des Whiskeys wiedergeben, und bereits dabei ist zu beachten, dass genügend Whiskey für die nächsten Jahre vorhanden ist. Ein Puzzlespiel mit Fässern. Ein Kriterium ist natürlich auch die dauernde Überwachung und Zuordnung der neuen Destillate. Bei den Kentucky Bourbon Distillers scheint dies zu funktionieren, da alle »small batch« in jeder neuen Charge der vorherigen entsprechen. Somit kann man auch beim Rowan's Creek, der seinen Wert immer wieder aufs Neue unter Beweis stellt, beruhigt sein. Dieser vielfach ausgezeichnete Kentucky Bourbon Whiskey wird ohne Altersangabe angeboten, man darf aber von bis zu 14 Jahren Reifung ausgehen.

Rowan's Creek
Alter ohne Altersangabe
Alkoholgehalt 50,05 % vol
Duft mild und voluminös, vielfältige Noten von Gewürzen, Früchten und Nüssen
Geschmack komplex und ausgewogen, samtig und leicht rauchig, langer weicher Nachklang mit delikater Karamellsüße
Preis €€€

Sazerac

Der Ursprung der mit vielen Marken im Whiskeygeschäft vertretenen Sazerac Company geht auf das um 1850 erstmals erwähnte Sazerac Coffee House in New Orleans zurück. Dieses gilt als Geburtsstätte des ehrwürdigen Sazerac Cocktails.

Die Sazerac Company ist ein großes Wein- und Spirituosenhandelsunternehmen mit Sitz in New Orleans. Schon in den 1980er Jahren besaß Sazerac mehrere US-Whiskeymarken, doch erst mit dem Kauf der Leestown Distillery (heute Buffalo Trace Distillery) in Frankfort, Kentucky, im Jahr 1982 stieg sie ins Brennereigeschäft ein. Bekannt wurde Sazerac bei uns nicht durch die schwer erhältlichen Whiskeys mit eigenem Namen, sondern durch den 1999 eingeführten Buffalo Trace und insbesondere durch den seit 1984 produzierten Blanton's (siehe dazu Buffalo Trace und Blanton's). Weitere in diesem Buch vorgestellte Sazerac Whiskeys sind W. L. Weller und Virginia Gentleman. Im Jahr 1998 erschien der erste Sazerac als 18-jähriger Kentucky Straight Rye Whisky, dem 2006 ein 6-jähriger folgte. Besonders der 18 Years ist selbst in den USA schwer zu finden, obwohl einen Whiskeyfan auch die etwa 55 US-Dollar nicht abschrecken dürften. Den 6 Years gibt es für etwas über die Hälfte.

Sazerac Rye ist in aller Munde, jedoch nicht in flüssiger Form, und es bedurfte einiger Anstrengungen, um diese beiden Flaschen zu bekommen.

Selbst spezialisierte und gut sortierte Händler haben Schwierigkeiten, diese Whiskeys geliefert zu bekommen.

Sazerac Rye
Alter ohne Altersangabe
Alkoholgehalt 45 % vol
Duft würzig, komplex
Geschmack stark und würzig, intensive Roggentöne
Preis €€

Sazerac Rye 18 Years
Alter 18 Jahre
Alkoholgehalt 45 % vol
Duft würzig, mit Noten von Eiche und Sirup
Geschmack kräftig und würzig, nach Minze, Vanille und Karamell
Preis €€€€€

Seagram's 7 Crown

Mit dem US-Whiskey Seagram's 7 Crown brachte der kanadische Seagram-Konzern im Jahr 1934 nicht nur eine neue Marke, sondern damit auch eine neue Whiskeysorte – den American Blend – in den USA zur Einführung.

Die Geschichte der Familie Seagram zeigt Aktivitäten und Erfolge, die so keine andere Whiskeydynastie vorweisen kann. Eines der besten Beispiele ist die wohldurchdachte »Erfindung« des American Blended Whiskeys. Dieser besteht aus mindestens 20 % Straight Whisky, der Rest ist Getreideneutralsprit. Nachdem man mit dem 1912 vorgestellten Seagram's V.O. auch in den USA erfolgreich war, überlegte man, mit welchen Whiskys man nach 1933 das »trockene« Land beglücken konnte. Samuel Bronfman, der während der Prohibition als der größte Schnapsschmuggler galt, sah das Ende der Prohibition voraus und begann riesige Whiskyvorräte anzulegen. Nach 1933 überschwemmten die Konkurrenzfirmen die USA mit ihrem oft minderwertigen Whiskey, und nachdem die Zeit, in der alles getrunken wurde, vorbei war, kam Seagram mit seinem neuen Produkt auf den Markt. Dieser neuartige, saubere und ausgereifte Blended Wkiskey traf den Geschmacksnerv der Amerikaner, die sich während der Prohibition an helle und leichte Spirituosen (Canadian) gewöhnt hatten. Im Jahr 1934 wurde neben dem 7 Crown auch ein 5 Crown angeboten. Der 5 Crown jedoch wurde, nachdem sich der 7 Crown als der erfolgreichere erwies, nur bis 1946 verkauft. Nach 1945 ging es weiter steil bergauf, und in der Spitze war der 7 Crown mit über 100 Millionen jährlich verkauften Flaschen der meistverkaufte Whiskey in den USA und die größte Spirituosenmarke der Welt. Zusammengerechnet summierte sich von 1934 bis 2006 die Flaschenzahl auf unglaubliche 4,5 Milliarden, und 7 Crown ist damit die meistverkaufte US-Spirituose aller Zeiten.

Seagram's 7 Crown
Alter ohne Altersangabe
Alkoholgehalt 40 % vol
Duft mild und weich, mit Roggenaroma in Duft und Geschmack
Geschmack wunderbar leicht strukturiert, sanft, rein und leicht, ideal für Longdrinks
Preis €

Virginia Gentleman

Virginia Gentleman ist die letzte Whiskeymarke, die noch aus Virginia stammt. Die Brennerei liegt in dem kleinen und malerischen Ort Fredericksburg, in etwa auf halbem Weg zwischen Washington DC und dem südlicher gelegenen Richmond.

In der ersten Hälfte des 19. Jahrhunderts wurde in Virginia mehr Whiskey hergestellt als in Kentucky. Wie auch in Pennsylvania und Maryland arbeiteten in Virginia viele Brennereien, die einzig verbliebene in diesen Staaten ist heute die Smith Bowman Distillery in Fredericksburg, Virginia. Virginia war die Keimzelle des Kentucky Whiskeys, da Kentucky zum einem aus einem Teil Virginias entstand und zum anderen viele der Whiskeybrenner aus Virginia stammten. Die Smith Bowman Distillery war eine späte Gründung. 1935, zwei Jahre nach der Prohibition, erbaute man in Reston, Virginia, eine Brennerei und stellte dort bis 1988 den Virginia Gentleman her. Dann verlegte man die Brennerei nach Fredericksburg, wo heute hauptsächlich Wodka, Gin, Rum etc. produziert wird. Bis 1996 wurde Virginia Gentleman als Virginia Whiskey angeboten, seither nennt er sich Virginia Bourbon, denn das erste Destillat wird von Sazerac in deren Buffalo Trace Distillery in Kentucky hergestellt. Die zweite Destillation geschieht in Fredericksburg, und auch die Lagerung und Abfüllung geschieht weiterhin in der Smith Bowman Distillery. Im Jahr 2003 wurde Smith Bowman von Sazerac übernommen, die Destillerie aber weiter in Betrieb gehalten. Die hier vorgestellte Flasche ist als the Fox bekannt.

Virginia Gentleman
Alter ohne Altersangabe
Alkoholgehalt 45 % vol
Duft voll und reif, mit einer Andeutung von Honig und Vanille
Geschmack weich und süß, nach Eiche und würzigem Getreide, mit Spuren von Gewürzen
Preis €€

W. L. Weller

Die Whiskeys der großen alten Marke W. L. Weller stammen zum Teil noch aus Beständen früherer Destillerien. Seit 1999 werden sie in Franklin County, in der zu Sazerac gehörenden Buffalo Trace Distillery hergestellt.

Die seit 1849 bestehende Marke fusionierte nach der Prohibition mit der 1872 gegründeten Stitzel-Destillerie zu Stitzel-Weller. Mit Stitzel war man schon seit 1912 verbunden, und ab 1935 produzierte man in der neu erbauten Brennerei auch die erfolgreiche Marke Old Fitzgerald und brachte den Rebel Yell auf den Markt. Alle Stitzel-Weller Whiskeys repräsentieren durch ihre Mash Bill (Getreidemischung), in der sie Weizen anstelle von Roggen einsetzen, einen eigenen Whiskeytyp. Bis in die 1960er Jahre erlebte Stitzel-Weller unter dem Besitzer Julian »Pappy« Van Winkle einen großen Aufschwung. 1972 wurde Stitzel-Weller mit den Marken Old Fitzgerald und Rebel Yell an eine Großhandelsfirma verkauft, und 1984 übernahm die damalige DCL (Distillers Company Limited), die heutige Diageo, das Unternehmen. Man produzierte in der alten Bernheim-Destillerie und zog 1992 in die neu errichtete Brennerei um. Nach dem Rückzug der Diageo im Jahr 1999 erwarb Heaven Hill die Anlagen und die Marken. Die W.-L.-Weller-Marken gingen jedoch an Sazerac, wo seither auch die Van Winkle Whiskeys hergestellt werden.

Die heute angebotenen älteren W. L. Weller-Whiskeys stammen noch aus den Stitzel-Weller-Beständen. Es gibt die Abfüllungen W. L. Weller Special Reserve 7 Years; W. L. Weller Centennial 10 Years, 50 % vol; Old Weller Antique Original 107 Brand, 107 Proof/53,5 % vol; William Larue Weller 12 Years mit 60,95 % vol; W. L. Weller 19 Years und den hier abgebildeten W. L. Weller 12 Years.

W. L. Weller 12 Years
Alter 12 Jahre
Alkoholgehalt 45 % vol
Duft intensive Aromen, würzig, faszinierend
Geschmack massiv, weich, voll nach Eiche und Vanille, eindrucksvoll
Preis €€

Wild Turkey

Die Wild Turkey Distillery, auch bekannt als Boulevard oder Austin Nichols Distillery, stellt mit den hoch gerühmten Wild Turkey Whiskeys eine der erfolgreichsten Marken her. Die Brennerei liegt am Kentucky River, nahe Lawrenceburg.

Austin Nichols war eine bereits 1855 gegründete Handelsgesellschaft, die sich mit dem Verkauf von Wein und Spirituosen beschäftigte. Die Marke Wild Turkey ließ man ab 1942 im Auftrag herstellen, und 1971 erwarb man die Brennerei, die bisher schon für Austin Nichols produziert hatte. Diese ging auf die irische Brennerfamilie Ripy zurück, die im 19. Jahrhundert zu den größten Brennern in Kentucky zählte. Mit der Brennerei kam auch der Mann zu Austin Nichols, der bis 2005 die Marke prägen sollte. Der Masterdistiller Jimmy Russel begann 1955 seine Karriere noch unter der Familie Ripy und war eine der großen Persönlichkeiten im Brennereigeschäft.

Ein Meister seines Fachs

Er beherrschte die Whiskeyherstellung bis ins kleinste Detail, und unter seiner Regie stieg die Jahresproduktion auf etwa 60.000 Fässer. Zu seinen Ehren erschien im Jahr 2000 die zehn Jahre alte Sonderabfüllung Russel's Reserve, und zu seinem 50. Dienstjubiläum im Jahre 2004 wurden 5.500 Flaschen Wild Turkey Tribute abgefüllt. Seit 1980 gehört die Austin Nichols Distilling Company zum französischen Spirituosenmulti Pernod Ricard.

Die Wild Turkey Whiskeys werden in allen Versionen als klassisch, komplex, vielseitig und üppig gelobt und nicht nur als Weltklassewhiskeys geschätzt, sondern zu den besten der Welt gezählt. Das Flaggschiff und die wichtigste Abfüllung ist der populäre Klassiker Wild Turkey 8 Years Old. Diesem folgten der Wild Turkey 12 Years Old und der seit 1991 mit Fassstärke abgefüllte Wild

8 Years
Alter 8 Jahre
Alkoholgehalt 50,5 % vol
Duft leichtes und reiches Aroma, komplex, nach Früchten und Tabak
Geschmack kräftig und reich, mit Karamell-, Vanille- und Honignoten
Preis €€

Turkey Rare Breed-Barrel Proof, eine Komposition von sechs, acht und zwölf Jahre altem Whiskey. Dann gibt es den großen Wild Turkey Straight Rye, der als einziger Rye mit der Alkoholstärke 50,5 % vol angeboten wird. Individuelle Sonderabfüllungen sind der 2004 erschienene Sherry Signature, der sich aufgrund des Wood Finishing im Sherryfass und der zusätzlichen Aromatisierung mit Sherry nicht als Bourbon bezeichnen darf. Des Weiteren gibt es den Wild Turkey Tradition, seit 1995 den Wild Turkey Kentucky Spirit – Single Barrel sowie den Wild Turkey Legend – Single Barrel, mit 57,7 % vol. In den Jahren 1971 bis 1987 wurde auch eine Serie von Keramikdekantern in Form von Truthähnen aufgelegt. Diese hatten jeweils unterschiedliche Truthahnmotive und sind bei Sammlern äußerst begehrt.

Getreidefarmer in allen Teilen des Landes liefern an die großen Destillerien

12 Years
Alter 12 Jahre
Alkoholgehalt 50,5 % vol
Duft reich und voll, nach Portwein und Frühlingsblumen
Geschmack intensive Note von Brombeeren und Heidelbeeren, mit einem Hauch von Ahornsirup und Orangen
Preis €€

Rare Breed
Alter ohne Altersangabe
Alkoholgehalt 54,1 % vol
Duft rund und üppig, nach Wildblumen, Karamell, Eiche, Tabak und Leder
Geschmack komplex und würzig, sehr weich, mit Anklängen von Honig und denselben Noten wie im Duft
Preis €€

Rye
Alter ohne Altersangabe
Alkoholgehalt 50,5 % vol
Duft reiches und ausgewogenes Aroma, würzig, mit Honignote
Geschmack prägend nach Roggen, wunderbar lang, mit Anmutung von Vanille
Preis €€

Willett

Willett in Bardstown/Kentucky hat ihren Ursprung in einer der ältesten Brenner-Familien Kentuckys. Im Jahr 1984 gründete ein Familienmitglied die Kentucky Bourbon Distillers (KBD) und Willett ist mit seinen Whiskeys ein Teil des Unternehmens.

Die Willett-Geschichte begann um 1865 mit John David Willett. Er war der Urahn dieser Whisky-Dynastie und 1935 gründete man mit Willett die erste Destillerie, die ausschließlich im Familienbesitz war. Im Jahr 1980 stellte man den Brennereibetrieb komplett ein und 1984 verkaufte man an den mit einer Willett-Tochter verheirateten Even Kulsveen. Dieses gründete die Kentucky Bourbon Distillers und Willett war die starke Stütze des neuen Unternehmens. Die erste Zeit füllte KBD die Willett-Bestände ab, kaufte dann aber immer mehr Whiskey aus anderen Brennereien zu und wurde Hersteller vieler Marken. Die begehrtesten KBD-Marken sind neben Willett Michter's (Seite 205), Noah's Mill (Seite 208), Rowan's Creek (Seite 215), Pure Kentucky und Kentucky Vintage. Als Reminiszenz an die frühere Willett-Zeit führte man 2008 den Willett Pot Still Reserve Single Barrel Bourbon ein. Die alte Pot Still gehört zum Willett-Erbe und ist seit 1997 wieder in Betrieb der Whiskey und das Design der Willett-Flasche wurden 2008 bei der San Francisco World Spirits Competition mit Goldmedaillen ausgezeichnet.

Weitere Sorten sind ein 5 Years Fassstärke Rye mit 55 % vol. und vier bis zu 17 Years Old Fassstärke-Bourbon-Whiskeys mit 60 bis 69 % vol.

Willett Pot Still Reserve Single Barrel Bourbon
Alter ohne Altersangabe
Alkoholgehalt 47 % vol
Duft sanft und ausbalanciert, nach Ahornsirup, Honig und Süßkirsche
Geschmack fruchtig und würzig, Noten von Vanille, Karamell, Muskat und Zimt
Preis €€€

Woodford Reserve

Labrot & Graham – einer der ältesten und ehrwürdigsten Namen der amerikanischen Whiskeygeschichte – wurde als Woodford Distillery wieder zum Leben erweckt. Die Destillerie befindet sich nahe Versailles, in der schönsten Landschaft des Bourbon Countys.

Den Ursprung hatte die Destillerie mit Elijah Pepper, der aus Virginia nach Kentucky gezogen war. Pepper war Destillateur und begann mit einer kleinen Brennerei in Versailles. Im Jahr 1812 verlegte er seine Destillerie nach Glenn's Creek, dorthin, wo sich heute Labrot & Graham befindet. Im Laufe der Jahre arbeiteten viele, später berühmte Männer bei Pepper, u.a. auch Dr. James Crow. Im Jahr 1878 wurde die Destillerie schließlich von Leopold Labrot und James Graham übernommen, und als Labrot & Graham kam sie 1941 in den Besitz von Brown-Forman. Diese verkauften sie Jahre später, und die neuen Besitzer schlossen sie 1970. Um auf die zwischenzeitliche Nachfrage nach den in den 1990er Jahren aufgekommenen Small Batch Whiskeys zu reagieren, übernahm Brown-Forman 1995 die Destillerie erneut. Es wurde umfangreich und eindrucksvoll umgebaut, und seit 1996 fließt der Whiskey wieder. Woodford Reserve gibt es seit 1997, und der Whiskey der Abfüllungen der ersten Jahre stammte aus ausgewählten Fässern der zu Brown-Forman gehörenden Early-Times-Destillerie. Dort wird neben dem Early Times auch der Old Forester hergestellt (siehe Old Forester). Seit 2003 sind die Flaschen mit Whiskey von Labrot & Graham gefüllt, die übrigens die einzige Destillerie ist, die ihren Bourbon dreifach und in einer traditionellen Pot Still destilliert. Neben dem Woodford Reserve Distiller's Select gibt es den President's Choice mit 50,2 % vol und die jährlichen Sonderabfüllungen zum Kentucky Derby mit Pferdemotiven.

Woodford Reserve Distiller's Select
Alter ohne Altersangabe
Alkoholgehalt 45,2 % vol
Duft sanft und süß, mit Vanille- und Honignote
Geschmack voll und kräftig, komplex, ausgewogen und rund
Preis €€

Die US-Whiskeys

In den USA arbeiten nur noch dreizehn der großen Destillerien. Davon neun in Kentucky, zwei in Tennessee und je eine in Indiana und Virginia. Unter den Dächern der Kentucky-Brennereien werden die meisten der berühmten alten Marken hergestellt.

Nachfolgend sind die in Betrieb befindlichen Destillerien aufgeführt und die wichtigsten ihrer Marken genannt. Für die im Buch beschriebenen Marken finden Sie die Seitenzahl hinter der Marke.

Barton/Bardstown, Kentucky
Barclay's
Colonel Lee
Kentucky Gentleman
Kentucky Tavern
Ten High
Tom Moore
Very Old Barton

Kentucky Bourbon Distillers/ Bardstown, Kentucky
Michter's (Seite 207)
Noah's Mill (Seite 208)
Rowan's Creek (Seite 215)
Willett (Seite 222)
Kentucky Vintage

Beam/Clearmont und Boston/ Kentucky
Jim Beam (Seite 194)
Beam's Small Batch (Seite 192)
Bourbon de Luxe
Calvert Blended
Old Crow (Seite 209)
Old Grand-Dad (Seite 211)
Old Overholt (Seite 212)
Old Taylor

Boulevard/Lawrenceburg, Kentucky
Wild Turkey (Seite 220)

Buffalo Trace (Sazerac, Ancient Age)/Frankfort, Kentucky
Ancient Age
Blanton's (Seite 196)
Buffalo Trace (Seite 198)
Eagle Rare
Elmer T. Lee
George T. Stagg
Hancock's Reserve

US-Whiskey mit Eis und Wasser ist auch heute noch beliebt

Wildwest-Kulisse in einer grandiosen Landschaft

Kentucky Dale
McAfee's Benchmarck
Old Charter
Old Rip van Winkle
Rock Hill Farms
Sazerac Rye   (Seite 216)
W. L. Weller   (Seite 219)

Early Times (Brown-Forman)/ Louisville, Kentucky
Early Times
Old Forester
President's Choice

Jack Daniel's/Lynchburg, Tennessee
Jack Daniel's   (Seite 204)
Gentleman Jack   (Seite 205)

George Dickel/Tullahoma, Tennessee
Dickel   (Seite 199)

Four Roses/Lawrenceburg, Kentucky
Bulleit
Four Roses   (Seite 202)
I. W. Harper   (Seite 203)

Heaven Hill/Louisville, Kentucky
Bernheim Weat   (Seite 195)
J. T. S. Brown
Elijah Craig   (Seite 200)
Evan Williams   (Seite 201)
J. W. Dant
Heaven Hill
Henry McKenna
Mattingly & Moore
Old Bardstown
Old Fitzgerald   (Seite 210)
James E. Pepper
Pikesville Supreme   (Seite 213)
Rebel Yell   (Seite 214)
Rittenhouse Rye

Lawrenceburg (Seagram)/ Lawrenceburg, Indiana
Diverse Marken

Smith Bowman/Fredericksburg, Virginia
Virginia Gentleman   (Seite 218)

Star Hill/Loretto, Kentucky
Maker's Mark   (Seite 206)

Woodford/Versailles, Kentucky
Woodford   (Seite 223)

Canadian Whisky

Leichte Mischungen

Canadian Whisky wird in Bars oft fälschlich als Rye Whisky offeriert. Das ist er nicht, auch wenn Roggen in Kanada eine große Rolle spielt. Canadian ist meistens ein Blended Whisky, aber mit schottischen und irischen Blends nicht vergleichbar. Kanada hat seinen eigenen Stil.

Welche Art von Whisky auch immer gegen Ende des 18. Jahrhunderts in Kanada gebrannt wurde, eine Steuer war fällig: Die britische Regierung hatte schon im Jahr 1794 ein Gesetz erlassen, »to pay and collect a duty upon stills«. Von Whisky war darin keine Rede, lediglich von *spirituous liquors,* aber es gab im zweitgrößten Land der Erde zu der Zeit sehr wohl schon Whisky, auch wenn dieser mit dem heutigen kaum vergleichbar ist. Es waren die Schotten und Iren, die als Einwanderer den Whisky in das Land im Norden des amerikanischen Kontinents gebracht hatten. Bereits im 17. Jahrhundert waren zahlreiche Iren nach Kanada geflohen, um der Unterdrückung und Armut in ihrer Heimat zu entgehen; viele Schotten folgten, als im Jahr 1746 der letzte Aufstand der Jakobiten unter Bonnie Prince Charlie gescheitert war. Iren wie Schotten destillierten in Kanada ebenso wie das ihre Landsleute in den (späteren) Vereinigten Staaten von Amerika taten. Auch in Kanada war der Rum die erste kommerziell hergestellte Spirituose: Die erste der legalen Brennereien im Lande stellte verschiedenen Quellen zufolge um 1770 Rum in beachtlichen Mengen her. Der Schnaps aus Melasse soll nicht selten mit dem aus Getreide – einem »Whisky« – gemischt worden sein. Auch der Canadian war in der Anfangszeit ein »wilder« Whisky. Die erste gewerbliche Brennerei für Whisky machte 1799 der Bierbrauer John Molson auf. Er brachte es, laut dem Buch »Canadian Whisky« von William Rannie, auf stolze 250.000 Gallonen Ausstoß pro Jahr. Das mag auch daran gelegen haben, dass er in jener Zeit wohl keine kommerzielle Konkurrenz hatte. Eine Art Industrie entstand erst im 19. Jahrhundert, als Männer wie William Gooderham im Jahr 1837, Henry Corby sowie John Philip Wiser (1857), Hiram Walker (1858) und Joseph Emm Seagram (1883) ihre Brennereien errichteten. Sie alle stellten in der Anfangszeit noch Straight Whiskys her, die aber aus den verschiedensten Getreiden und unterschiedlichsten Maischen. Die Wende brachte **Hiram Walker.** Der einstige Müller und Hersteller von Essig war aus den USA nach Kanada übersiedelt, hatte 1858 seine Windsor Distillery & Flouring Mill gegründet und es so weit gebracht, dass sogar das um seinen Betrieb herum entstandene Städtchen nach ihm benannt wurde: Walkerville. Er befand eines Tages, dass die Zeit der derben Schnäpse, wie sie die Bauern und Jäger schätzten, vorbei und die der leichteren, eleganten Whiskys gekommen sei. Deshalb destillierte er in seinem Betrieb einerseits einen Straight Whisky aus gemälztem und ungemälztem Roggen sowie einem Teil Gerstenmalz und andererseits aus Mais einen im Geschmack fast neutralen *spirit*. Die zwei Destillate mischte er, ließ diesen *blend* sechs Jahre reifen und lieferte den Whisky ab 1884 in Flaschen aus statt, wie es zu jener Zeit noch die Regel war, in Fässern oder in Krügen. Damit hatte er vier Neuerungen eingeführt: den auf einen hohen Alkoholgehalt und auf optimale Reinheit rektifizierten Alkohol aus Mais mit sehr leichtem Körper, das Mischen dieses Spirits mit aromatischem Straight Whisky, die ungewöhnlich lange Lagerung des Blends und die Flasche als neues Behältnis für seinen Whisky. Hiram Walker ließ zudem auf die Flaschen Etiketten kleben, auf denen – neben seinem Namen – »Club Whisky« zu lesen war. Er war also nicht nur der Pionier des Canadian Style, sondern auch der des kanadischen Marken-Whiskys. Wie gut Walker mit dem relativ leichten Blended Whisky den Geschmack der Zeit getroffen hatte, bewiesen die vielen Nachahmungen, die schon Ende des 19. Jahrhunderts nicht nur in Kanada, sondern auch in den USA als Club Whisky in den Handel kamen. Schließlich forderten die Brenner in den USA aus Furcht vor der Club-Konkurrenz aus dem Norden, kanadischer Whisky müsse als solcher gekennzeichnet sein für den US-Markt. Doch damit heizten sie das Interesse ihrer Landsleute an diesem neuartigen Whisky aus dem nördlichen Nachbarland nur weiter an. Walkers jetzt als »Canadian Club« etikettierter Whisky etablierte sich endgültig südlich der Grenze, und er ebnete auch anderen Canadians den Weg dorthin. In seiner Heimat aber geriet der kanadische Whisky immer öfter unter Beschuss. Zuerst musste die Regierung mit ihrer North West Mounted Police dagegen angehen, dass die Indianer mit dem von ihnen »Todeswasser« genannten Whisky beliefert wurden, was eine Vielzahl der Ureinwohner ruiniert hatte. Um die gleiche Zeit – im letzten Viertel des 19. Jahrhunderts – machte dann die National Women's Temperance Uni-

Die weltberühmten Niagara Fälle sind auch Grenze zwischen den USA und Kanada

LEICHTE MISCHUNGEN

on ihren bis dahin stillen Kampf gegen »Teufel Alkohol« öffentlich. Unter ihrer fanatischen Anführerin Nellie Mooney McClung forderte diese Bewegung ein umfassendes Alkoholverbot. Das galt ab 1914 in vielen Provinzen Kanadas und ab 1918 landesweit. Doch die Kanadier sahen schnell ein, dass ein derartiges Verbot mehr schädlich als nützlich sei, und hoben es nach eineinhalb Jahren im November 1919 wieder auf. Es gibt bis heute Stimmen, die das schnelle Ende der Prohibition in Kanada für Berechnung halten, weil nur wenig später das Alkoholverbot in den Vereinigten Staaten in Kraft trat. Damit war für den kanadischen Whisky die Tür zu einem immensen Markt geöffnet worden. Während in den USA die Brennereien schließen mussten und Schwarzbrenner Fusel unters Volk brachten, belieferten die Kanadier ihre Nachbarn mit gutem, sauberem Whisky, wenn auch illegal über die lange, durchlässige Grenze. In den 14 zwangsweise »trockenen« Prohibitionsjahren gewöhnten sich die US-Amerikaner an den leichten Blended Whisky aus dem Norden, was letztlich auch zum Niedergang des würzigen Rye Whiskeys führte, als »Noble Experiment« Ende des Jahres 1933 beendet wurde (siehe American Whiskey ab S. 184). Für die kanadische Whiskyindustrie war das Ende des Alkoholverbots in den USA der Beginn eines Big Business. Vor allem die Firmen Seagram und Hiram Walker hatten in der Zeit der US-Prohibition gigantische Vorräte angelegt, die sie jetzt umgehend und völlig legal über die Grenze bringen konnten. Die Amerikaner – dankbar für illegale Lieferungen während der Prohibition und noch für Jahre ohne eigenen Whiskey – akzeptierten den Canadian Whisky gern. Bis heute ist der ein Bestseller im US-Markt. Das hat dazu geführt, dass US-Konzerne (unter anderem Brown-Forman und Beam Global Spirits) Brennereien in Kanada besitzen. Zudem wird auch nicht wenig Canadian Whisky offen *(in bulk)* in die USA eingeführt und dort von Spirituosenunternehmen als »Canadian-Hausmarke« abgefüllt.

Der Canadian Whisky heute

Derzeit, Mitte 2007, sind in Kanada nur noch zehn Brennereien aktiv mit der Herstellung von Whisky befasst; die elfte, Potter oder auch Cascadia genannt, in British Columbia wurde stillgelegt. Unter den acht Besitzern findet man die Namen der Pioniere des Canadian Whiskys nicht mehr: Seagram, zunächst von der DCL an die Familie Bronfman verkauft und unter dieser führend auf dem Gebiet der Canadian Blended Whiskys (u.a. mit dem Crown Royal), wurde nach einem missglückten Abstecher ins Filmgeschäft komplett verkauft, und seine Spirituosensparte teilten sich – zunächst – die Giganten Diageo und Pernod Ricard. Diverse Marken und Brennereien wurden weiterverkauft. Die kanadischen Seagram Whiskys werden heute von Diageo in deren Destillerie Gimli in der Stadt Gimli, Provinz Manitoba, hergestellt. Auch von Hiram Walker & Sons ist nichts geblieben als die Brennerei und der berühmte Canadian Club. Die nach erfolgreichen Anfängen auch in den USA und in Schottland engagierte Firma wurde über Allied Lyons eine Tochter von Allied Domecq; und als dieser Alkoholkonzern im Jahr 2006 aufgelöst wurde, übernahm Pernod Ricard den Großteil der Spirituosen, die Jim-Beam-Mutter Beam Global Spirits den kleineren. Seither besitzt dieser amerikanische Konzern neben der Alberta Distillery in der Provinz Alberta auch die von Allied Domecq in Walkerville in Ontario – also die »Quelle« des Canadian Club, der mit zuletzt gut 33 Millionen Flaschen in der Weltrangliste der Spirituosen die Nummer zwei unter den Canadians ist – nach dem Crown Royal von Diageo.

Der Canadian ist zwar meistens ein Blended Whisky, aber eben nicht in jedem Fall. Die Glenora Distillery in Nova Scotia zum Beispiel destilliert in *pot stills* Single Malt. Und in der Alberta Distillery von Beam Global Spirits wird weiter die Roggenfahne hochgehalten: Dort wird einzig und allein dieses Getreide verarbeitet.

Niemand unter den Herstellern von Whisky oder Whiskey hat derartigen Spielraum wie die in Kanada. Denen steht es frei, welches Getreide sie zu Whisky verarbeiten. Ihnen ist weder ein bestimmtes Brennverfahren noch die Apparatur vorgeschrieben, in der sie destillieren. Zum Verzuckern der Getreidestärke müssen die Brauer in kanadischen Brennereien sich nicht auf das im Malz enthaltene Enzym Diastase beschrän-

Kanada ist auch die Heimat zahlreicher Elche

ken – auch andere Enzyme sind dafür zugelassen. Das Zusetzen von Aromen und auch das Färben des Whiskys sind erlaubt. Ein Canadian Whisky oder ein Canadian Rye Whisky muss lediglich laut dem Food and Drugs Act von 1993 »ein trinkbares alkoholisches Destillat oder eine Mischung aus trinkbaren alkoholischen Destillaten« sein; das Produkt muss außerdem in seinem Geschmack, seinem Aroma sowie in allen Eigenschaften »den üblichen Erwartungen« an einen kanadischen Whisky entsprechen. Aber was sind die üblichen Erwartungen? Seit der Canadian-Pionier Hiram Walker mit seinem Club-Whisky die Vorlage lieferte, ist ein **leichter Körper** das Merkmal des kanadischen Whiskys. Der wird durch das Verschneiden – *blending* – von einem relativ kleinen Anteil von aromatischen Straights mit hochgradigem und daher nahezu geschmacksneutralem Getreidesprit erreicht: Je höher der Alkoholgehalt eines Destillates, desto ärmer ist es an Geschmack, und desto leichter ist seine Struktur. Grain Whisky für die kanadischen Blends wird bis auf fast 95 % ge-

Kanada ist unendlich weit, grün und gebirgig

brannt, bis an die Grenze des auf herkömmliche Art Machbaren. Das zweite Merkmal eines Canadian ist der **Roggen**. Dieses Getreide ist in jedem Canadian Blended Whisky enthalten, meist hat es die Majorität in den Straight Whiskys, welche die aromatische Basis des Blends bilden, in Einzelfällen ist es darin sogar der Solist. Roggen gibt einen würzigen Geschmack, bringt fruchtige Noten in den Whisky ein und gibt diesem zudem eine gewisse Trockenheit. In Kanada wird, im Gegensatz zu den USA, Roggen auch gemälzt, kommt also nicht nur als Rohfrucht in einen Whisky, sondern auch als Malz.

Neben dem tonangebenden Roggen werden vor allem noch Mais sowie gemälzte und auch rohe Gerste zur Herstellung von Canadian Whiskys verwendet. Die Möglichkeit, jedes dieser Getreide für sich alleine oder in unterschiedlicher Dosierung mit weiteren Getreiden einzumaischen, ist die Grundlage für eine Vielzahl von Straight Whiskys. So kann eine Brennerei beispielsweise Straight Rye nach amerikanischem Muster – mit einem Anteil Mais und Malz aus Gerste – herstellen oder auch einen reinen Roggenwhisky ohne weitere Getreidesorten. Sie kann »Bourbon« machen, wie ihn die US-Amerikaner bereiten, sie kann nur gemälzte und ungemälzte Gerste einmaischen und zu einem Whisky verarbeiten, der an Traditional Pure Pot Still aus Irland erinnert – theoretisch ist so gut wie alles möglich. Destilliert wird – mit Ausnahme des Malts von Glenora – nach unterschiedlichsten Verfahren: mit Brennsäulen, wie sie in Europa zur Herstellung von Grain Whisky bzw. -Whiskey verwendet werden, mit Kombinationen aus Brennsäulen und Pot Stills verschiedener Größen in jeder beliebigen Reihenfolge. Eine mehr oder weniger große Zahl von Einzelwhiskys (Straights), die aus verschiedenen Maischen und in unterschiedlichen Verfahren erzeugt wurden, bildet die aromatische Basis eines Canadian Blended Whiskys. In Schottland werden nur zwei Arten – Malt und Grain – zu einem Blended Whisky gemischt, in Irland kommt oft noch Traditional Pure Pot Still in den Blend. In Kanada jedoch kann eine Vielzahl von unterschiedlichen Straights den Geschmack des Blends prägen. Dieses Fundament macht aber selten mehr als fünf % und nur in Ausnahmefällen über zehn % eines Canadian Whiskys aus. Den Löwenanteil am fertigen Produkt stellt der fast neutrale, aus Getreide hergestellte Füllwhisky; der ist es auch, der den Straights in der Basis etwas von ihrer geschmacklichen Wucht nimmt und einen Canadian Blended Whisky insgesamt spürbar leichter macht – was in dem Fall allerdings nichts mit dem Gehalt an Alkohol zu tun hat, sondern nur mit dem Körper des fertigen Whiskys.

Das frische Destillat, auf welche Art und woraus auch immer es gebrannt wurde, muss mindestens drei Jahre in kleinen Fässern reifen, bevor es als Whisky bezeichnet werden darf. Abgesehen davon, dass die Fässer für die Reifung klein sein müssen, gibt es keine Vorgaben. In Kanada reifen die Destillate sowohl in neuen Fässern aus Eichenholz als auch in Fässern, die zuvor Bourbon, Sherry oder auch Brandy enthielten. Durch unterschiedlich langes Lagern und den Gebrauch verschiedener Fässer vervielfacht sich die Zahl der für das Blending verfügbaren individuellen Einzelwhiskys natürlich noch.

Im Allgemeinen werden die gereiften Einzelwhiskys zum Blend gemischt. Nur die Walkerville Distillery in der gleichnamigen Stadt stellt gleich aus den frischen Destillaten ihren Blend zusammen und lässt diesen dann in ausgesuchten Fässern altern. Bei der Marke Canadian Club ist es zudem üblich, die einzelnen Altersstufen – 6, 8, 10 und 12 years old – auch aus jeweils unterschiedlichen Maischen herzustellen. So hat beispielsweise der 10-jährige mehr Roggen in seiner Maische als die anderen, wogegen der 12-jährige Classic einen höheren Anteil an Gerstenmalz in sich hat.

Im Gegensatz zu den Whiskys und Whiskeys der anderen klassischen Herkunftsländer, wo allenfalls eine Farbkorrektur mit Zuckercouleur erlaubt ist (in den USA nicht einmal das), darf Canadian sowohl optisch als auch geschmacklich »optimiert« werden. Gemäß der entsprechenden Vorschrift darf er bis zu 9,09 % »Non Canadian Whiskys« bzw. Flavourings enthalten. Das kann ein Schuss eines Bourbons aus den USA sein, das ist zumeist aber eine artfremde Zutat, wie etwa destillierter Fruchtsaft oder ein aufgespriteter Wein (Sherry) und der gern verwendete Pflaumenwein.

Bis auf wenige Ausnahmen wird der kanadische Whisky vergleichsweise jung abgefüllt. Die meisten Marken kommen mit einem Alkoholgehalt von 40 % auf den Markt, zumindest in der jeweiligen Standardversion.

Auf dem deutschen Markt spielt der Canadian Whisky zwar keine große Rolle, aber die Tatsache, dass er fast immer »nur« ein Blended Whisky ist und selten mit einer imponierenden Altersangabe aufwartet, sollte nicht dazu verleiten, ihn zu ignorieren. Es gibt unter den kanadischen Whiskys einige herausragende Marken, die es unbedingt wert sind, degustiert zu werden: Sie sind Meisterwerke der hohen Kunst des Blendings.

Black Velvet

Black Velvet belegt nach Crown Royal und Canadian Club, zusammen mit dem Canadian Mist den dritten Platz unter den Canadians. In den 1980er Jahren war Black Velvet auch in Deutschland durchaus erfolgreich, wird zurzeit aber nur von spezialisierten Shops angeboten.

Ihren Ursprung hat die Marke in der um 1930 erbauten Old Palliser Distillery in Toronto, die den Black Velvet in den 1950er Jahren auf den Markt brachte. 1973 erbaute man am Ostrand der Rocky Mountains, in Lethbridge/Alberta, eine neue Destillerie. Diese neue Destillerie, oftmals auch als Palliser bezeichnet, liegt im Süden von Alberta, nur wenige Meilen entfernt von der Grenze zu den USA. Die einstige Gilbey-Marke kam über mehrere Fusionen in den Besitz des englischen Multis UDV (heute Diageo), der sich aber 1999 von fast allen kanadischen Aktivitäten trennte und auch die Lethbridge-Destillerie mit der Marke Black Velvet an den US-Konzern Constellation Brands verkaufte. Für diesen betreut die Tochterfirma Barton Brands die Spirituoseninteressen. Außer der Palliser-Destillerie verkaufte man auch die westlich von Montreal in der Provinz Quebec ansässige Valleyfield-Destillerie. In dieser wird der Black Velvet für den Verkauf im Osten der USA und in Europa hergestellt, außerdem der achtjährige Black Velvet Reserve und weitere Canadian-Sorten mit anderen Namen. Der im Westen der USA vertriebene Black Velvet hingegen wird in Lethbridge produziert. In beiden Destillerien wird der Grundwhisky für den Blend mindestens drei Jahre gelagert, die für den Geschmack zuständigen Whiskys sechs Jahre. Black Velvet gibt es in den USA und Kanada in verschiedenen Ausführungen und Altersstufen, und es kann durchaus passieren, dass sie unterschiedlich schmecken. In Deutschland war Black Velvet in den 1980er Jahren gut positioniert, heute ist er aber schwer zu finden.

Black Velvet
Alter ohne Altersangabe
Alkoholgehalt 40 % vol
Duft viel Körper, würzig, mit schwacher Roggennote
Geschmack schöner, reifer Geschmack, üppig und leicht süß
Preis €

Canadian Club

Die große alte Marke Canadian Club prägt den sauberen, leichten Stil des Canadian Whiskys und begründete dessen Weltruhm. Er ist die Schöpfung des kanadischen Whiskypioniers Hiram Walker, der seinen Whisky ab 1884 mit diesem Namen anbot.

Hiram Walker, dessen Vorfahren bereits 1661 von England nach Boston kamen, wurde 1816 geboren. Als er in Kanada gute geschäftliche Möglichkeiten sah, kaufte er Land in Ontario und baute darauf eine Mühle und eine Destillerie – die damals meist Bestandteil einer Mühle war – und begann 1858 mit der Whiskydestillation. Er importierte technisches Gerät aus Schottland und stellte einen für die damalige Zeit leichten Whisky her. Das Unternehmen florierte, und um die Destillerie entstand die Stadt Walkersville. Amerikanische Destillateure versuchten, Walker's Club Whisky dadurch zu schaden, dass sie verlangten, dass auf den Etiketten auf den kanadischen Ursprung hingewiesen werden müsste. Walker reagierte sofort und schrieb nun in dicken Buchstaben »Canadian Club« auf die Etiketten. Der Erfolg war nicht aufzuhalten, und Canadian Club entwickelte sich zu einer der größten Marken. Nachdem der späteren Inhaber, der Spirituosenmulti Allied Domecq, im Jahre 2005 aufgelöst wurde, fiel die Brennerei an Pernod Ricard, die Marke aber an Beam, die den CC demnächst wohl in ihrer eigenen, im Westen Kanadas liegenden Alberta-Brennerei herstellen werden.

Canadian Club Classic
Alter 12 Jahre
Alkoholgehalt 40 % vol
Duft voll, rund und ohne Schärfen
Geschmack ausbalanciert, geschmeidig und nachhaltig, nach Vanille und Karamell
Preis €€

Canadian Club
Alter 6 Jahre
Alkoholgehalt 40 % vol
Duft frisch, weich und mild
Geschmack leicht, würzig, nach Vanille und Karamell
Preis €

Crown Royal

Der Fine De Luxe Blend Crown Royal gilt als das Beste, was die kanadischen Brennereien zu bieten haben. Der Crown Royal präsentiert sich mit der einer Krone nachstilisierten Flasche, er wird in blaue Samtbeutel verpackt und ist wahrhaft königlich.

Die Geschichte des Crown Royal beginnt mit der Seagram Company Ltd., dem in den 1960/1970er Jahren größten Spirituosenkonzern der Welt. Im Jahr 1857 gründete Joseph E. Seagram in Waterloo/Ontario eine Destillerie. Der Aufstieg zur Weltfirma begann 1928 mit der Übernahme der Seagram-Aktien durch Samuel Bronfman, der ebenfalls im Whiskygeschäft tätig war. Als dieser 1971 starb, hinterließ er den damals größten Spirituosenkonzern der Welt. Eine der größten Marken des Konzerns war neben dem Klassiker V. O. (siehe dort), der Seagram's 7 Crown American Blended Whisky und der Crown Royal. Dieser De-luxe-Blend wurde 1939 anlässlich eines Besuchs von König Georg VI und Königin Elisabeth von Seagram geschaffen. Dem Anlass entsprechend wurde die Flasche in Form einer Krone gestaltet, und in einem purpurroten Samtbeutel verpackt. 2005 erreichte der Crown Royal mit 57 Millionen verkauften Flaschen das bisher beste Jahr seiner Geschichte. Er steht so als größte Canadian-Marke mit weitem Abstand vor dem Canadian Club (33 Millionen) auf Platz eins und ist damit die sechstgrößte Whiskymarke überhaupt. Seit der Auflösung von Seagram im Jahre 2000 sind die Seagram-Canadian-Marken im Besitz der Diageo. Außer dem Standard werden seit 1995 mit dem 12-jährigen C R Special Reserve und dem 15-jährigen C R Limited Edition zwei Sonderabfüllungen herausgebracht.

Crown Royal
Alter 10 Jahre
Alkoholgehalt 40 % vol
Duft reif, voll, robust und komplex, mit Anklang von Vanille und Früchten
Geschmack typisch, voll, weich, ausgewogen und nachhaltig, mit deutlicher Vanille und etwas Eichenholz
Preis €€

Gooderham & Worts

In Ontario, wo heute Toronto liegt, wurde 1832 Gooderham & Worts als Kanadas erste kommerzielle Destillerie gegründet. Seit 1998 wird dieser Whiskey in der Reihe »Canadian Whisky Guild« zusammen mit Pike Creek und LOT No. 40 wieder hergestellt.

Die Gooderham & Worts Distillery in Toronto zählte mit dem Gründungsjahr 1832 zu den ältesten lizenzierten Brennereien des amerikanischen Kontinents. Die in ihrer Bauweise einzigartige Destillerie ist bis heute erhalten und steht unter Denkmalschutz. 1923 verlor das Unternehmen seine Selbstständigkeit, die Marke existierte aber noch bis 1957. 1988 wurde dann auch die Destillerie stillgelegt. Zehn Jahre später brachte dann Allied Domecq, der damalige Inhaber, drei hochklassige Canadian Whiskys in der Reihe »Canadian Whisky Guild« auf den Markt. Hergestellt werden diese von den zu Hiram Walker (Canadian Club) gehörenden Corby Destilleries in Corbyville/Ontario. Durch die Auflösung von Allied Domecq im Jahre 2005 kamen Hiram Walker und auch Corby in den Besitz des französischen Spirituosenmultis Pernod Ricard. William Gooderham und James Worts stellten zwei verschiedene Whiskys her. Der eine war ein typischer Whisky seiner Zeit, der andere aber ein Whisky in damals nicht bekannter Qualität. Roggen und Gerste, gemälzt und ungemälzt, sowie Weizen waren die Basis, und Unreinheiten im Whisky eliminierte man mit völlig neuen Techniken. Es wurde zweifach in Kupferkesseln destilliert und durch Kohle gefiltert. Dann reiften die Destillate mehrere Jahre in Eichenholzfässern. Als die Marke neu entwickelt wurde, verfuhr man nach den alten Methoden und schuf einen Whisky mit perfekter Balance.

Gooderham & Worts
Alter ohne Altersangabe
Alkoholgehalt 45 % vol
Duft große Aromavielfalt, voll und rund
Geschmack perfekt ausbalanciert, weich und ohne Schärfen
Preis €€

Old Canada

Old Canada ist einer der wenigen Canadian Whiskys, die im großen Umfang nach Deutschland importiert werden. Die Marke gehört wie mehrere hier vorgestellte Marken zum französischen Spirituosenmulti Pernod Ricard.

Die verwickelte Geschichte des Corby Whiskys beginnt mit dem aus Frankreich eingewanderten Henry Corby, der 1870 in Belleville am Moira River, in der Nähe von Toronto/Ontario die Corby-Destillerie erbaute. Das Unternehmen wurde in den 1930er Jahren von Hiram Walker (Canadian Club) übernommen und kam damit in den 1980er Jahren zu Allied Domecq. Unter dem Dach der Tochterfirma Corby wird der Old Canada von McGuinness in Walkerville, dem Zentrum des Unternehmens hergestellt. McGuinness betrieb einst mehrere über ganz

Die Skyline von Toronto

Kanada verstreute Destillerien und bot zu dieser Zeit ein umfangreiches Whisky Programm an. Von ihnen ist nur der Captain's Table und der Silk Tassel geblieben. Unter Corbys Regie produziert man auch die Marken Gooderham & Worts, Lot No. 40 und Pike Creek (siehe dort) sowie die Wiser's Whiskys. Weitere Marken, darunter der Walker's Special Old, sind in der Reihe Corby Premium zusammengefasst. Beim Ausverkauf von Allied Domecq, dem ehemals zweitgrößten Spirituosenkonzern, wurde der größte Teil der Marken, darunter auch Corby- und die McGuinness-Marken von Pernod Ricard übernommen. Corby ist auch für den Vertrieb der Pernod Ricard-Marken in Kanada zuständig.

Old Canada
Alter etwa 6 bis 8 Jahre
Alkoholgehalt 40 % vol
Duft samtweiches Bouquet
Geschmack leicht, weich und mild
Preis €

Seagram's V.O.

Die Seagram Company Ltd. war einst der größte Spirituosenkonzern der Welt. Im Jahr 2000 verkaufte Seagram seine Spirituosen- und Getränkemarken, um ins Film- und Musikgeschäft einzusteigen. Die Seagram Canadian Whiskys kamen in den Besitz der Diageo.

Den Grundstein des späteren Weltkonzerns legten zwei Familien. Einmal Joseph E. Seagram, zum Zweiten Sam Bronfman, der 1928 das Seagram-Unternehmen übernahm. Joseph E. Seagram erwarb 1883 eine bereits seit 1857 bestehende Destillerie in Waterloo bei Toronto. Im gleichen Jahr brachte man mit dem Seagram's 83 den ersten Markenwhisky und den ersten Blend Kanadas auf den Markt. Für ihn wandte man das bis dahin nur in Schottland praktizierte Blending an. Die Firma expandierte und exportierte große Mengen in die USA. 1911 war das Geburtsjahr des Seagram V.O. (Very Old), der nach der Prohibition als damals meistverkaufter Canadian überhaupt aufstieg. 1928 verkaufte man das Unternehmen zusammen mit den Namensrechten an Samuel Bronfman. Dieser betätigte sich erst mit dem Whiskyversand und mit dem Blenden angekaufter Whiskys, und um unabhängiger zu werden, erbaute man eine Brennerei in LaSalle, im französischsprachigen Quebec. Er sorgte auch für eine ständige Erweiterung durch den Zukauf anderer Firmen und war auch der größte Schnapsschmuggler in die »trockenen« USA. Nach 1928 sah Samuel Bronfman das baldige Ende der Prohibition in den USA voraus und begann Whiskyvorräte anzulegen. In den Jahren 1934 brachte man mit dem Seagram's 7 Crown und 1939 mit dem Crown Royal zwei Whiskys auf den Markt, die sich zu Weltmarken entwickelten. Als Sam Bronfman 1971 starb, hinterließ er den größten Spirituosenkonzern der Welt. Sein Sohn Edgar hingegen setzte auf das Musikgeschäft und Hollywood und verkaufte das komplette Unternehmen.

Seagram's V O
Alter 6 Jahre
Alkoholgehalt 40 % vol
Duft leicht, würzig nach Roggen
Geschmack weich, ausgewogen, sauber
Preis €

Whisky aus aller Welt

Der Internationale

Offiziell gelten zwar nur Schottland und Irland, die USA sowie Kanada als Whisk(e)yländer, doch werden Spirituosen dieser Gattung heute in vielen Ländern hergestellt. So zählt Japan beispielsweise zu den größten Whiskyproduzenten. Aber auch in Europa hat sich einiges getan.

Neben den klassischen sind es gut zwei Dutzend Länder, in denen auch Whisky hergestellt wird, angefangen mit Ägypten, endend mit Venezuela. Es gibt Whisky aus sämtlichen fünf Erdteilen und aus Ländern, in denen man diese Spirituose nicht vermuten würde: China, Pakistan, Kenia und Tansania zum Beispiel. Dass einige der ehemaligen Kolonien des British Empires wie Australien, Neuseeland und Indien, Whisky herstellen, mag noch verständlich sein, schließlich liegen die beiden »Quellen« dieser Spirituose im ehemaligen britischen Großreich. Aber dass sich Brenner in Frankreich mit Whisky befassen, dass in Deutschland, Österreich und der Schweiz neben den Obstbränden auch Whisky destilliert wird, ist nur mit dem dort wie überhaupt global gestiegenen Interesse an dieser sehr komplexen Spirituose erklärbar.

Japan ist auf dem besten Weg, auch zu den klassischen Whiskyländern gezählt zu werden. Es fing damit an, dass Masataka Taketsuru 1921 nach Studium in Glasgow und Praktika in schottischen Whiskybrennereien mit seiner schottischen Ehefrau zurück nach Japan kam. Dort errichtete er für den Gründer von Suntory Japans erste Whiskybrennerei in Yamazaki. Nachdem er sie zehn Jahre geführt hatte, machte er sich selbstständig und gründete im Jahr 1934 das später in Nikka umbenannte Unternehmen; es gehört heute der Brauerei Asahi und ist nach Suntory die Nummer zwei auf dem japanischen Whiskymarkt. Dort werden heute in sechs Brennereien Single Malts, Pure (Blended) Malts und Blended Whiskys hergestellt. In einigen Fällen werden Torf, Gerste, Gerstenmalz oder Malt Whisky aus Schottland bezogen. Drei japanische Unternehmen haben Brennereien in Schottland, Suntory z. B. ist der Besitzer von Morrison Bowmore und damit auch von den Marken Bowmore, Glen Garioch und Auchentoshan.

Indien ist diversen Quellen zufolge zwar größter »Whisky«-Produzent der Welt, aber die dort hergestellten Produkte entsprechen bis auf wenige Ausnahmen nicht dem, was wir als Whisky oder als Whiskey kennen, da meistens Melasse die Basis ist. In **Australien** einschließlich der Insel Tasmanien ist derzeit kaum mehr als ein halbes Dutzend Brennereien in Betrieb und in **Neuseeland** arbeitet mit Timaru zur Zeit nur eine einzige Destillerie.

Europa ist mit Schottland und mit Irland die Wiege des Whiskys und Whiskeys. Dennoch wurde gerade in einigen europäischen Ländern der Whisky zu einer Herausforderung für zahlreiche Brenner. So wird in Wales ebenso Whisky destilliert wie in Cornwall, es gibt Brennereien in Frankreich, Finnland und Schweden. Vor allem aber nahmen sich Brenner in den deutschsprachigen Ländern des gälischen »Lebenswassers« an.

In **Österreich** brennen beispielsweise die Bekanntheiten Reisetbauer und Ortner eigene Whiskys. Und in der **Schweiz** stellt die Baseler Brauerei »Unser Bier« auch Our Beer Single Malt her, der Obstbrenner »Humbel« macht Our Single Malt Whisky und das »Brennerei-Zentrum Bauernhof« macht mit seinem Swissky Furore.

Deutschland bekam seinen eigenen Whisky in den späten 1950er Jahren von der Firma »Racke«, deren Racke Rauchzart. In der DDR stellte der »VEB Edelbrände« einen Whisky mit Namen Der Falckner her. Nachdem dann Robert Fleischmann 1983 in seiner »Destillerie Blaue Maus« den Piraten-Whisky hergestellt hatte, der zum Erfolg wurde, ging es Schlag auf Schlag: Aus dem Schwäbischen gibt es mehrere Whiskys, in Bayern knüpfte die in Schliersee ansässige »Destillerie Lantenhammer« mit dem Slyrs Bavarian Single Malt an die Berühmtheit ihrer Obstbrände an. Und der Whesskey des hessischen Brenners Holger Höhler wurde vom Spezialisten Jim Murray mit 91 von 100 möglichen Punkten bedacht.

Soweit die Brenner dem **EU-Recht** unterstehen, müssen sie sich bei der Herstellung von Whisky auch daran halten. Laut *VO (EWG) Nr. 1576/89* ist Whisky/Whiskey eine Spirituose, »die mittels Destillation aus einer Getreidemaische gewonnen wird«. Nach der Vorschrift wird mit Hilfe der im Malz enthaltenen Enzyme – mit oder ohne Zusatz von weiteren Enzymen – verzuckert, mittels Hefe vergoren und so destilliert, dass das Destillat weniger als 94,8 % Alkohol enthält. Als Mindestreifezeit für den künftigen Whisky schreibt die EU drei Jahre vor, die Holzfässer für die Reifung dürfen höchstens 700 Liter fassen. Der Mindestalkoholgehalt ist auf 40 % festgesetzt worden.

Ob sich Whiskybrenner außerhalb der vier klassischen Herkunftsländer am schottischen Vorbild orientieren oder am amerikanischen, ist relativ egal: Sie produzieren Whisky und bereichern damit das ohnehin sehr üppige Angebot im Markt.

Die Suntory-Yamazaki-Destillerie

DYC

Die Marke DYC ist in Deutschland nur Spanientouristen bekannt, in Spanien selbst ist DYC aber eine kraftvolle Marke. Kein Wunder, denn in Spanien liebt man Whisky mit Cola, und Spanien ist seit der Jahrtausendwende führend im Pro-Kopf-Verbrauch von Scotch Whisky.

Der spanische Whisky DYC hat seinen Namen von den Destilerias y Crianza del Whisky, die ihn in ihrer Brennerei Molina del Arco in Segovia, etwa 70 Kilometer nordwestlich von Madrid herstellen. Es gibt ihn seit 1963, und er kam als Hiram-Walker-Marke über die Allied Domecq in den Besitz von Beam Global Spirits (Jim Beam). DYC wird nach schottischem Vorbild erzeugt, und anfangs bezog man die benötigten Malts aus Schottland. Inzwischen werden zumindest Teile der benötigten Malt Whiskys und alle Grains in Spanien hergestellt. Obwohl DYC nur in Spanien und einigen lateinamerikanischen Ländern zu finden ist, zählt er mit jährlich rund 22 Millionen Flaschen (2005) zu den großen Marken. Er belegt damit Platz 20 in der Rangfolge der großen Whiskymarken und ist auf der Weltrangliste der größten Spirituosenmarken auf Platz 52 zu finden. DYC wird in den Abfüllungen Selected Blended, Fino Blended 8 Años und als Pure Malt 8 Years Old angeboten.

Es gibt keine spanische Bar, in der DYC nicht zu finden ist. Er steht dort nicht in zweiter Reihe und wird auch nicht als Plagiat angesehen. Er verkörpert selbstbewusst eine spanische Spirituose, die auf dem gleichen Level wie die weltbekannten schottischen Blends steht.

DYC
Alter ohne Altersangabe
Alkoholgehalt 40 % vol
Duft leicht und mild, leichter Eichenton
Geschmack klassischer Blend, leicht und mild
Preis €

8 Años
Alter 8 Jahre
Alkoholgehalt 40 % vol
Duft voll, aromatisch, mit ausgeprägtem Eichenton
Geschmack voll, zwischen süß und trocken
Preis €

Mackmyra

Nach der Aufhebung des Herstellungsmonopols für Alkohol in Schweden im Jahr 1995 begannen einige neu gegründete Firmen mit der Produktion von Spirituosen, hauptsächlich Wodka und auch Gin. Etwas später, im Jahr 1999, starteten dann acht junge Malt-Whisky-Enthusiasten mit der ersten Whiskyproduktion.

In Gävle, an der Ostküste des Landes, knapp 200 Kilometer nördlich von Stockholm, steht eine der jüngsten Malt-Whisky-Destillerien der Welt und die erste Schwedens. Sie übernahm auch von der auf den schottischen Orkney Islands ansässigen Destillerie Highland Park den Titel der am nördlichsten gelegenen Malt-Whisky-Destillerie der Welt. Acht Studienfreunde am Royal Institute of Technology in Stockholm verwirklichten im Jahr 1999 ihre Idee mit der Errichtung einer kleinen Destillerie, die sie in der Mackmyra Mühle einrichteten. Man hatte zwei Rezepte, eines für einen elegant-fruchtigen und ein zweites für einen rauchigen Whisky. Begonnen wurde mit einer Pilot-Brennerei in der nur rund 100 Litern Destillat erzeugt werden konnten. Im Jahr 2002 erfolgte die Erweiterung und große Pot Stills wurden eingebaut. Im Jahr 2002 wurden bereits 170.000 Liter destilliert und heute liegt die Produktion bei etwa 300.000 Litern. Als im Jahr 2006 Mackmyra Single Malt Whisky erstmals in den damals noch staatlichen Verkaufsstellen angeboten wurden, standen die Käufer Schlange und innerhalb einer Stunde war alles ausverkauft. Angeboten wird die Hauptmarke unter dem Handelsnamen Preludium. Diesen gibt es bisher in den Abfüllungen von Nr. 1 bis Nr. 6. Eine weitere Abfüllung heißt Privus. Er wurde 2007 erstmals abgefüllt und ist einzeln nicht zu kaufen. Es gibt ihn nur in der so genannten »Whiskybibliothek«, welche aus je sechs Flaschen Preludium 01 – 06 und Privus 01 – 06 besteht. Diese kostet zurzeit (2008) etwa 1.100 Euro. Dazu kam im Herbst 2008 mit „The 1st Edition" ein weiterer Single Malt.

Preludium:06
Alter ohne Altersangabe, mit Abfülldatum
Alkoholgehalt 50,5 % vol
Duft sehr fruchtig mit Aromen von Zitronen, Birnen, Bananen und Honig, leichte Noten von Karamell und etwas Rauch
Geschmack frisch, fruchtig und rauchig, nach Vanille und Karamell. Mit süßem, etwas rauchigen und salzigen Nachklang
Preis €€€ (0,5 Liter)

Nikka

Masataka Taketsuru gilt als Vater des japanischen Whiskys. Er erkannte, dass Japans geografische Lage und die Klimaverhältnisse denen in Schottland ähnlich waren und verfolgte zielstrebig seine Idee von der Schaffung einer japanischen Whiskyindustrie.

Zu Nikka gehören zwei Destillerien: Yoichi auf der Nordinsel Hokkaido und Miyagikyo auf Honshu. Ihr Gründer Masataka Taketsuru war es, der den Grundstein für den japanischen Whisky legte. Er reiste 1918 nach Schottland und erlernte dort die Whiskyherstellung. Nach seiner Rückkehr arbeitete er bis 1934 in einer damals noch kleinen Whiskybrennerei, aus der sich das heutige Großunternehmen Suntory entwickelte.

Es begann mit dem Bau der Yoichi-Brennerei am heutigen Firmensitz auf Hokkaido, und der erste Whisky floss im Jahr 1940. 1969 wurde im Norden der Hauptinsel Honshu nahe der Stadt Sendai mit Miyagikyo die zweite Destillerie errichtet. Bereits 1954 erwarb das japanische Brauereiunternehmen Asahi Anteile an Nikka und heute ist Nikka ein Tochterunternehmen dieses großen Brauerei- und Getränkekonzerns. Nikka produziert in Yoichi Single Malt und Blended Whiskys, in Miyagikyo Single und Blended Malt Whiskys. Von beiden sind auf den Exportmärkten zahlreiche Abfüllungen zu finden. Aus Yoichi: die Single Malts Non Age, 10 Years und 15 Years old; die Blended Whiskys Nikka from the Barrel, Nikka all Malt, Black Nikka 8 Years old und Super Nikka. Aus Miyagikyo: die Single Malts Non Age und 12 Years Old; die Blended Malts Pure Malt Black, Red und White, Taketsuru 21 Years und Taketsuru 17 Years (ein Blend aus Miyagikyo und Yoichi Malt).

Nikka Taketsuru 17 Years
Alter 17 Years
Alkoholgehalt 43 % vol
Duft würzig und delikat, Frucht- und Schokoladenoten
Geschmack reichhaltig, fruchtig, rauchig, einem alten Speyside würdig
Preis €€€€

Penderyn

Die Penderyn Destillerie wurde im Jahr 2000 in gleichnamigen Dorf Penderyn im Süden von Wales gegründet. Sie ist die erste Destillerie in Wales nach über einem Jahrhundert und bis heute auch die einzige, in der Single Malt Whisky hergestellt wird.

Bei Penderyn verwendet man eine von David Faraday (ein Nachfahre des Käfig-Faraday) entwickelte Kupferbrennblase. Diese unterscheidet sich grundlegend von herkömmlichen Brennblasen und es wird nur einmal destilliert. Zur Reifung verwendet man ehemalige Bourbon-, Madeira- und Sherryfässer. Die Penderyn Whiskys werden seit 2004 angeboten und heute wird, trotz der wachsenden Bestände, nur der Inhalt eines Fasses täglich abgefüllt.

Die Penderyn Whiskys werden als weich, fruchtig und komplex beschrieben und haben große Anerkennung unter den Whiskykennern erfahren. Ihr Farbton stammt ausschließlich von den Fässern und sie präsentieren sich in schlichten, eleganten Flaschen. Bisher gibt es fünf Qualitäten: die Hauptmarke Penderyn 41 mit 41 % vol, Penderyn Madeira Finished, Sherrywood Edition und Peated Edition mit 46 % vol, sowie der limitiert angebotene, und mit über 400 € extrem teure Penderyn Single Cask Whisky mit 61,2 % vol. Bei diesem handelt es sich um eine auf 210 Flaschen limitierte Abfüllung. Inzwischen könnte es Penderyn auch als 12-jährigen geben und man wird sehen, welche Entwicklung die Destillerie und ihre Whiskys noch nehmen werden.

Penderyn Madeira
Alter ohne Altersangabe
Alkoholgehalt 46 % vol
Duft nach Karamell und frischem Leder
Geschmack frisch und leicht, nach Karamell, Rosinen und Vanille
Preis €€

Penderyn 41
Alter ohne Altersangabe
Alkoholgehalt 41 % vol
Duft Noten von frischen Äpfeln, Zitrusfrüchten und Karamell
Geschmack frisch und leicht, schöne Süße im Nachklang
Preis €€

Pfanner

Die in Lauterbach bei Bregenz/Vorarlberg ansässige Destillerie Pfanner hat ihren Ursprung in einem 1854 erworbenen Landgasthof. Schon damals stellte man Obstbrände und Liköre her. Heute ist Pfanner einer der größten Fruchtsaftproduzenten Österreichs und berühmt für seine exzellenten Obstbrände.

Mit Professionalität und modernster Produktionstechnik werden in der Privatdestillerie Hermann Pfanner jährlich aus ca. 500.000 Kilogramm Früchten edle Brände erzeugt. Dabei ist die Qualität der Rohware ein wesentlicher Faktor für den hohen Qualitätsstandard der Destillate. Sein besonderes Gespür für elegante Edelbrände aus hochwertigen Rohstoffen hat Walter Pfanner längst bewiesen. Er ist der direkte Nachfahre der Gründer, und die Obstbrände seiner Destillerie genießen höchste Wertschätzung. Die vielen Gemeinsamkeiten zwischen Vorarlberg und Schottland/Irland, die sich in den heimischen Riedlandschaften und den schottischen Mooren, der Tradition und Sparsamkeit der Bewohner, in der Liebe zu hochwertigen Edelbränden, aber auch durch den Nebel im Herbst ausdrücken, gaben den Anstoß dazu, es mit Whisky zu versuchen. Auch der Reiz des Neuen bewog Walter Pfanner im Jahr 2005 dazu, sich in der Königsklasse, der Whiskydestillation, zu versuchen. Auch der Hase, der die Etiketten ziert, ist eine Hommage an die Natur Vorarlbergs. Verwendet wird für den ersten Vorarlberger Single Malt gemälzte Sommerbraugerste und Bergquellwasser. Er wird zweimal destilliert und dann in Eichenfässern, die vorher Trockenbeerenauseleseweine enthielten, für drei Jahre zur Reifung gelagert. Vom ersten Pfanner-Whisky wurden im Jahr 2008 rund 3.000 Flaschen angeboten.

Im Sommer 2009 wurde zum zweiten Mal destilliert und weitere jährliche Abfüllungen sind zu erwarten.

Pfanner Single Malt
Alter ohne Altersangabe
Alkoholgehalt 43 % vol
Duft vielschichtig, charakteristische helle Röstaromen, nach getrockneten Kräutern
Geschmack warm und geschmeidig, gehaltvoll und kräftig, im Nachklang lang und sehr angenehm
Preis €€

Racke Rauchzart

Racke Rauchzart war ab den 1960er Jahren für lange Zeit der meistverkaufte Whisky in Deutschland. Heute belegt er Platz fünf, und er machte nach dem Zweiten Weltkrieg den Whisky in Deutschland bekannt.

Zwar war Whisky in Deutschland schon bekannt und populär, aber durch die hohen Preise war er noch ein Prestigegetränk. Bei Racke, dem in Bingen am Rhein ansässigen, 1855 gegründeten Wein- und Spirituosenunternehmen, erkannte man, dass die Zeit reif war für einen Whisky, den sich jedermann leisten konnte. 1958 brachte man den späteren Racke Rauchzart auf den Markt. Dieser hieß zunächst Red Fox, aber die Proteste der schottischen Whiskyhersteller erzwangen eine Namensänderung. Ab 1961 wurde er als Racke Rauchzart angeboten, und der rote Fuchs ziert bis heute die Etiketten. Bereits im ersten Jahr wurden annähernd eine Million Flaschen verkauft, und etwas abnehmend blieb dem Racke der Erfolg bis heute treu. Ursprünglich wurde in Schottland ein Blend aus Malt Whiskys gekauft, der dann mit deutschen Getreidedestillaten verschnitten wurde. Heute kommen Malt wie Grain aus Schottland, und nur die Reduktion, mit Wasser aus einem 240 Meter tiefen Brunnen, wird in Deutschland vorgenommen. Der Blend enthält bis zu 25 Einzelwhiskys und weist eine starke Nähe zu den schottischen Blends auf. Im Jahr 2003 trennte sich Racke von seinen Spirituosenaktivitäten und verkaufte die Marke an die seit 1664 in Oelde, Münsterland, ansässige Kornbrennerei Friedrich Schwarze. Der Produktionsstandort Rinteln an der Weser wurde aber beibehalten. Vom Unternehmen Schwarze & Schlichte wurde zusätzlich der feinsüße Racke Whisky Liqueur, 30 % vol, eingeführt. Seit der Übernahme wird Racke Rauchzart in einer neuen Aufmachung angeboten, und man setzt in diesen Whiskyboomzeiten auf weitere Zuwächse im Lebensmittelhandel.

Original

Alter ohne Altersangabe
Alkoholgehalt 40 % vol
Duft mild, leicht rauchig
Geschmack harmonisch, mild und leicht
Preis €

Slyrs

Mit dem Slyrs wurde erstmals ein oberbayerischer Single Malt Whisky angeboten. Florian Stetter, Destillateurmeister und Inhaber der renommierten Obstbrand-Destillerie Lantenhammer, schuf diese ungewöhnliche Whiskynovität.

In Schliersee, am Fuße der bayerischen Alpen, hat die für ihre edlen Obstbrände und Liköre bekannte Destillerie Lantenhammer ihren Sitz. Hier entstand nach jahrelangen Versuchen dieser erste Malt Whisky oberbayerischen Ursprungs. Als gelernter Bierbrauer wusste Florian Stetter von der Verwandtschaft von Hopfenmaische zu Malzmaische. Außerdem war Schliersee ein idealer Ort, um einen Malt Whisky herzustellen. Gemeinsam mit seinem Destilliermeister Tobias Maier begann er mit der neuen Aufgabe, und das Jahr 1999 brachte mit einem gelungenen Destillat den Durchbruch. Nach der gesetzlichen Mindestlagerzeit von drei Jahren wurde am 1. Mai 2002 erstmals die auf 1.600 Flaschen limitierte Abfüllung des Jahrgangs 1999 angeboten. Im Jahr 2007 wurde eine neue, eindrucksvolle Whiskydestillerie eröffnet und seither liegt die Verantwortung bei dem aus der Lantenhammer-Schule stammenden Destilliermeister Hans Kemenater. Gebrannt wird dort in zwei Pot Stills mit jeweils 1.500 Litern Fassungsvermögen und einer Kapazität von ca. 120.000 Flaschen im Jahr. Ungefähr die Hälfte davon wird jedoch für spätere, dann ältere Abfüllungen und den Whiskylikör zurückbehalten. Von dem seit Mai 2012 angebotenen Jahrgang 2009 wurden bereits ca. 70.000 Flaschen abgefüllt. Dazu kam 2011 eine limitierte Fassstärke-Abfüllung mit 54,9 % vol. Seit März 2013 werden zwei, in Pedro Ximénez und Oloroso Sherryfässern der berühmten, in Jerez de la Frontera beheimateten, Bodegas Tradición nachgereifte, Slyrs Whisky mit je 46 % vol angeboten.

Original
Alter ohne Altersangabe aber mit Jahrgang
Alkoholgehalt 43 % vol
Duft typische Malznote und intensiv nach Holz
Geschmack milder Einsteigerwhisky, wenig Rauch, mit fruchtigen Noten
Preis €€

Suntory

Wie bei vielen Dingen hält Japan auch beim Whisky eine Spitzenposition. Japan ist eine noch junge Whiskynation, und Whisky wird erst seit 1923 destilliert, doch man kann mit vielen Superlativen und unterschiedlichen Whiskys aufwarten.

Seinen Ursprung hat der japanische Whisky mit Shinjiro Torii, der 1923 unweit Kyoto mit Yamazaki die erste Brennerei des Landes eröffnete und 1929 den ersten Whisky anbot. 1973 erbaute sein Sohn und Nachfolger eine zweite Brennerei, die heute, mit 55 Millionen Litern jährlich, die größte Malt-Destillerie der Welt ist. 1989 folgte eine dritte, und eine weitere wurde vor einigen Jahren fertiggestellt. Alle Brennereien können verschiedene Malt-Typen erzeugen, und um sich eine Vorstellung von der Größe von Suntory zu machen: Man lagert derzeit etwa 1,6 Millionen Fässer.

Vorbild waren die schottischen Malt-Destillerien, und am Beginn der japanischen Whiskygeschichte stand bei Torii ein junger Chemiker, der in Schottland die Whiskyherstellung studiert hatte. Die Whiskyaktivitäten von Suntory reichen bis nach Schottland, wo man 1994 die Firma Morrison Bowmore mit den Brennereien Bowmore, Auchentoshan und Glen Garioch erwarb.

Von den über 20 Suntory Whiskys gibt es außer den beiden abgebildeten seit 2008 auch die Single Malts Yamazaki 10 und 18 Years sowie den Hakushu 12 Years.

Suntory Hibiki Blended Whisky
Alter 17 Jahre
Alkoholgehalt 43 % vol
Duft sehr feine blumige Noten, Zitrusfrüchte und Vanille
Geschmack mittelschwer, ausgesprochen rund und weich, vollmundig, subtile Süße
Preis €€€€

Yamazaki Pure Malt 12 Years
Alter 12 Jahre
Alkoholgehalt 43 % vol
Duft reiche Aromen, leichte süße Honignote, nach Trockenfrüchten und Malz
Geschmack rund und ausgereift, süß und delikat, nach Kirsche, Vanille, Backpflaume
Preis €€€€

Whiskys der Welt

Warum nicht dort Whisky herstellen, wo er auch getrunken wird? Neben den klassischen Whiskynationen Schottland, Irland, den USA und Kanada ist Japan seit langem als Whiskyland bekannt, und die Liste der produzierenden Länder wächst stetig.

Seit der Jahrtausendwende hält auch in Deutschland der Whisk(e)y-Boom unverändert an, doch dass inzwischen Whisky auf allen Kontinenten gebrannt wird ist immer noch relativ unbekannt. Nachfolgend einige Länder und die bekanntesten Marken. Für die im Buch beschriebenen Whiskys ist die Seitenzahl angegeben.

Australien
Bakery Hill
Cradle
Hellyers Road
Lark
Sullivans Cove

Belgien
Belgian Owl
Goldlys

Brasilien
Drury's

Deutschland
Der Artlander
Finch
Fleischmann
Liebl
Racke (Seite 249)
Rothaus
Slyrs (Seite 250)
Stork Club
The Nine Springs
Ziegler

England
Cotswolds
St. George's

Finnland
Kyrö Juuri
Teerenpeli

Frankreich
Armorik
Breizh
Eddu
Rozelieures
Wambrechies

Indien
Amrut
Bagpiper
Direktor's Special
Hayward's Fine
Imperial Blue
Officer's Choice
Original Choice
Old Tavern
Paul John
Royal Stag
8PM

Italien
Eretico
Puni

Japan
Nikka (Seite 246)
Suntory (Seite 251)
Karuizawa

Reifelager in der Yamazaki Distillery von Suntory

Neuseeland
Cardrona
New Zealand
The Coaster
Lammerlaw

Niederlande
Stokerij Sculte
Us Heit
Vallei Distilleerderij
Zuidam

Österreich
Dachstein
Gölles
Granit
Haider
Herzog
Ortner
Pfanner (Seite 248)
Pfau

Reisetbauer
Rogner
Weidenauer

Schweden
Gotland
Hven
Mackmyra
   (Seite 245)
Smögen

Schweiz
Etter
Holle
Humbel
Lakeland
Our Beer
Säntis
Swissky
Whisky Castle
Zürcher

Spanien
DYC (Seite 244)
Liber

Südafrika
Bain's
Knights
Three Ships

Taiwan
Kavalan

Tschechien
Gold Cock
Hammerhead

Wales
Penderyn (Seite 247)

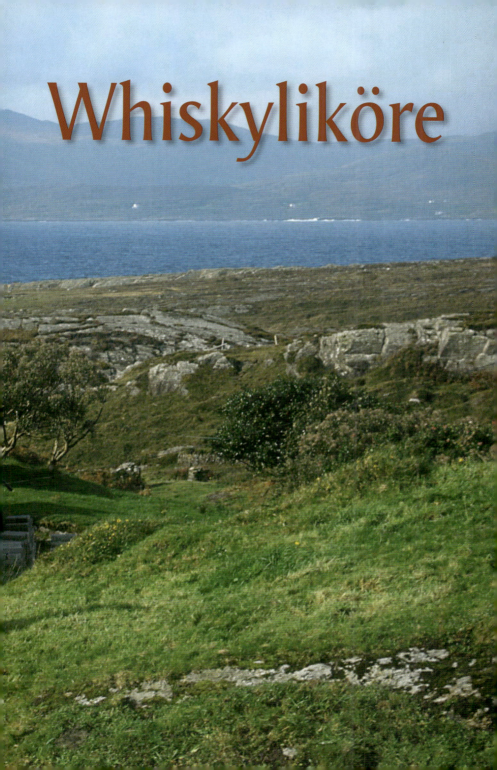

Whiskyliköre

Süße Allianzen

Wo es Whisky gibt, ist auch der Whiskylikör nicht weit. Ihre Heimat haben sie in Schottland und Irland, wo schon vor Jahrhunderten die Nationalspirituosen mit Honig gesüßt wurden. Für viele Likörsorten stellt der Whisky die alkoholische Basis, doch keine Kombination erreicht den Wert und die Klasse der Whisky-Honig-Liköre.

*Ü*berall wo Whisky hergestellt wurde, versuchte man auch, die oft rauen Brände durch Süßung mit Honig oder Zucker zu »entschärfen« und mit Früchten, Kräutern und Gewürzen zu aromatisieren. In allen Whisky produzierenden Ländern wurden auch Whiskyliköre hergestellt. Diese waren in der Regel mit Honig gesüßt oder stellten die alkoholische Basis wie z.B. bei mit Fruchtsäften hergestellten Likören wie den Kirsch mit Whisky bzw. Cherry Whisky. Die ursprüngliche Form ist der schottische Whisky-Honig-Likör, dessen älteste Marke der Drambuie ist. Bei den US-amerikanischen Likören wie Southern Comfort und auch beim kanadischen Yukon Jack hält sich hartnäckig die Meinung, dass auch diese Whisky zur Basis hätten. Zur Zeit der Entstehung des Southern Comfort um das Jahr 1860 wurde jeder ungereifte Getreidebrand als Whiskey bezeichnet. Die heute verwendeten Destillate erfüllen jedoch nicht die geltenden Vorschriften, um einen Getreidebrand als Whiskey bezeichnen zu können. Möglicherweise wird zum Auslaugen der Kräuter Whiskey eingesetzt, der Basisalkohol ist jedoch kein ausgereifter Whiskey. Es gibt aber mit dem Southern Comfort Reserve eine höherwertige Sorte (mit schwarzem Etikett und 40 %vol), der aus sechs Jahre altem Straigth Bourbon Whiskey hergestellt wird. Das Gleiche gilt für den kanadischen Zitruslikör Yukon Jack, der Neutralsprit zur Basis hat. Ähnlich den schottischen Whisky-Honig-Likören ist nur der US-amerikanische Wild Turkey Liqueur vom Hersteller des gleichnamigen Whiskys in Lawrenceburg/Kentucky. Irland ist bei den Whisky-Honig-Likören nur mit einer international bekannten Marke, dem Irish Mist vertreten.

Die Likörrevolution

Die Insel war jedoch in den 1970er Jahren der Ausgangspunkt einer Likörrevolution ohne Beispiel, und Irish Whiskey war die Basis. Die Irish Cream Liqueures begründeten ihren Weltruf auf der Verbindung Whiskey mit Sahne. Diese Likörart gibt es mittlerweile auch mit schottischem Whisky und vielen anderen Spirituosen als Grundlage. Vorreiter war dabei der Baileys Irish Cream, der mittlerweile zur größten Likörmarke der Welt aufgestiegen ist. Ihm folgten viel Nachahmer, die Whisky zur Basis hatten, aber auch zum Teil abenteuerliche Mischungen mit allen nur denkbaren Spirituosen. Diese kamen und verschwanden nach kurzer Zeit wieder.

Die Herstellung

Bei den Whiskylikören wurden im Laufe der Jahre die Zutaten – wenn überhaupt – nur geringfügig verändert, und lediglich die Methoden der Herstellung wurden weiterentwickelt. Malt oder auch Grain Whisky, aromatische Kräuterauszüge und Honig werden benötigt. Allen gleich ist die charakteristische Süßung mit Honig, die jedoch nie das Whiskyaroma überdeckt. Die Unterschiede der einzelnen Marken schaffen die verwendeten Whiskys, deren Alkoholgehalt und die Auswahl der zugesetzten Aromakomponenten.

Die Cream Liqueures zählen zur Gruppe der Emulsionsliköre und müssen wie alle Liköre einen Mindestalkoholgehalt von 15 % vol aufweisen. Große Probleme bereitete den Produzenten die Vermischung und Konsistenz, und auch die Haltbarkeit war ein wichtiges Kriterium. Die ständig verbesserte Technik löste auch diese Fragen, und die Produkte aller Hersteller haben heute die genau richtige Dichte. Dieses Problem beschäftigte auch viele Jahre die »Erfinder« des Baileys. Dort wurde vier Jahre experimentiert, bis ein verwertbares Ergebnis entstand und ein Weg zur dauerhaften Verbindung des Alkohols mit der Sahne gefunden war. Generell sind alle Creamliköre eine Mischung aus der jeweils verwendeten Alkoholsorte mit Sahne. Dazu kommen Wasser, Zucker, Gewürzextrakte oder Aromastoffe. Allen gemeinsam ist die Auflage, dass der Anteil der Sahne mindestens 15 % betragen muss, und diese nicht unter 10 % Fettgehalt haben darf.

Die Verwendung

Whiskyliköre trinkt man leicht gekühlt oder auf Eiswürfeln und verwendet sie vielfach zum Mixen von Cocktails und Longdrinks. Creamliköre werden gekühlt oder auf Eiswürfeln getrunken. Sie sind zum und im Kaffee ein unglaublicher Genuss. Vielfach werden sie zur Verfeinerung von Eiscreme und Süßspeisen verwendet, und auch beim Mixen finden sie Verwendung. Creamliköre sollten immer gut gekühlt aufbewahrt werden und nach dem ersten Öffnen auch innerhalb einiger Monate verbraucht werden.

Whisk(e)ys werden auch gerne gemixt

SÜSSE ALLIANZEN

Baileys

Eine Erfolgsgeschichte ohne Beispiel hat Baileys aufzuweisen. Nie zuvor eroberte ein Likör dermaßen rasant den Weltmarkt und stieg dabei zur größten Marke in diesem gewiss nicht kleinen Segment auf.

Der überwältigende Erfolg des Baileys lässt die Frage zu, ob die Zeit damals reif war für einen neuen Trend oder ob die Marke den Trend erst schuf. Ab 1970 tüftelte man bei einer zum damaligen Spirituosenmulti IDV (International Distillers & Vintners) gehörenden Dubliner Firma an der Rezeptur eines neuen Likörs. Seine Grundlage sollten irischer Whiskey und Sahne sein, und fast vier Jahre vergingen, bis das Problem der Vermischung und Stabilisierung gelöst war. Was noch fehlte, das war der Name. Dieser sollte irisch klingen und in allen wichtigen Sprachen leicht auszusprechen sein. Man entdeckte im Dubliner Handelsregister die ruhende Firma Bailey und erwarb den Namen. 1975 erfolgte die Einführung in Großbritannien und in den Ländern Nordeuropas. Die Absatzzahlen des neuartigen Likörs waren verblüffend gut, und von 250 000 Flaschen im Jahr 1975 stieg der Absatz auf sieben Millionen 1978 und zwölf Millionen im Jahr darauf. Im September 1979 wurde Baileys gleichzeitig auf dem deutschen und dem US-Markt eingeführt. Seither weitete sich der Export in alle Winkel der Welt aus, und heute ist Baileys mit rund 90 Millionen Flaschen die weitaus meistverkaufte Likörmarke der Welt. Die zwei wichtigsten Komponenten von Baileys sind Irish Whiskey und irische Sahne. Dazu kommen Vanille, Schokolade und natürliche Aromastoffe. Wie bei vielen erfolgreichen Getränken kam man auch bei Baileys auf die Idee, dem Original weitere Geschmacksrichtungen zur Seite zu stellen. Seit 2006 wird Baileys nun auch als Mint Chocolate und Crème Caramel angeboten.

Original
Alter -.-
Alkoholgehalt 17 % vol
Duft nach Schokolade mit einer Spur Vanille
Geschmack cremig, sahnig, mild süß
Preis €

Drambuie

Eng miteinander verknüpft ist die reale Geschichte des schottischen Freiheitskampfs mit der Legende um die Entstehung des Drambuie. Diese berichtet, dass Bonnie Prince Charlie, der Thronanwärter Prince Charles Edward III. Stuart, das Rezept einem Mitstreiter schenkte.

Prince Charles Edward's Liqueur steht bis heute auf dem Etikett, aber auch: The Isle of Skye Liqueur. Auf diese wild zerklüftete Insel floh der Prinz mit einem Mitstreiter namens Mackinnon nach der verlorenen Schlacht von Culloden im Jahre 1745. Während dieser Zwischenstation auf dem Weg nach Frankreich lernte Prinz Bonnie den Likör kennen. Im Laufe der Jahrzehnte entstand daraus die Legende, dass der Prinz seinem Mitstreiter das Likörrezept schenkte. Wahrscheinlicher aber ist, dass der Drambuie aus alten Hausrezepten entstanden ist. Diese waren der Ursprung für die später aus Whisky und Honig geschaffenen Getränke. Der heutige Drambuie wird aus Grain Whisky, Heidehonig der schottischen Highlands und aromatischen Kräutern hergestellt. 1997 brachte man mit dem Black Ribbon eine auf 15-jährigen Malts basierende Luxusversion auf den Markt. Das allerneueste Kind ist Drambuie Cream, mit dem man sich Anteile am umsatzstarken Sahnelikörsegment sichern will. Der Name Drambuie stammt aus dem Gälischen und ist abgeleitet von »an dram buidheach« – »ein Trank, der zufrieden macht«. Über 150 Jahre wurde das Mackinnon-Rezept nur für den Hausgebrauch verwendet. Im Jahr 1906 verließen die Nachfahren der Familie dann die Insel Skye und begannen in Edinburgh mit der kommerziellen Nutzung. Nach kärglichen Anfangserfolgen kam 1916 mit der Aufnahme in das erlesene Sortiment des House of Lords der Durchbruch. Heute ist Drambuie die größte Likörmarke Großbritanniens.

Drambuie
Alter -.-
Alkoholgehalt 40 % vol
Duft nach Scotch Whisky, Honig und Kräutern
Geschmack süß, aromatisch, Scotch-rauchig, kräftig und stark
Preis €€

Glayva

Glayva ist nach dem Drambuie die größte Likörmarke Schottlands und zählt auf den internationalen Märkten zu den bekanntesten Whisky-Honig-Likören. Sein Name ist vom schottischen »Gle`mhath« abgeleitet und bedeutet sinngemäß: sehr gut.

Glayva ist relativ jung und dennoch schon eine alte Marke unter den zahlreichen Newcomern der letzten Jahre. Er wurde 1947 erstmals hergestellt und erfreut sich einer zunehmenden internationalen Verbreitung. Auch in Deutschland ist er seit einigen Jahren ständig verfügbar. Wie auch Drambuie ist Glayva eine Komposition aus Malt und Grain Whisky mit Heidehonig und Kräuterauszügen, jedoch um Nuancen in Geschmack und Süße anders. Des Weiteren beinhaltet die Rezeptur Auszüge von Mandeln und Orangen. Insgesamt sollen sage und schreibe 26 Komponenten zum Einsatz kommen.

Glayva ist im Besitz der renommierten Whiskyfirma Whyte & Mackay, deren Destillerien und Whiskys in diesem Buch zu finden sind (siehe Whyte & Mackay). Glayva ist zwar nicht wie Drambuie die einzige Marke einer Firma, sie ist aber ein Likör-Einzelkind unter den vielen Whiskymarken des Unternehmens. Und damit steht auch der Beschaffung der benötigten Whiskys nichts im Wege, und der Chefblender des Unternehmens hat Zugriff auf die Whiskys vieler Destillerien.

Der Whiskylikörmarkt wurde bis zur Geburt von Glayva von Drambuie dominiert. Dies ist zwar bis heute nicht wesentlich anders, aber durch die ständig wachsende Beliebtheit der Whiskyliköre ist mittlerweile Platz für alle.

Der Glayva von heute präsentiert sich in einer modernen Aufmachung und ist im Getränkeangebot der Gastronomie und im Sortiment des Fachhandels inzwischen gut vertreten.

> **Glayva**
> **Alter** -.-
> **Alkoholgehalt** 35 % vol
> **Duft** nach Scotch Whisky, Honig und Kräutern, mit einer Spur Mandel und Orange
> **Geschmack** feinsüß, mit Scotch- und Kräuternote
> **Preis**

Irish Mist

Irish Mist (Mist = Nebel) ist das irische Gegenstück zu den schottischen Whisky-Honig-Likören. Im Nebel liegt auch die Geschichte dieses populären Likörs. Wie in Schottland findet sich der Ursprung in alten Hausrezepten aus Whiskey, Honig und Kräutern.

Der Aufstieg zur großen Likörmarke begann 1947. Bedingt durch den Zweiten Weltkrieg geriet die Whiskyproduktion in Schottland ins Stocken, und eine bekannte schottische Whiskylikörmarke, der Glen Mist, wurde deshalb in Irland produziert. Erst Jahre nach dem Krieg verlegte man die Produktion wieder zurück nach Schottland. Der zwischenzeitliche Her-steller des Glen Mist, die Whiskeybrennerei Tullamore, war mittlerweile in den Besitz eines Rezepts gelangt, das dem legendären irischen Likör entsprach. Damit begann die moderne Geschichte des Irish Mist. Die Marke entwickelte sich prächtig und war äußerst erfolgreich. Heute wird sie in Clonmel, im County Tipperary hergestellt.

Überall wo Iren sind, sind Irish Whiskey, Guinness und auch der Irish Mist nicht weit. Irish Mist ist in rund 100 Ländern der Erde zu finden und gilt als der irische Klassiker auf dem Likörmarkt.

Ein weiteres Highlight schuf man 1979 mit der Einführung des Cream Liqueurs Carolans (siehe Carolans Seite 257). Dieser ist heute nach Baileys der meistverkaufte Likör dieser Art. Zum Geheimnis um die Rezeptur des Irish Mist ist nur zu erfahren, dass eine Mischung von vier irischen Spirituosen (Whiskey und Grain-Destillate), außergewöhnliche Honigarten und ein Dutzend Kräuter seinen Charakter bestimmen. Abgefüllt wird Irish Mist seit einigen Jahren in Karaffenflaschen im Design des irischen Waterford-Kristalls. Irish Mist ist inzwischen in der Gastronomie und im Fachhandel gut vertreten und meldet jährlich wachsende Verkaufszahlen.

Irish Mist
Alter -.-
Alkoholgehalt 35 % vol
Duft nach Irish Whiskey, Honig und Kräutern
Geschmack mittelsüß, kräftig, würzig und aromatisch
Preis €

Lochan Ora

Eine der jüngeren Marken im Segment der Whisky-Honig-Liköre ist der Lochan Ora. Sein Name ist gälischen Ursprungs und bedeutet Golden Loch (deutsch: Goldsee). Das flüssige Gold ist unter den Whiskylikören eine der erfolgreichsten Marken.

Hersteller des Lochan Ora ist die weltbekannte Whiskyfirma Chivas Brothers in Aberdeen, Schottland. Der Spirituosen-Multi Seagram stand seit 1948 hinter der Firma, und unter dessen Ägide erwarb sich der 12-jährige De-luxe-Blend Chivas Regal weltweites Ansehen und steigerte seinen Flaschenabsatz kontinuierlich auf jährlich fast 50 Millionen (siehe Chivas Regal Seite 126/127). Im Jahr 2006 wurde die 50 Millionen-Marke überschritten und damit belegt Chivas Regal zusammen mit Johnnie Walker Black Label mit weitem Abstand den ersten Platz unter den 12-jährigen Scotch-De-luxe-Blends.

Lochan Ora wurde 1968 vorgestellt und war – unterstützt durch die Erfahrung und die Vertriebswege des hinter ihm stehenden Multis – in nur kurzer Zeit international bekannt. Wie alle schottischen Whiskyliköre besteht auch Lochan Ora aus Whisky, Honig und Kräutern, doch es sollen mindestens 12-jährige Malt sowie Grain Whiskys verwendet werden. Mit dem Verkauf von Seagram im Jahre 2001 kamen viele weitere Whiskymarken und auch der Lochan Ora zum französischen Multi Pernod Ricard. Unter dem Dach des derzeit zweitgrößten Spirituosenproduzenten der Welt ist der Lochan Ora sicherlich ebenso gut aufgehoben. Doch Marketing und Power allein sind meist zu wenig. Der Erfolg beruht auf lange Sicht auf der Qualität – und die ist bei Lochan Ora unbestritten gut.

Lochan Ora
Alter -.-
Alkoholgehalt 35 % vol
Duft nach schottischem Whisky, Honig und Kräutern
Geschmack feinsüß, nach schottischem Whisky, Honig und Kräutern
Preis €€

Old Pulteney Liqueur

Die Pulteney Distillery liegt im Nordsee-Hafenstädtchen Wick am Rande der Northern Highlands. Sie ist die am nördlichsten gelegene Brennerei des schottischen Festlands. Erst seit 1997 gibt es Single Malts als Eigentümerabfüllungen und seit 1999 den Liqueur.

Pulteney wurde 1826 erbaut und nicht nach der Stadt oder einem Bach benannt, sondern nach Sir William Pulteney. Dieser war Direktor der britischen Fischereigesellschaft und er lies 1810 Teile der Stadt und den Hafen neu erbauen. Damit legte er den Grundstein für die »Heringshauptstadt Europas«. Das Städtchen Wick wurde zu einem der größten Heringsfischereihäfen der Welt und war die Metropole der Salzheringe.

Die Destillerie war damals nur von See her zu erreichen, und die See prägt bis heute den Whisky mit salzigen Nuancen. Diese Salzigkeit brachte dem Pulteney auch den Titel »Manzanilla des Nordens« ein. Bis 1925 war Pulteney in Familienbesitz und die Distillers Company Ltd. (DCL) als neuer Inhaber legte die Brennerei von 1930 bis 1951 still. Nach mehreren Verkäufen und Fusionen der jeweiligen Besitzer wurde Pulteney 2006 vom thailändischen Getränkeriesen International Beverage Holdings (InterBev) übernommen. Bis vor einigen Jahren war Old Pulteney recht unbekannt, da er fast ausschließlich für Blends verwendet wurde. Erst 1997 kam der von Insidern hoch geschätzte und bis dahin nur vom unabhängigen Abfüller Gordon & MacPhail angebotene »Wick-Whisky« erstmals als Single Malt in einer Eigentümerabfüllung mit 12 Years auf den Markt. Seit 1999 gibt es auch den Old Pulteney Liqueur. Er ist ein bernsteinfarbener Likör für Whisky-Trinker dessen alkoholische Basis aus bis zu 12 Jahren altem Malt Whisky besteht. Dazu kommen aromatische Gewürze und Fruchtauszüge.

Old Pulteney Liqueur
Alter -.-
Alkoholgehalt 28 % vol
Duft reiches Whisky-Aroma, Toffee, süße Trockenpflaume und ein feiner Hauch von Sherry
Geschmack angenehm weich, feines, süßes Sahnebonbon, fruchtig und warm
Preis €€ für 0,5 Liter

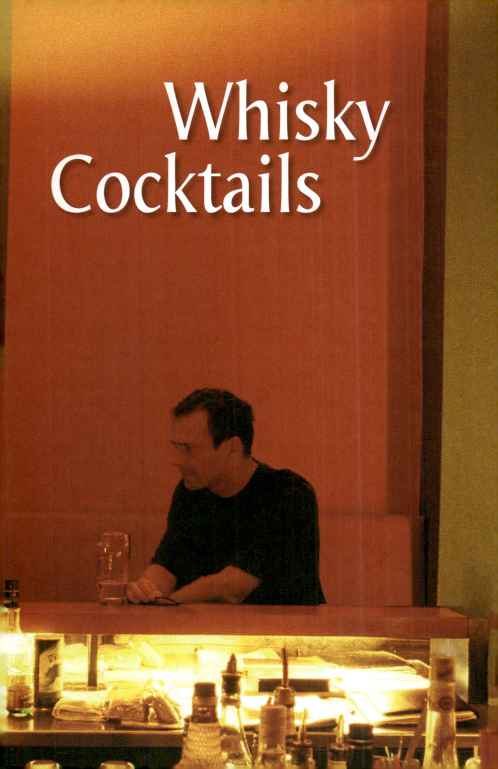

Starke Mischungen

Mit dem Whisky wurden in Deutschland ab den 1950er Jahren auch die Mixgetränke populär. Whiskyklassiker wie Old Fashioned, Whisky Sour, Manhattan und Irish Coffee zählen seither zum Repertoire jeder Barkarte, und viele weitere Rezepte haben sich bis heute behauptet.

*L*aut der glaubhaftesten Auslegung stammt der Name Cocktail vom »Hahnenschwanz« ab, und über seine Entstehung gibt es eine amüsante Geschichte. Wahrscheinlich ist, dass der Cocktail seinen Namen den beliebten und damals noch nicht verbotenen Hahnenkämpfen zu verdanken hat. Nach beendetem Kampf hatte der Besitzer des Siegerhahns das Recht, dem getöteten Rivalen die bunten Schwanzfedern auszureißen. Beim anschließenden Umtrunk wurde diese Trophäe mit einem Drink »on the cock's tail« begossen. Später nannte man diese nach den Kämpfen gereichten Getränke Cocktail. Ob sie so bunt waren wie die Federn der Hähne oder wie viele der heute gemixten Drinks, darf allerdings bezweifelt werden.

Fest steht, dass dies in den heutigen USA geschah und das Land die Urzelle der Mixgetränke ist. Dies belegen auch die ersten Mixbücher, die in den Jahren 1862 und 1882 in den USA erschienen sind. Sicher ist auch, dass man gute Gründe hatte, seine Drinks nicht pur zu genießen. Das damals in Nordamerika zur Verfügung stehende Spirituosenangebot beschränkte sich fast ausschließlich auf die einheimischen Whiskeys, die aber nicht die Qualität der heutigen Erzeugnisse aufwiesen. Es waren harte, hochprozentige und meist ungereifte Kornschnäpse, deren Genuss Mut und Standvermögen erforderte. So lag es nahe, dass man versuchte, durch Süßen mit Zucker oder Honig oder die Zugabe von aromatischen Ingredienzen und Früchten den Genuss erträglicher zu machen.

Mitte des 19. Jahrhunderts wurden dann auch in Nordamerika andere Spirituosen und Liköre hergestellt – von europäischen Einwanderern, die ihr Wissen um die Destillation in

Red Robin *(Rezept Seite 268)*

der neuen Heimat in die Tat umsetzten. Auch der Platz der Kommunikation hatte sich geändert: von der Namensgeberin der Bar, der einfachen Barriere des Westernsaloons, zur heutigen American Bar. Bereits in den Jahrzehnten vor 1900 wurde diese zumindest in den Großstädten ein fester Bestandteil im amerikanischen Gesellschaftsleben. Die Importwege aus Old Europe funktionierten, vielerlei Spirituosen und Getränke kamen ins Land, und damit stand der amerikanischen Genuss- und Experimentierfreude nichts mehr im Wege. Es wurden unzählige Cocktails erfunden, von denen viele als Eintagsfliegen starben, manche jedoch weltbekannt wurden und heute noch auf jeder Barkarte zu finden sind.

In Europa begann der Siegeszug des Cocktails in den Bars der großen Hotels, die um die vorletzte Jahrhundertwende errichtet wurden – in Deutschland wurde diese Entwicklung allerdings von den Kriegen und Wirrnissen der ersten Jahrhunderthälfte unterbrochen. Hier erhielt der Cocktail erst in den späten 1950er Jahren den Stellenwert, den er in den Großstädten der Vereinigten Staaten und in London und Paris längst hatte. Damit begann auch die große Zeit der Whiskycocktails. Da Whisky vorher fast unbekannt war, konnte man nun mixen, was in den internationalen Cocktailbüchern stand. Die großen Whiskycocktailklassiker hielten Einzug in den deutschen Bars, und bis heute sind sie en vogue. Ob im Manhattan, Whisky Sour, Old Fashioned oder im Horse's Neck, als wärmender Irish Coffee, Hot Toddy oder Egg Nogg – Whiskydrinks haben die älteste Geschichte, und Whisky als Mixspirituose ist unersetzlich im Sortiment einer gut bestückten Bar.

Ein Old Fashioned ist schnell gemixt und stark.

Old Fashioned

Urvater aller Cocktails

In einen Tumbler den Würfelzucker geben. Den Zucker mit Angostura tränken und etwas klares Wasser dazugeben. Zucker und Wasser vermischen und das Glas mit Eiswürfeln füllen. Den Whiskey dazugießen und gut umrühren. Eine halbe Orangenscheibe und eine Zitronenscheibe dazugeben, außerdem ein paar Cocktailkirschen hinzufügen.

1 Stück Würfelzucker
2 Spritzer Angostura
5 cl Bourbon Whiskey
Orange
Zitrone
Cocktailkirschen

Rob Roy

herber Before-Dinner-Drink

4 cl Blended Scotch
2 cl Vermouth Rosso
2 Spritzer Angostura
Cocktailkirsche

Im Rührglas mit Eiswürfeln verrühren, in vorgekühltes Cocktailglas abgießen. Eine Cocktailkirsche dazugeben.

Red Robin

Kräftig-fruchtiger Irish Whiskey Drink

5 cl Redbreast 12 Years
1,5 cl Crème de Cassis
1,5 cl frisch gepresster Zitronensaft
5 cl Cranberry Juice

Alles kräftig in einem Shaker mit Eiswürfeln schütteln und in einen Tumbler auf einige Eiswürfel abgießen. Mit Brombeeren und Himbeeren garnieren.

Bobby Burns

mildere Rob-Roy-Variante

3 cl Blended Scotch
3 cl Vermouth Rosso
3 Spritzer Bénédictine
Zitrone

Im Rührglas mit Eiswürfeln verrühren und in ein vorgekühltes Cocktailglas abgießen. Mit Zitronenschale abspritzen und diese dazugeben.

Whisky Flip
kleiner Magenfüller für den Nachmittag

Im Shaker mit Eiswürfeln schütteln und in ein Stielglas abgießen. Fein geriebene Muskatnuss darüber streuen.

5 cl Blended Scotch
1 cl Zuckersirup
2 cl Sahne
1 Eigelb
Muskatnuss

Highlander
Scotch-Drink für die Cocktail Hour

Im Shaker mit Eiswürfeln kräftig schütteln und in einen Tumbler auf einige Eiswürfel abgießen. Eine Erdbeere an den Glasrand stecken und kurze Trinkhalme dazugeben.

3 cl Scotch Whisky
2 cl Strawberry Liqueur
4 cl Orangensaft
1 cl Zitronensaft

Irish Miss
süß und stark – ein Rusty Nail auf Irisch

Im Rührglas mit Eiswürfeln gut verrühren und in ein vorgekühltes Cocktailglas abgießen.

2 (3) cl Irish Mist Whiskey Liqueur
4 (3) cl Irish Whiskey

Irish Lady
spritzig-aromatischer Partydrink

4 cl Irish Whiskey
2 cl Apricot Brandy
2 cl Zitronensaft
1 cl Erdbeersirup
kaltes Tonic Water
Erdbeere

Im Shaker mit Eiswürfeln schütteln, in ein Longdrinkglas auf Eiswürfel abgießen. Mit Tonic Water auffüllen. Eine Erdbeere an den Glasrand stecken.

Irish Mink
sahniger After-Dinner-Drink

4 cl Irish Whiskey
1 cl Curaçao Triple Sec
3 cl Crème de Cacao braun
6 cl Sahne
Kakaopulver

Im Shaker mit Eiswürfeln schütteln und in eine Stielglas abgießen. Mit Kakaopulver bestreuen.

Morning Dew
mild-herber Drink zur Happy Hour

4 cl Irish Whiskey
2 cl Curaçao Blue
6 cl Maracujanektar
1 Spritzer Angostura
einige Tropfen Zitronensaft
Orange, Cocktailkirschen

Im Shaker mit Eiswürfeln schütteln und in einen Tumbler auf Eiswürfel abgießen. Orangenschale und Cocktailkirschen dazugeben.

Irish Coffee
der Urvater aller Kaffeedrinks

Ein Stielglas mit heißem Wasser erwärmen. Whiskey, Zucker und Kaffee in das Glas geben und verrühren. Die Sahne als Haube darauf setzen.

4 cl Irish Whiskey
1 TL brauner Zucker
1 Tasse heißer Kaffee
leicht geschlagene Sahne

Whisky Sour
der klassische Sour

Alle Zutaten im Shaker mit Eiswürfeln gut schütteln und in ein Stielglas abgießen. Einen Spieß mit einer halben Orangenscheibe und einer Cocktailkirsche über den Glasrand legen.

5 cl Bourbon Whiskey
3 cl Zitronensaft
2 cl Zuckersirup
Orange, Cocktailkirsche

Horse's Neck
herrlicher Sommernachmittagsdrink

In ein Longdrinkglas einige Eiswürfel und die Zitronenschalenspirale geben. Whiskey und Angostura dazugießen und mit eisgekühltem Ginger Ale auffüllen.

6 cl Bourbon Whiskey
2 Spritzer Angostura
kaltes Ginger Ale
Zitronenschalenspirale

Mint Julep
erfrischender, starker Kentucky-Drink

10 cl Bourbon Whiskey
1 Barlöffel Streuzucker
etwa 10 Minzeblätter
Puderzucker
Trinkhalme

In ein hohes Longdrinkglas Minzeblätter, Zucker und etwas klares Wasser geben. Mit einem Holzstößel die Minzeblätter zerdrücken. Das Glas zur Hälfte mit Crushed Ice füllen und umrühren. Den Whiskey dazugießen, das Glas mit Crushed Ice füllen und nochmals umrühren. Nasse Minzezweige mit Puderzucker bestäuben, diese und zwei Trinkhalme dazugeben.

Manhattan
weltbekannter Before-Dinner-Drink

4 cl Canadian Whisky
2 cl Vermouth Rosso
2 Spritzer Angostura
Cocktailkirsche

Im Rührglas mit Eiswürfeln gut verrühren und in ein vorgekühltes Cocktailglas abgießen. Eine Cocktailkirsche dazugeben.

Variante: Manhattan Dry

Anstelle von Vermouth Rosso Vermouth Dry verwenden und anstelle der Cocktailkirsche mit einer Zitronenschale abspritzen.

Variante: Perfect Manhattan

Anstelle von 2 cl Vermouth Rosso nur 1 cl und 1 cl Vermouth Dry verwenden.

Captain Collins
süßsaurer Nachmittagsdrink

Im Shaker mit Eis schütteln, in ein großes Becherglas auf Eiswürfel abgießen. Mit Sodawasser auffüllen. Halbe Zitronenscheibe und Cocktailkirsche dazugeben.

5 cl Canadian Whisky
3 cl Zitronensaft
2 cl Zuckersirup
kaltes Sodawasser
Zitrone, Cocktailkirsche

Ward Eight
ein milder Sour für den Nachmittag

Im Shaker mit Eiswürfeln schütteln und in ein Stielglas abgießen. Eine Zitronenscheibe dazugeben.

5 cl Canadian Whisky
2 cl Zitronensaft
2 cl Orangensaft
1 cl Grenadine
Zitrone

Rusty Nail
starker schottischer Edeldigestif

Alle Zutaten im Rührglas mit Eiswürfeln gut verrühren und in ein vorgekühltes Cocktailglas abgießen.

2 (3) cl Drambuie
4 (3) cl Scotch Whisky

Rose of Skye

fruchtiger Drink zur Cocktail Hour

3 cl Drambuie
3 cl Wodka
2 cl Zitronensaft
2 cl Orangensaft
1 cl Grenadine
Erdbeere

Alle Zutaten im Shaker mit Eiswürfeln gut schütteln und in einen Sektkelch abgießen. Eine Erdbeere an den Glasrand stecken.

Corcovado

erfrischender Sommerdrink

2 cl Drambuie
2 cl Curaçao Blue
2 cl weißer Tequila
kaltes Sprite
Orange, Zitrone

In ein großes Becherglas auf Eiswürfel geben und verrühren. Mit Sprite auffüllen und je eine Orangen- und Zitronenscheibe an den Glasrand stecken.

Sparkling Honey

spritzig-aromatischer Partydrink

2 cl Drambuie
2 cl Gin
4 cl Orangensaft
1 Spritzer Angostura
kalter Sekt oder Champagner
Orange, Cocktailkirsche

Im Shaker mit Eiswürfeln schütteln, in Champagnertulpe abgießen. Mit Sekt/Champagner auffüllen. Mit Orangenscheibe und Cocktailkirsche garnieren.

Drambuie Sour

aromatisch-milder Shortdrink

Im Shaker mit Eiswürfeln schütteln, in ein Stielglas abgießen. Spieß mit halber Orangenscheibe und Cocktailkirsche über den Glasrand legen.

4 cl Drambuie
2 cl Zitronensaft
4 cl Orangensaft
Orange, Cocktailkirsche

The Caledonian

erfrischender Partydrink

Im Shaker mit Eiswürfeln schütteln, in ein Longdrinkglas auf Eis abgießen. Mit Bitter Lemon auffüllen. Mit Orangen-, Limetten- scheibe und Erdbeere garnieren.

2 cl Drambuie
3 cl Scotch Whisky
1 cl Zitronensaft
4 cl Orangensaft
kaltes Bitter Lemon
Orange, Limette, Erdbeere

Drambuie Punch

fruchtiger Drink zur Happy Hour

Im Shaker mit Eiswürfeln schütteln, in ein großes Becherglas auf Eiswürfel abgießen. Eine halbe Orangenscheibe dazugeben.

4 cl Drambuie
2 cl Zitronensaft
10 cl Orangensaft
Orange

Old Nick

wer nickt, bekommt noch einen

3 cl Drambuie
3 cl Scotch Whisky
2 cl Zitronensaft
2 cl Orangensaft
2 Spritzer Angostura
Orange

Im Shaker mit Eiswürfeln schütteln, in ein Stielglas abgießen. Eine halbe Orangenscheibe dazugeben.

Kentucky Race

fruchtiger Bourbon-Drink

4 cl Blanton's Bourbon Whiskey
1,5 cl Pêcher Mignon Pfirsichlikör
8 cl Ananassaft
8 cl Maracujanektar
3 cl Coco Tara Cream of Coconut

Im Elektromixer mit etwas Crushed Ice durchmixen und in ein Longdrinkglas auf etwas Crushed Ice abgießen. Mit einem Fruchtspieß garnieren.

Blanton's Peach

Fruchtiges mit Pfiff

3 cl Blanton's Bourbon Whiskey
2 cl Pêcher Mignon Pfirsichlikör
4 cl Orangensaft
2 cl Zitronensaft
Pfirsich

Mit Eiswürfeln im Shaker kräftig schütteln und in eine Cocktailschale abgießen. Ein Pfirsichstück an den Glasrand stecken.

Hot Toddy
ein Hot-Drink-Klassiker

Whisky und Zitronensaft erhitzen und in einen Whiskytumbler gießen. Mit heißem Wasser auffüllen, Zucker, Zitronenscheibe und Gewürze dazugeben.

5 cl Whisky
3 cl Zitronensaft
2 Teelöffel Zucker
1 Zitronenscheibe
1 Zimtstange
3 Nelken

Whisky Egg Nogg
uraltes US-Rezept

Mit Eiswürfeln im Shaker kräftig schütteln und in ein Longdrinkglas abgießen. Etwas Muskat darüber reiben.

1 Ei
1 cl Zuckersirup
2 cl Sahne
6 cl Whisky
12 cl Milch

Sazerac
Old-Fashioned-Variante

Den Zuckerwürfel mit Angostura tränken. Etwas Wasser dazugeben und gut vermischen. Eiswürfel, Whiskey und Anisspirituose dazu und verrühren. Mit einer Zitronenschale abspritzen und diese dazugeben.

Angostura
1 Zuckerwürfel
5 cl Rye oder Bourbon Whiskey
einige Tropfen Pernod oder Absinth
Zitrone

Fachbegriffe von A bis Z

ale in Schottland ab und zu statt des Wortes ▶ *wash* gebrauchter Begriff für die in den USA ▶ *beer* genannte vergorene ▶ *Maische*; Ausgangsstoff für die ▶ *Destillation*

Alkohol als genießbarer A. Ethanol oder Ethylalkohol, chem. C_2H_5OH

Amylase ▶ *Enzym*, das Stärke von Getreide in deren wasserlösliche Form ▶ *Dextrin* umwandelt

analyzer erste der beiden Säulen der ▶ *Coffey-*, ▶ *column-* oder ▶ *patent still*, in der bei der kontinuierlichen ▶ *Destillation* der ▶ *wash* per Dampf ihr ▶ *Alkohol* entzogen wird; dieser alkoholhaltige Dampf wird in den ▶ *rectifyer* geleitet und rektifiziert; in den USA heißt der a. ▶ *beer still*

backset alkoholfreier, von festen Bestandteilen befreiter Rückstand der ersten ▶ *Destillation* in einer ▶ *beer still;* der auch ▶ *thin stillage* genannte b. ist unerlässlich für das in Tennessee vorgeschriebene, aber bei der Herstellung fast aller American ▶ *Straight Whiskeys* praktizierte ▶ *Sour-Mash-Verfahren*

barrel auch ▶ *cask*, engl. für Fass

barrel proof amerikanisches Wort für einen in Fassstärke abgefüllten Whiskey (sh. auch ▶ *cask strength*)

beer in den USA gebräuchlicher Begriff für ▶ *ale* oder ▶ *wash*

beer still bei der ▶ *Destillation* von ▶ *Straight Whiskeys* in den USA die erste Brennsäule, vergleichbar mit dem ▶ *analyzer*

blend, the engl. für Mischung

blend, to engl. für mischen

blending Mischen verschiedener Whisk(e)ysorten zum Blended W.

cask ▶ *barrel*

cask strength Fassstärke, d.h. der Alkoholgehalt, den der Whisk(e)y nach seiner Reifezeit im Fass hat; vor allem schottische Single Malts werden nicht selten in dieser Stärke abgefüllt und nicht, wie ansonsten üblich, mit Wasser auf Trinkstärke (ab mindestens 40%) herabgesetzt

chill-filtering das Filtern eines auf etwa 5°C abgekühlten Whiskys; bei dieser Temperatur verfestigen sich die Stoffe, die später einen kalten Whisky trüben würden, und lassen sich daher leicht ausfiltern; das c. ist eine allgemein übliche Methode, auf die allerdings einige Malt-Hersteller und ▶ *Unabhängige Abfüller* heute verzichten, da bei diesem Filtern auch Aromen verloren gehen

charcoal mellowing das auch als ▶ *leaching* oder als ▶ *Lincoln County Process* bezeichnete Filtern eines für Tennessee Whiskey bestimmten Destillates, bevor dieses in das Fass zum Reifen gefüllt wird; als Filter dient eine mehr als drei Meter dicke Schicht aus Ahornholzkohle

Coffey still nach einem der Erfinder benannte Brennanlage aus meistens zwei Säulen, in der kontinuierlich destilliert wird, d.h. eine mehrfache ▸ *Destillation* ohne Unterbrechung in einem Arbeitsgang und in einem geschlossenen System abläuft

colouring Korrektur der Farbe eines Whiskys oder Whiskeys mit der erlaubten ▸ *Zuckercouleur*

column still ▸ *Coffey-, patent still*

DCL Abk. für *Distillers Company Ltd.;* 1877 gegründetes schottisches Unternehmen, hervorgegangen aus einem Zusammenschluss von sechs Brennereien, das in Schottland und später auch international Brennerei um Brennerei aufkaufte, maßgeblich dazu beitrug, dass auch der Grain als Whisky bezeichnet werden durfte, viele Krisen überstand und letztlich doch scheiterte. 1987 wurde DCL von Guinness übernommen und als *United Distillers* (UD) geführt; als diese mit *International Distillers & Vintners* (IDV) fusionierten, kam die einstige DCL unter das Dach des heutigen Konzerns ▸ *Diageo*

Destillation Nutzung der Tatsache, dass ▸ *Alkohol* bereits bei 78,3°C verdampft, Wasser aber erst bei 100°; werden leicht alkoholische Flüssigkeiten wie Bier, Wein oder Obstwein erhitzt, steigt zunächst der ▸ *Alkohol* als Dampf auf; der wird aufgefangen, kondensiert und durch erneute ▸ *Destillation* gereinigt

Dextrin die wasserlösliche Form von in Getreide enthaltener Stärke

Diageo weltgrößter Hersteller von Spirituosen, entstanden aus einer Fusion der zu Grand Metropolitan gehörenden *International Distillers & Vintners* (IDV) und den *United Distillers* (UD), einer Tochterfirma des Brauereiriesen Guinness; diese neue Firma firmierte anfangs als *United Distillers & Vintners* (UDV) und übernahm zu den zahlreichen eigenen Marken im Laufe der Jahre noch weitere; das 2002 in Diageo umbenannte Unternehmen hat mehr Whisk(e)ybrennereien unter seinem Dach als jedes andere, vor allem in Schottland ist es besonders stark

Diastase ▸ *Enzym,* das ▸ *Dextrin* in Malzzucker (Maltose) umwandelt

Edrington schottische Firma in Privatbesitz, die besonders stark im Whiskygeschäft engagiert ist und 1999 zusammen mit William Grant & Sons (u.a. Besitzer der Marken *Balvenie* und *Glenfiddich*) Highland Distillers übernahm und so (auch) an berühmte Malt-Marken wie *The Macallan* und *Highland Park* kam

Enzyme Wirkstoffe, die bestimmte chemische Reaktionen einleiten oder diese erst möglich machen; die beim Mälzen entstehenden E. ▸ *Zystase,* ▸ *Amylase* und ▸ *Diastase* machen die Umwandlung von Getreidestärke in vergärbaren ▸ *Zucker* möglich

Ester aromatische, wohlriechende Bestandteile vieler Spirituosen, die entweder schon im Rohstoff (Obst, Getreide) enthalten sind oder sich bei ▸ *Gärung,* ▸ *Destillation* oder während der Lagerung bilden

Farbstoff ▸ *Zuckercouleur*

feints das englische Wort für den unerwünschten ▸ *Nachlauf* des Destillates, der bei der letzten ▸ *Destillation* bzw. im ▸ *rectifyer* vom ▸ *Mittellauf* abgetrennt wird

Fermentation englisch oder auch

deutsch auszusprechendes Fachwort für die alkoholische ▶ *Gärung*

Flora & Fauna Serie schottischer Single Malt Whiskys, die von dem (damaligen) Unternehmen United Distillers (sh. ▶ *Diageo*) ab 1992 herausgegeben wurde; jedem Malt ist ein Tier (Fauna) oder aber eine Pflanze (Flora) zugeordnet und auf dem Etikett ebenso beschrieben wie der jeweilige Malt Whisky, der stets 43 % hat, aber von Marke zu Marke unterschiedlich alt ist

foreshot das englische Wort für den unreinen ▶ *Vorlauf* des Destillates, der bei der letzten ▶ *Destillation* bzw. im ▶ *rectifyer* vom ▶ *Mittellauf* abgetrennt wird

Gärung Umwandlung des in der ▶ *Maische* gewonnenen ▶ *Zuckers* in ▶ *Alkohol*, Kohlendioxid und einige Nebenbestandteile, die zum Aroma des späteren Whisk(e)ys beitragen; die G. wird ausgelöst von speziell dafür kultivierter Hefe, die aus dem Zucker die Energie bezieht, die sie zu ihrer Vermehrung (Zellteilung) benötigt; diesen Zucker wandelt sie dabei in die genannten Stoffe um

Independent Bottlers engl. Begriff für ▶ *Unabhängige Abfüller*

InterBev thailändische Gesellschaft mit dem vollen Namen *International Beverage Holdings Ltd.*, die über ihre 100-%-ige schottische Tochterfirma Inver House fünf Malt-Brennereien in Schottland besitzt

intermediate still in Brennereien, die dreifach destillieren, zwischen ▶ *wash-* und ▶ *spirit still* eingesetzte Brennblase, in der die ▶ *low wines* mit dem Vor- und Nachlauf aus der dritten ▶ *Destillation* der vorherigen Destillationsphase erneut gebrannt werden, bevor sie in die ▶ *spirit still* zur dritten ▶ *Destillation* kommen

leaching ▶ *charcoal mellowing*

Lincoln County Process anderes Wort für ▶ *charcoal mellowing*

low wines das Resultat der ersten ▶ *Destillation* in der ▶ *wash still*, also im Grunde genommen Rohbrand

Maische die Mischung aus Getreide und heißem Wasser, die angesetzt wird, um aus dem Getreide dessen Stärke zu lösen und in vergärbaren ▶ *Zucker* umzuwandeln

Malz zum Keimen gebrachtes und anschließend wieder getrocknetes Getreide (meist Gerste), das bei der Keimung ▶ *Enzyme* bildet, die zum Lösen der Getreidestärke und deren Verzuckerung beitragen; M. wird für jede ▶ *Maische* benötigt

Mittellauf der von ▶ *Vorlauf* und ▶ *Nachlauf* befreite Teil des Destillats, der zu Whisk(e)y ausgebaut wird

Nachlauf ▶ *feints*

patent still ▶ *Coffey-, column still*

Phenole aromareiche chemische Bestandteile des Torfs, die über das Trocknen von Grünmalz über einem mit Torf geschürten Feuer in das ▶ *Malz* und damit schließlich in den zukünftigen Whisky übergehen

pot still schottisch-irischer Begriff für kupferne zwiebel-, birnen- oder lampenförmige Brennblasen für die periodische ▶ *Destillation*; je nach Bestimmung der p. wird diese als ▶ *wash-* (auch: ▶ *low wines-*) oder ▶ *spirit still* bezeichnet; Brennereien, die dreifach destillieren, haben eine ▶ *intermediate still* zwischen ihrer *wash-* und ihrer *spirit still* stehen; üblicherweise sind immer mehr als nur zwei p. im Einsatz, den Rekord hält Glenfiddich mit 10 ▶ *wash stills* und 18 ▶ *spirit stills*

ppm Abk. für *parts per million:* die Maßeinheit für den ▶ *Phenol*gehalt von ▶ *Malz,* der bis zu 80 ppm oder sogar mehr betragen kann

rectifyer zweite Brennsäule bei der kontinuierlichen ▶ *Destillation;* im rectifyer wird der Alkoholdampf aus dem ▶ *analyzer* gereinigt und verstärkt

Slainthé (gespr. slônsche) heißt Gesundheit. Derjenige, dem mit diesem Wort zugeprostet wird, antwortet mit **Slainthé Mhath** (gespr. slônsche vah) womit Gesundheit auch Dir gemeint ist.

Sour-Mash-Verfahren die Zugabe von ▶ *backset* in die ▶ *Maische* vor und/oder bei der ▶ *Gärung* mit den Zielen, unerwünschte Bakterien bei der Gärung zu verhindern und diese damit kontrollierbar zu machen und den Charakter des Whiskeys ständig weiterzugeben; dieses Verfahren ist in Tennessee vorgeschrieben, in den anderen Whiskeystaaten der USA ist es (freiwillig) allgemein üblich

spirit still ▶ *pot still* für die letzte Phase der ▶ *Destillation,* bei der Feinbrand gewonnen wird

Straight Whiskey in den USA eine definierte Sorte (Bourbon, Rye und Tennessee Whiskey), die nicht mit einer anderen verschnitten wurde

thin stillage ▶ *backset*

Unabhängige Abfüller Firmen, die keinen Whisky herstellen, sondern – meistens nur Malt – bei Brennereien kaufen, selber lagern und unter dem Brennereinamen oder einem eigenen Namen abfüllen; diese in Schottland ▶ *Independent Bottlers* genannten Firmen haben entscheidend dazu beigetragen, dass die Single Malts heute so bekannt und in derartiger Vielfalt zu bekommen sind

Vorlauf ▶ *foreshot*

wash die vergorene, von den festen Bestandteilen getrennte Flüssigkeit mit 7 bis 9 % Alkoholgehalt, die der Ausgangsstoff zur ▶ *Destillation* ist; die w. wird in Schottland auch ▶ *ale* genannt und heißt in den USA – wo sie nicht gefiltert wird – ▶ *beer*

wash still erste von zwei oder selten drei ▶ *pot stills,* in der die ▶ *wash* zu ▶ *low wines* destilliert wird

wort(s) ▶ *Würze*

Würze extrem süße Flüssigkeit, die aus der ▶ *Maische* herausgefiltert wird, wenn die Getreidestärke völlig in ▶ *Zucker* umgewandelt ist

Zuckercouleur/-kulör ein aufgrund der englischen Bezeichnung ▶ *spirit caramel* häufig, aber fälschlich mit Karamell in Verbindung gebrachter unbedenklicher ▶ *Farbstoff* aus der E-150-Gruppe, der aus Saccharose oder aus anderen Zuckerarten durch Erhitzen erzeugt wird, wobei saure und/oder basische Stoffe eingesetzt werden als Reaktionsbeschleuniger; der geschmacksfreie und lediglich in großen – nie eingesetzten – Mengen bittere ▶ *spirit caramel* ist ein erlaubter Zusatz (nicht in den USA); er dient aber nicht der Farb*gebung* an sich, sondern nur dem Angleichen der auf natürliche Weise im Fass entstandenen Farbe an die gewohnte Farbe einer Marke; inzwischen aber verzichten bereits einige Hersteller auf das sogenannte ▶ *colouring*

Zystase ▶ *Enzym,* das die Zellwände von Getreide aufbricht und damit die Stärke freisetzt, die von anderen ▶ *Enzymen* in vergärbaren ▶ *Zucker* umgewandelt werden

Markenregister

Hier finden Sie alle in diesem Buch ausführlicher beschriebenen Marken in alphabetischer Reihenfolge mit den entsprechenden Seitenzahlen.

Scotch Malt Whisky   7

Aberfeldy	16
Aberlour	17
An Cnoc	18
Ardmore	19
Ardbeg	20
Auchentoshan	22
Arran	24
Ballantine's Pure Malt	25
Balblair	26
Balvenie	28
Ben Nevis	30
BenRiach	31
Benromach	32
Benrinnes	33
Bladnoch	34
Bunnahabhain	35
Bowmore	36
Bruichladdich	38
Cardhu	40
Cragganmore	41
Caol Ila	42
Clynelish / Brora	44
Dalmore	46
Dalwhinnie	47
Deanston	48
Dewar's Blended Malt	49
Edradour	50
The Famous Grouse Malt	52
Fettercairn	53
Glendronach	54
Glen Elgin	55
Glengoyne	56
Glen Grant	57
Glenfarclas	58
Glenfiddich	60
Glen Garioch	62
Glenkinchie	64
The Glenlivet	65
Glen Ord	66
The Glenrothes	67
Glenmorangie	68
Glen Scotia	70
Glen Spey	71
Glenturret	72
Inchgower	73
Highland Park	74
Isle of Jura	76
Knockando	78
Ledaig	79
Lagavulin	80
Laphroaig	82
Linkwood	84
Loch Lomond	85
Royal Lochnagar	86
Monkey Shoulder	87
Macallan	88
Oban	90
Old Pulteney	91
Rosebank	92
Scapa	93
Speyburn	94
The Speyside	95
Springbank/Longrow	96
Strathisla	98
Tamdhu	99
Talisker	100
Tamnavulin	102
Tobermory	103
Tomatin	104
Tomintoul	105
Tormore	106
Tullibardine	107

Scotch Blended Whisky   111

The Antiquary	120
Ballantine's	121
Bell's	122

Black Bottle	123	Four Roses	202
Black & White	124	I. W. Harper	203
Clan Campbell	125	Jack Daniel's	204
Chivas Regal	126	Maker's Mark	206
Cutty Sark	128	Michter's	207
Dean's	129	Noah's Mill	208
Dewar's	130	Old Crow	209
Dimple	132	Old Fitzgerald	210
The Famous Grouse	133	Old Grand-Dad	211
Grant's	134	Old Overholt	212
Haig	135	Pikesville Supreme	213
J&B	136	Rebel Yell	214
William Lawson's	137	Rowan's Creek	215
Old Smuggler	138	Sazerac	216
Passport	139	Seagram's 7 Crown	217
Seagram's 100 Pipers	140	Virginia Gentleman	218
Teacher's	141	W.L. Weller	219
VAT 69	142	Wild Turkey	220
White Horse	143	Willett	222
Johnnie Walker	144	Woodford Reserve	223
Whyte & Mackay	146		

Irish Whiskey 151

Bushmills	160	## Canadian Whisky	227
Connemara	162	Black Velvet	234
Greenore	164	Canadian Club	235
Green Spot	165	Crown Royal	236
Jameson	166	Gooderham & Worts	237
Kilbeggan	168	Old Canada	238
Locke's	169	Seagram's V.O.	239
Midleton	170		
Midleton Barry Crockett	171	## Whisky aus aller Welt	241
Powers	172	DYC	244
Powers John´s Lane	173	Mackmyra	245
Paddy	174	Nikka	246
Redbreast	175	Penderyn	247
The Irishman	176	Pfanner	248
The Tyrconnell	177	Racke Rachzart	249
Tullamore Dew	178	Slyrs	250
		Suntory	251

American Whiskey 181

Jim Beam's Small Batch	192	## Whiskyliköre	255
Jim Beam	194	Baileys	258
Bernheim Wheat Whiskey	195	Drambuie	259
Blanton's	196	Glayva	260
Buffalo Trace	198	Glenfiddich	261
Dickel	199	Irish Mist	262
Elijah Craig	200	Lochan Ora	263
Evan Williams	201		

Importeure

Nachfolgend sind die offiziellen Importeure genannt, die jedoch in der Regel nur an Wiederverkäufer liefern. Diese Marken – und alle weiteren – erhält man in Fachgeschäften und bei spezialisierten Händlern. Bei den von den Händlern selbst importierten steht nur »Händler«.

Scotch Malt Whisky

Aberfeldy	*Bacardi*	The Famous Grouse	*Beam*
Aberlour	*Pernod*	Edradour	*Händler*
An Cnoc	*Hawe*	Fettercairn	*Borco*
Ardmore	*Beam*	Glendronach	*Kammer*
Ardbeg	*Moet*	Glen Elgin	*Diageo*
Auchentoshan	*Beam*	Glengoyne	*Borco*
Arran	*Kammer*	Glenfarclas	*Hawe*
Ballantine's Malt	*Pernod*	Glenfiddich	*Campari*
Balblair	*Egfra*	Glen Garioch	*Beam*
Balvenie	*Campari*	Glen Grant	*Campari*
Ben Nevis	*Händler*	Glenkinchie	*Diageo*
BenRiach	*Händler*	The Glenlivet	*Pernod*
Benromach	*Händler*	Glen Ord	*Händler*
Benrinnes	*Händler*	Glenmorangie	*Moet*
Bladnoch	*Händler*	The Glenrothes	*Beam*
Bowmore	*Beam*	Glen Scotia	*Hawe*
Bruichladdich	*Diversa*	Glen Spey	*Händler*
Bunnahabhain	*Diversa*	Glenturret	*Händler*
Cardhu	*Händler*	Highland Park	*Beam*
Caol Ila	*Diageo*	Isle of Jura	*Borco*
Clynelish/Brora	*Diageo*	Inchgower	*Händler*
Cragganmore	*Diageo*	Knockando	*Diageo*
Dalmore	*Borco*	Ledaig	*Diversa*
Dalwhinnie	*Diageo*	Lagavulin	*Diageo*
Deanston	*Diversa*	Laphroaig	*Beam*
Dewar's Malt	*Händler*	Linkwood	*Händler*

Loch Lomond	*Borco*
Longrow	*Hawe*
Royal Lochnagar	*Diageo*
Monkey Shoulder	*Campari*
Macallan	*Beam*
Oban	*Diageo*
Old Pulteney	*Händler*
Rosebank	*Händler*
Scapa	*Pernod*
Speyburn	*Hawe*
The Speyside	*Händler*
Springbank	*Hawe*
Strathisla	*Händler*
Tamdhu	*Beam*
Talisker	*Diageo*
Tamnavulin	*Händler*
Tobermory	*Diversa*
Tomatin	*Händler*
Tomintoul	*Händler*
Tormore	*Händler*
Tullibardine	*Händler*

Scotch Blended Whisky

The Antiquary	*Händler*
Ballantine's	*Pernod*
Bell's	*Händler*
Black Bottle	*Diversa*
Black & White	*Diageo*
Clan Campbell	*Händler*
Chivas Regal	*Pernod*
Cutty Sark	*Beam*
Dean's	*Borco*
Dewar's	*Händler*
Dimple	*Diageo*
Famous Grouse	*Beam*
Grant's	*Campari*
Haig	*Händler*
J & B	*Diageo*
William Lawson's	*Händler*
Old Smuggler	*Händler*
Passport	*Händler*
Seagram's 100 Pipers	*Händler*
Teacher's	*Beam*
VAT 69	*Händler*
White Horse	*Händler*
Johnnie Walker	*Diageo*
Whyte & Mackay	*Borco*

Irish Whiskey

Bushmills	*egfra*
Connemara	*Beam*
Greenore	*Beam*
Green Spot	*Händler*
Jameson	*Pernod*
Kilbeggan	*Beam*
Locke's	*Borco*
Midleton	*Pernod*
Powers	*Pernod*
Paddy	*Diversa*
Redbreast	*Pernod*
The Irishman	*Händler*
Tyrconnell	*Beam*
Tullamore Dew	*Campari*

American Whiskey

Jim Beam	*Beam*
Bernheim Wheat	*Händler*
Blanton's	*Händler*
Buffalo Trace	*Diversa*
Dickel	*Händler*
Elijah Craig	*Borco*
Evan Williams	*Borco*

Four Roses	*Pernod*
Jack Daniel's	*Brown*
I. W. Harper	*Händler*
Maker's Mark	*Beam*
Michter's	*Mikes*
Noah's Mill	*Mikes*
Old Crow	*Händler*
Old Fitzgerald	*Händler*
Old Forester	*Brown*
Old Grand-Dad	*Beam*
Old Overholt	*Händler*
Pikesville Supreme	*Händler*
Rebel Yell	*Mikes*
Sazerac	*Diversa*
Seagram's 7 Crown	*Händler*
Virginia Gentleman	*Händler*
W. L. Weller	*Händler*
Woodford Reserve	*Brown*
Wild Turkey	*Campari*
Willett	*Mikes*

Canadian Whisky

Black Velvet	*Händler*
Canadian Club	*Beam*
Crown Royal	*Diageo*
Gooderham & Worts	*Händler*
Old Canada	*Borco*
Seagram's V. O.	*Händler*

Internationale Whiskys

DYC	*Händler*
Mackmyra	*Händler*
Nikka	*Borco*
Penderyn	*Händler*
Pfanner	*Sabitzer*
Racke Rauchzart	*Schwarze*
Slyrs	*Slyrs*
Suntory	*Beam*

Whiskyliköre

Baileys	*Diageo*
Drambuie	*Campari*
Glayva	*Borco*
Irish Mist	*Campari*
Lochan Ora	*Händler*
Old Pulteney	*Händler*

Web-Adressen der Hersteller und Bezugsquellen

www.bacardi-deutschland.de
www.beamsuntory.de
www.borco.com
www.brown-forman.com
www.diageo.de
www.diversa-spez.de
www.egfra.de
www.hawe-bremen.de
www.kammer-kirsch.de
www.mikes-whiskeyhandel.de
www.moet-hennessy.de
www.pernod-ricard-deutschland.de
www.sabitzer.de
www.schwarze-schlichte.de
www.slyrs.de

Die Whisk(e)ys und Liköre aus diesem Buch erhalten Sie bei

Celtic Whisk(e)y & Versand
Bulmannstraße 26
90459 Nürnberg
Tel. 09 11 / 45 09 74-30
www.celtic-whisky.de

Whisk(e)y Shop Tara
Rindermarkt 16
80331 München
Tel. 089 / 26 51 18
www.whiskyversand.de

Literaturhinweise

Stefan Gabányi
Schumann's Whisk(e)y Lexikon
ZS Verlag GmbH, 2015

Walter Schobert
Das Whiskylexikon
Fischer Taschenbuch, 2003

Cocktailregister

Blanton's Peach	276	Mint Julep	272
Bobby Burns	268	Morning Dew	270
Captain Collins	273	Old Fashioned	267
Corcovado	274	Old Nick	276
Drambuie Sour	275	Perfect Manhattan	272
Drambuie Punch	275	Red Robin	268
Highlander	269	Rob Roy	268
Horse's Neck	271	Rose of Skye	274
Hot Toddy	277	Rusty Nail	273
Irish Coffee	271	Sazerac	277
Irish Lady	270	Sparkling Honey	274
Irish Mink	270	The Caledonian	275
Irish Miss	269	Ward Eight	273
Kentucky Race	276	Whisky Egg Nogg	277
Manhattans	272	Whisky Flip	269
		Whisky Sour	271

Danksagung

Bedanken möchte ich mich bei den Herstellern und Importfirmen für die zur Verfügung gestellten Flaschenabbildungen und Fotos.
Auch bei Otto Steudel / Celtic Whisk(e)y in Nürnberg und Ramsey Kunis / Whisk(e)y Shop Tara in München möchte ich mich für die zum Fotografieren zur Verfügung gestellten Flaschen und die wertvollen Tipps bedanken. Herzlichen Dank auch an Heidi Castro Ledwych vom Ireland Whiskey Trail und an Claudius Elsenberger. Nicht zu vergessen die geduldige und verständnisvolle Zusammenarbeit mit der Redaktion und mit Jan-Dirk Hansen, der mit der Umsetzung und Gestaltung des Buches betraut war.

Franz Brandl

Impressum

Der Autor

Franz Brandl war in den 1970er Jahren der Jüngste unter den wenigen deutschen Barmeistern und einer der Wegbereiter des Wiedererstehens der Bar- und Cocktailkultur. Seit dem Erscheinen seines ersten Buches im Jahre 1982 folgten weitere rund 25 Bücher zu den Themen Cocktails und Getränke-Warenkunde. Heute ist Franz Brandl beratend tätig und befasst sich mit dem Schreiben von Büchern rund um das Thema Bar.

Impressum

ISBN: 978-3-8094-3951-6

1. Auflage

© 2018 by Bassermann Verlag, einem Unternehmen der Verlagsgruppe Random House GmbH, Neumarkter Straße 28, 81673 München
© der Originalausgabe by Südwest Verlag, 2007, Originaltitel: Whisk(e)y

Die Verwertung der Texte und Bilder, auch auszugsweise, ist ohne Zustimmung des Verlags urheberrechtswidrig und strafbar. Dies gilt auch für Vervielfältigungen, Übersetzungen, Mikroverfilmung und für die Verarbeitung mit elektronischen Systemen.

Bildnachweis

Die Flaschenabbildungen stammen von den jeweiligen Firmen oder wurden von Reinhard Rohner fotografiert.
www.rohnerfotodesign.de

Diageo: 5, 41, 43, 81, 118; Corbis, Düsseldorf: 6/7 (Catherine Karnow), 150/151 (Ray Juno), 224/225 (K. Inamura/zefa); Maxxium: 9, 12, 51, 73, 109, 115, 184, 189, 212; Team Spirit: 11, 153, 161; Schlumberger: 14, 23, 243, 251; Kammer: 15, 37, 75, 119, 147, 148; Hanseatische: 57, 94; Borco: 83, 163; Bacardi: 114, 131, 205; Pernod Ricardo: 116, 125, 127, 169; Irisch Lifestyle: 154, 155, 157, 158, 159; Getty Images, München: 180/181 (National Geographic); Look, München: 110/111 (Konrad Wothe), 240/241 (Karl Johaentges), 252-253 (Ingolf Pompe); Reinhard Rohner: 266, 267; Schapowalow, Hamburg: 264/265 (Atlantide); Südwest Verlag, München: 255 (Dirk Albrecht)

Umschlaggestaltung
Atelier Versen, Bad Aibling
Gesamtproducing, Layout, DTP
v|Büro – Jan-Dirk Hansen
Bildredaktion Christa Jaeger
Herstellung Elke Cramer
Projektleitung Anja Halveland
Satz dieser Ausgabe Nadine Thiel

Die Ratschläge in diesem Buch sind vom Autor und vom Verlag sorgfältig erwogen und geprüft, dennoch kann eine Garantie nicht übernommen werden. Eine Haftung des Autors bzw. des Verlags und seiner Beauftragten für Personen-, Sach- und Vermögensschäden ist ausgeschlossen.

Sollte diese Publikation Links auf Webseiten Dritter enthalten, so übernehmen wir für deren Inhalte keine Haftung, da wir uns diese nicht zu eigen machen, sondern lediglich auf deren Stand zum Zeitpunkt der Erstveröffentlichung verweisen.

Druck und Bindung

Print Consult GmbH, München

Printed in Slovakia

Verlagsgruppe Random House
FSC® N001967